AI 알고리즘이 그리는 도시

- 25개 AI 알고리즘을 통해 도시의 미래를 본다 -

원제무

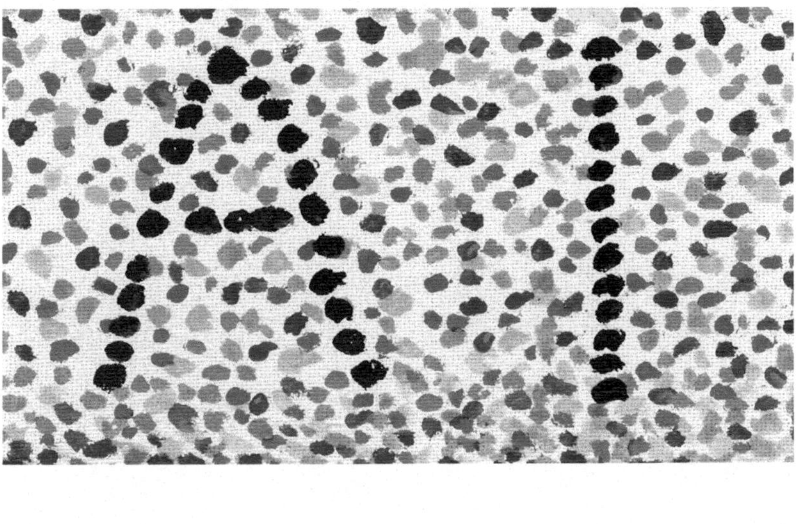

publishing and culture
피앤씨 미디어

머리말

AI를 아는 것은 도시의 미래를 그리는 일이다

도시는 멈추지 않습니다.

새벽에도 깨어 있는 도로 위 가로등, 눈비를 견디며 운행하는 대중교통, 그리고 그 속에서 살아가는 수많은 사람들.

도시란, 사람과 기술, 공간과 시간, 데이터와 기억이 복잡하게 얽혀 있는 살아있는 유기체입니다.

우리는 그 안에서 오늘도 질문합니다.

"우리가 살고 싶은 도시는 어떤 모습이어야 할까?"

그리고 이제, 또 하나의 물음이 그 위에 겹쳐집니다.

"그 도시 안에서는 어떤 인공지능(AI)을 만나게 될까?"

요즘 사람들은 말합니다.

"이제는 인공지능을 모르면 미래를 논할 수 없다"고.

맞는 말입니다. 하지만 저는 도시를 연구하고 가르치는 사람으로서, 여기에 조금 다른 말을 덧붙이고 싶습니다.

"AI를 모르면, 우리가 꿈꾸는 도시를 함께 설계할 수 없다"고요.

여러분은 오늘 어떤 기술을 사용하셨나요?

넷플릭스가 내 취향을 알아채고 추천해준 영화, 퇴근길 정체구간을 미리 피하게 해준 내비게이션, 쇼핑몰의 자동 챗봇, 실시간 날씨 알림까지… 우리는 이미 AI의 세계 속에서 살아가고 있습니다. 하지만 정작 우리는 그것이 AI라는 사실조차 인식하지 못한 채, 그것이 도시를 어떻게 바꾸고 있는지도 모른 채, 흘러가듯 일상을 지나치곤 합니다.

그런데 생각해봅시다.

이 기술들이 단순히 똑똑한 기계에 그치지 않고, 도시의 구조와 기능, 그리고 삶의 리듬 자체를 재구성하고 있다면?

AI는 단지 "똑똑한 컴퓨터'가 아닙니다.

도시를 구성하는 새로운 시민이자, 보이지 않는 설계자이며, 무형의 동반자입니다.

그리고 이제 우리는 AI와 함께 도시를 다시 상상하고, 설계하고, 경험해야 합니다.

이 책은 그런 문제의식에서 시작되었습니다.

AI는 더 이상 연구실 속의 기술이 아닙니다.

이제 그것은 거리 위 자율주행차로, 공원 속 쓰레기를 수거하는 로봇으로, 에너지 소비를 스스로 제어하는 건물로, 스마트폰 속 디지털 비서로, 그리고 도시민의 삶을 뒤에서 조용히 지원하는 에이전트로 스며들고 있습니다.

도시 전체가 AI의 무대이며, AI는 이 도시의 또 다른 주민이자 조력자가 된 것입니다.

그래서 이 책은 단순히 인공지능 기술을 소개하는 해설서가 아닙니다.

이 책은 도시를 만드는 사람, 도시를 살아가는 사람, 그리고 도시를 사랑하는 모든 이들을 위한 안내서입니다.

AI라는 낯선 존재를 도시의 눈으로, 사람의 입장에서, 그리고 우리의 내일과 연결되는 맥락 속에서 바라보고자 합니다.

1부에서는 우리가 일상에서 마주치는 다양한 AI 응용기술들을 친근하고 구체적인 사례로 소개합니다.

추천 시스템은 우리의 취향을 읽고, 챗봇은 24시간 응답하며, AI 에이전트는 도시 속 임무를 수행합니다.

생성형 AI는 예술과 설계를 창조적으로 확장하고, 게임 AI는 가상공간을 살아 움직이게 합니다.

그리고 로봇은 도시의 현장에서 사람처럼 감각하고 움직이는 존재로 등장합니다.

이 기술들은 결코 먼 미래가 아닌, 지금 여기의 도시에서 활동 중인 디지털 주인공들입니다.

2부에서는 이런 AI 기술을 가능하게 하는 머신 러닝의 핵심 원리들을 쉽고 흥미롭게 풀어냅니다.

지도학습, 비지도학습, 강화학습은 각각 AI가 '배우는 방식'을 다르게 보여줍니다.

결정나무, 랜덤포레스트, SVM, 회귀분석, 클러스터링 같은 알고리즘은 데이터 속에서 도시의 질서와 변화를 탐지하는 디지털 설계도구가 됩니다.

독자들은 이 장을 통해 "도시문제 해결에도 이런 분석이 쓰일 수 있구나!"라는 통찰을 얻게 될 것입니다.

3부에서는 딥 러닝이라는 AI의 가장 진보된 영역으로 들어갑니다.

퍼셉트론에서 트랜스포머까지 이어지는 알고리즘들은 단지 기술을 넘어서, 도시를 보는 눈을 깊고 넓게 확장시켜 줍니다.

이미지와 언어, 시간과 공간, 데이터와 감각이 하나의 흐름으로 연결될 때, 우리는 도시의 진짜 문제와 가능성을 새롭게 바라보게 됩니다.

GAN과 확산모델처럼, 세상에 없던 것을 만들어내는 기술은 이제 도시의 미래마저 예술처럼 창조하게 도와줍니다.

이 책의 목표는 단순하고도 분명합니다.

"AI가 뭐지?"라는 호기심으로 책장을 펼친 독자들이,

마지막 장을 덮을 때쯤에는 "AI를 도시에서 어떻게 써야 할까?"라는 더 깊은 질문을 갖게 되는 것.

AI는 더 이상 전문가들만의 도구가 아닙니다.

오히려 도시를 이해하고, 개선하고, 사랑하고 싶은 시민이라면 누구나 AI와 손을 잡아야 합니다.

그 시작은, 이 책처럼 어렵지 않은 언어로 AI와 도시를 함께 이야기하는 것입니다.

도시를 배우는 학생에게는 하나의 나침반이,

도시를 계획하고 설계하는 전문가에게는 새로운 렌즈가,

도시를 살아가는 시민에게는 든든한 대화 상대가 되는 책

그것이 이 책의 바람입니다.

이 책을 읽는 동안,

당신은 어쩌면 AI와 함께 도시를 걷고,

그들과 함께 고민하고,

그들과 함께 미래를 설계하게 될지도 모릅니다.

그 여정의 첫걸음을, 이제 함께 내딛어봅시다.

차 례

Chapter

01

인공지능(AI) 응용분야:

초보자도 이해하는 추천시스템에서 로봇까지

소주제 01 추천시스템(Recommender System): 특정 사용자에게 관심을 가질 만한 아이템이나 정보를 선별하여 제시하는 시스템이다

1. 추천시스템은 나의 취향을 꿰뚫고 있는 단골가게 주인이 "손님, 지난번에 사 가신 것과 비슷한 스타일의 신상품이 들어왔는데, 한번 보시겠어요?"와 같다.

추천 시스템(Recommender System)은 정보 필터링 기술의 한 종류로, 특정 사용자에게 관심을 가질 만한 특정 아이템이나 정보를 선별하여 제시하는 시스템이다. 이는 마치 나의 취향을 속속들이 꿰뚫고 있는 단골가게 주인이 "손님, 지난번에 사 가신 것과 비슷한 스타일의 신상품이 들어왔는데, 한번 보시겠어요?"라고 말을 건네는 것과 같다.

AI는 사용자의 과거 행동 데이터나 다른 사람들의 데이터를 분석하여, 사용자가 무엇을 좋아할지, 무엇이 필요할지를 예측하고 개인화된 제안을 건넨다.

1.1. 추천 시스템이 추구하는 목표

추천 시스템의 핵심 목표는 사용자에게 만족스러운 '발견'의 경험을 제공하는 것이다. 정보의 홍수 속에서 사용자가 원하는 것을 쉽게 찾도록 도와 줌으로써, 탐색에 드는 시간과 노력을 줄여주는 것이 일차적인 목표이다.

더 나아가, 사용자가 자신도 몰랐던 새로운 취향의 아이템을 발견하게 하여(참신성, 의외성), 서비스에 대한 만족도와 충성도를 높이는 것을 추구한다. 궁극적으로는 사용자와 서비스 제공자 모두에게 이익이 되는, 개인화된 정보 소비 환경을 구축하는 것이 목표이다.

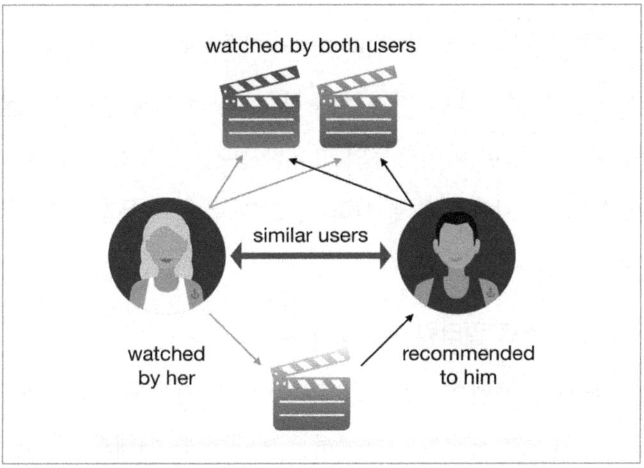

https://vitalflux.com

1.2. 추천 시스템 적용기술의 유형 및 특징

추천 시스템은 크게 두 가지 방식으로 사용자의 취향을 파악한다.

1.2.1. 협업 필터링(Collaborative Filtering):

"나와 비슷한 취향의 사람들이 좋아한 것이라면, 나도 좋아할 것이다"라는 아이디어를 기반으로 한다. 수많은 사용자들의 행동 데이터(평점, 구매 내역 등)를 분석하여 나와 유사한 취향을 가진 사용자 그룹을 찾고, 그들이 좋아했지만 나는 아직 경험하지 않은 아이템을 추천한다.

(1) **사용자 기반**(User-based): 나와 비슷한 사용자들을 찾아 그들이 좋아한 아이템을 추천한다.

(2) 아이템 기반(Item-based): 내가 좋아했던 아이템과 유사한 아이템(다른 사용자들이 함께 소비한 아이템)을 추천한다. 넷플릭스, 아마존에서 주로 사용하는 방식이다.

1.2.2. 콘텐츠 기반 필터링(Content-based Filtering):

"내가 과거에 좋아했던 것과 비슷한 것을 추천해 준다"는 원리이다. 내가 과거에 좋아했던 아이템들의 고유한 특징(예: 영화의 장르, 감독, 배우 / 뉴스의 카테고리, 키워드)을 분석하여, 그와 유사한 특징을 가진 다른 아이템을 추천한다.

1.2.3. 하이브리드 필터링(Hybrid Filtering):

협업 필터링과 콘텐츠 기반 필터링 등 여러 기법을 결합하여, 각 방식의 단점은 보완하고 장점은 극대화하는 방식이다. 현대의 대부분 추천 시스템은 하이브리드 방식을 사용한다.

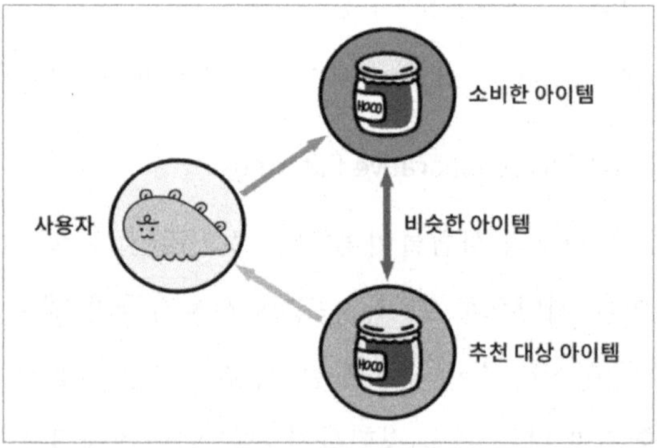

https://tech.kakao.com

1.3. 추천 시스템 기술의 역할과 기여도

추천 시스템은 현대 디지털 플랫폼의 핵심 엔진으로, 다음과 같은 중요한 역할을 수행한다.

(1) **정보 과부하 해결:** 사용자에게 쏟아지는 방대한 정보 속에서 개인에게 유의미한 정보만을 걸러내어, 효율적인 정보 소비를 가능하게 한다.

(2) **사용자 경험 개인화:** 모든 사용자에게 동일한 화면을 보여주는 것이 아니라, 개인의 취향과 관심사에 맞춰진 맞춤형 서비스를 제공하여 사용자의 만족도와 몰입도를 높인다.

(3) **롱테일(Long-tail) 상품 판매 증진:** 인기 있는 소수의 상품 뿐만 아니라, 비주류이지만 특정 사용자의 취향에 맞는 다양한 상품들의 발견 가능성을 높여 전체적인 매출 증대에 기여한다.

1.4. 추천 시스템의 장단점

■ 추천 시스템의 장단점

장점	단점
개인화된 경험 제공: 사용자의 만족도와 충성도를 높여 서비스 재이용률을 증진시킨다.	콜드 스타트(Cold Start) 문제: 신규 사용자나 새로운 아이템처럼 데이터가 부족한 경우 추천의 정확도가 떨어진다.
새로운 발견의 즐거움: 사용자가 미처 알지 못했던 취향이나 아이템을 발견하는 기회를 제공한다.	필터 버블(Filter Bubble): 추천 시스템이 계속 비슷한 것만 추천하여, 사용자가 편향된 정보에 갇히게 될 수 있다.
매출 및 수익 증대: 사용자의 구매 전환율을 높이고, 플랫폼 체류 시간을 늘려 수익에 직접적으로 기여한다.	데이터 편향성 문제: 데이터가 특정 성별, 연령, 지역에 편중되어 있을 경우, 추천 결과 역시 편향될 수 있다.

1.5. 추천 시스템의 활용 데이터

추천 시스템은 사용자의 취향을 추론할 수 있는 모든 종류의 데이터를 활용한다.

(1) **직접적인 피드백(Explicit Feedback)**: 사용자가 의도를 가지고 직접 표현한 데이터.

- 영화 평점, 상품 좋아요/싫어요, 리뷰 텍스트 등.

(2) **간접적인 피드백(Implicit Feedback)**: 사용자가 서비스를 이용하며 자연스럽게 남긴 행동 데이터.

- 상품 클릭 기록, 구매 내역, 페이지 체류 시간, 검색 기록, 동영상 시청 기록 등.

(3) **아이템의 속성 데이터**: 영화의 장르/배우, 상품의 카테고리/브랜드, 뉴스의 키워드 등 콘텐츠 자체의 정보.

(4) **사용자 프로필 데이터**: 사용자의 연령, 성별, 거주 지역 등 인구통계학적 정보.

1.6. 추천 시스템의 대표적인 활용 예시

(1) **AI 도시 생활 비서**: 한 시민의 주말 활동 패턴(오전에는 공원 산책, 점심에는 한식, 오후에는 미술관 관람)과 소비 데이터를 학습한 AI 비서가 개인화된 주말 활동을 추천한다.

- “A님, 이번 주말 날씨가 좋을 예정입니다. 지난번 방문하셨던 서울숲과 비슷한 분위기의 ‘B 공원’을 산책하고, 근처에 새로 생긴 평점 좋은 한식당 ‘C 식당’에서 식사한 후, 회원님의 취향인 인상주의 화가 특별전이 열리는 ‘D 미술관’을 방문하는 것은 어떠신가요?”

(2) **맞춤형 도시 정책 및 복지 정보 추천:** AI가 한 청년의 소득, 주거 형태, 검색 기록 등을 분석하여 그에게 가장 필요한 정책 정보를 선별하여 알려준다.

- "B 님은 현재 거주 중인 지역의 '청년 월세 지원 사업' 대상자입니다. 또한 최근 '창업' 관련 정보를 자주 검색하셨는데, 마침 구청에서 '청년 창업 아카데미' 수강생을 모집 중이니 신청해 보세요."

(3) **지능형 공공 모빌리티 추천:** 사용자가 특정 목적지로 가는 길을 검색하면, AI는 사용자의 과거 이동 패턴(시간 중시형, 비용 중시형, 환승 기피형 등)을 분석하여 최적의 이동 경로를 여러 가지 버전으로 추천한다.

- "빠른 이동을 선호하는 C 님을 위해, 비용은 조금 더 들지만 15분 일찍 도착하는 '지하철+공유 킥 보드' 조합 경로를 가장 먼저 추천해 드립니다. 두 번째 옵션은 가장 저렴한 버스 경로입니다."

(4) **참여형 도시 계획 아이디어 추천:** 시민 참여 플랫폼에 한 시민이 '우리 동네에 아이들이 놀 공간이 부족하다'는 의견을 올린다.

- AI는 이 의견을 분석하고, 다른 도시에서 성공적으로 운영된 유사한 문제 해결 사례(예: '자투리 공간을 활용한 한 뼘 공원', '차 없는 거리를 활용한 주말 놀이터')들의 데이터를 기반으로, "이러한 아이디어들은 어떠신 가요?"라며 관련 정책 아이디어를 제안하여 시민의 구체적인 참여를 유도한다.

2. AI 응용 분야 "추천 시스템"의 도시 분야별 가상 적용 사례

추천 시스템은 사용자의 취향과 맥락을 이해하여 가장 적절한 선택지를 제시하는 인공지능 기술이다. 이 '나를 아는 AI'를 도시의 각 전문 분야에 적용하면, 시민과 전문가 모두에게 개인화된 정보를 제공하여 도시 생활의 질과 업무 효율을 획기적으로 높이는 환상적인 경험을 선사할 수 있다.

2.1. 도시계획: 시민을 위한 '맞춤형 도시 공간' 큐레이터

도시계획가는 시민 개개인의 취향에 맞는 공원, 도서관, 골목길 등 숨겨진 도시 공간을 추천하여, 도시 생활의 만족도를 높이고 싶어 한다. AI는 시민의 활동 패턴을 분석하여 그 사람만을 위한 '도시 공간 큐레이터'가 된다.

(1) **목표:** 시민의 과거 방문 기록, 체류 시간, 이동 경로 등의 데이터를 분석하여, 아직 가보지 않았지만 가장 만족할 만한 새로운 도시 공간을 추천한다.

(2) **추천 시스템의 역할:** AI 큐레이터는 협업 필터링과 콘텐츠 기반 필터링을 동시에 활용한다. 먼저, A 시민이 주로 '조용한', '소규모', '현대 건축' 스타일의 장소(미술관, 도서관 등)를 방문했다는 '콘텐츠' 특징을 파악한다. 다음으로, A 시민과 비슷한 방문 패턴을 가진 다른 사용자 그룹(취향이 비슷한 사람들)이 좋아했던 장소를 찾는다.

(3) **환상적인 결과:** 어느 주말 아침, A 시민의 스마트폰에 알림이 온다. "A 님, 회원님의 활동 패턴을 분석한 결과, 최근 개관한 'B 건축 전문 도서관'을 좋아하실 확률이 92%입니다. 이 곳은 #미니멀리즘 #

조용한분위기 #통유리채광의 특징을 가지고 있습니다. 또한, 회원 님과 취향이 비슷한 C 님도 이곳에 별점 5점을 주셨습니다." 이는 단순한 장소 검색을 넘어, 나의 취향을 완벽히 저격하는 개인화된 '공간 발견'의 경험을 제공한다.

2.2. 환경계획: 개인 맞춤형 '에코 챌린지' 추천 시스템

환경계획가는 모든 시민에게 일률적인 환경 보호 메시지를 보내는 것의 한계를 느낀다. AI는 개인의 생활 패턴을 분석하여, 가장 실천하기 쉽고 효과적인 '환경 보호 챌린지'를 추천하는 개인 트레이너가 된다.

(1) **목표:** 개인의 에너지 사용량, 교통수단, 소비 패턴 등을 분석하여, 가장 실천 가능성이 높은 맞춤형 환경 보호 활동을 제안하고 동기를 부여한다.

(2) **추천 시스템의 역할:** 콘텐츠 기반 필터링을 통해 개인의 데이터를 분석한다. B 시민은 대중교통 이용률이 높아 교통 관련 탄소 배출은 적지만, 가정 내 전기 사용량이 평균보다 높다는 특징을 발견한다.

(3) **환상적인 결과:** AI 트레이너가 B 시민에게 메시지를 보낸다. "B 님, 대중교통 이용으로 이미 지구를 위한 멋진 실천을 하고 계십니다! 이번 달에는 '사용하지 않는 가전제품 플러그 뽑기' 챌린지에 도전해 보시는 건 어떨까요? 성공 시 월평균 5,000원의 전기요금을 절약하고, 탄소 마일리지 500점을 추가로 획득할 수 있습니다." 이처럼 자신의 상황에 맞는 구체적이고 실현 가능한 목표를 추천 받은 시민은, 막연한 구호보다 훨씬 더 높은 동기를 가지고 환경 보호 활동에 참여하게 된다.

2.3. 교통 및 모빌리티 계획: 나를 아는 '지능형 환승' 추천

교통계획가는 모든 사용자에게 동일한 '최단 경로'나 '최소 비용' 경로가 아닌, 개인의 숨겨진 선호도까지 고려한 최적의 이동 경로를 제공하고 싶어 한다. AI는 사용자의 과거 선택을 기억하여 '나'를 위한 최적의 환승 조합을 제시하는 모빌리티 전문가가 된다.

(1) **목표**: 사용자의 과거 경로 선택 패턴을 학습하여, 시간, 비용, 환승 저항, 쾌적함 등 개인의 숨겨진 선호도를 반영한 맞춤형 이동 경로를 추천한다.

(2) **추천 시스템의 역할**: AI는 협업 필터링을 통해 사용자의 유형을 '시간 절약형', '비용 절약형', '환승 기피형', '쾌적함 추구형' 등으로 분류한다. C 사용자가 출퇴근 시간에 버스보다 지하철을, 그리고 짧은 거리는 공유 자전거를 자주 이용하는 패턴을 보인다면, 그를 '환승에 거부감이 적은 쾌적함 추구형'으로 판단한다.

(3) **환상적인 결과**: C 사용자가 퇴근길 경로를 검색하자, AI가 다음과 같이 제안한다. "C 님, 지금 시간대 버스는 매우 혼잡할 것으로 예상됩니다. 지하철로 한 정거장만 이동하신 후, 역 앞에 배치된 공유 자전거를 이용하시면 5분 더 걸리지만 훨씬 쾌적하게 이동하실 수 있습니다. 이 경로는 회원님과 이동 성향이 비슷한 사용자들이 높은 만족도를 보인 경로입니다." 이는 단순한 길 안내를 넘어, 나의 컨디션과 성향까지 배려하는 차세대 모빌리티 서비스의 시작을 의미한다.

2.4. 도시건축설계: 건축가를 위한 '자재 및 공법' 추천 AI

건축가는 특정 프로젝트의 목표(친환경, 저비용, 특정 디자인 등)에 가장 적합한 건축 자재나 공법을 수많은 대안 중에서 찾아내야 한다. AI는 방대한 데이터베이스를 기반으로 최적의 솔루션을 추천하는 '스마트 건축 컨설턴트'가 된다.

(1) **목표:** 건축가가 진행 중인 프로젝트의 설계 조건(지역, 예산, 디자인 콘셉트, 법규 등)을 입력하면, 그에 가장 부합하는 건축 자재, 공법, 기술을 추천한다.

(2) **추천 시스템의 역할:** 콘텐츠 기반 필터링을 통해 작동한다. AI 컨설턴트는 전 세계의 건축 자재 정보, 시공 사례, 연구 논문, 가격 정보 등을 담은 데이터베이스를 가지고 있다. 건축가가 '해안가', '친환경', '고 내구성'이라는 키워드를 입력하면, AI는 이 조건들을 모두 만족시키는 자재와 공법 리스트를 추려낸다.

(3) **환상적인 결과:** 건축가가 '해안 도시의 친환경 커뮤니티 센터 설계' 프로젝트를 시작한다. AI 컨설턴트가 즉시 보고서를 생성한다. "D 건축가님, '해안 지역'의 '염해' 문제와 '친환경' 목표를 고려했을 때, '재활용 플라스틱 벽돌'과 '내염해성 특수 마감재'의 조합을 추천합니다. 이 조합은 유사한 환경의 E 프로젝트에서 성공적으로 적용되어 10년 이상 하자 발생률 0%를 기록했으며, 예산 절감 효과도 기대됩니다. 관련 시방서와 납품 가능 업체를 확인 하시겠습니까?" 이는 건축가가 자재를 찾는 시간을 획기적으로 줄여, 더 창의적인 설계 본연의 업무에 집중하도록 돕는다.

소주제 02 챗봇(Chatbot) : 스마트폰 안에 사는 '디지털 비서'나 '24시간 대기 중인 안내원'과 같다

1. 사용자가 텍스트나 음성으로 질문을 하면, 챗봇(Chatbot) 은 그 의도를 파악하고 데이터베이스나 학습된 지식을 바탕으로 가장 적절한 답변을 제공한다.

챗봇(Chatbot)은 '채팅(Chatting)'과 '로봇(Robot)'의 합성어로, 인간의 자연어(natural language)를 이용해 사용자와 대화하며 상호작용하도록 설계된 인공지능 프로그램이다. 이는 마치 스마트폰 안에 사는 '디지털 비서'나 '24시간 대기 중인 안내원'과 같다.

사용자가 텍스트나 음성으로 질문이나 요청을 하면, 챗봇은 그 의도를 파악하고 데이터베이스나 학습된 지식을 바탕으로 가장 적절한 답변이나 서비스를 제공한다.

https://josefacchin.com

1.1. 챗봇(Chatbot)이 추구하는 목표

챗봇의 핵심 목표는 사용자와의 상호작용을 자동화하여, 인간의 개입 없이도 정보를 제공하고 과업을 수행하는 것이다. 이를 통해 사용자는 시간과 장소에 구애받지 않고 언제든지 필요한 정보를 즉시 얻을 수 있는 편의성을 얻게 된다.

서비스 제공자 입장에서는 단순하고 반복적인 문의 응대 업무를 자동화하여 운영 효율성을 높이고, 인적 자원을 더 중요하고 복잡한 문제 해결에 집중시킬 수 있다. 궁극적으로는 인간과 컴퓨터가 자연스럽게 소통하는 대화형 인터페이스(Conversational Interface)를 구축하는 것을 지향한다.

1.2. 챗봇(Chatbot) 적용기술의 유형 및 특징

챗봇은 그 작동 방식과 지능 수준에 따라 여러 유형으로 나뉜다.

1.2.1. 규칙 기반 챗봇(Rule-based Chatbot):

개발자가 미리 정해놓은 규칙과 시나리오에 따라 답변하는 가장 기본

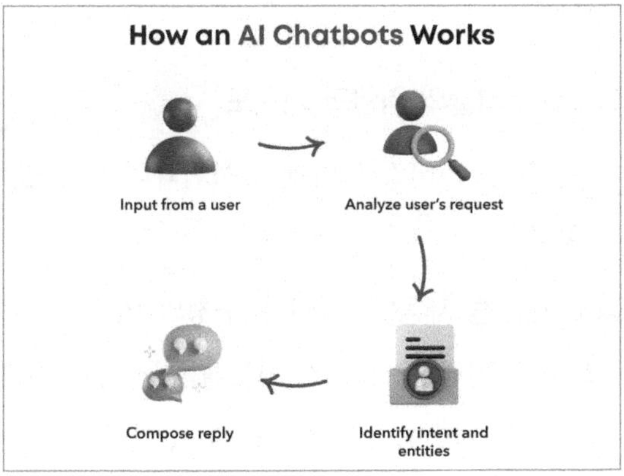

https://www.gosite.com

적인 형태이다. 사용자가 특정 키워드를 입력하거나 버튼을 선택하면, 정해진 답변을 출력한다. 간단한 FAQ 응대 등에는 효과적이지만, 정해진 규칙을 벗어나는 질문에는 답변할 수 없는 한계가 있다.

1.2.2. 검색 기반 챗봇(Retrieval-based Chatbot):

방대한 질의응답(FAQ) 데이터베이스를 구축하고, 사용자의 질문과 가장 유사한 질문을 찾아 미리 준비된 답변을 제시하는 방식이다. 규칙 기반보다 더 다양한 질문에 대응할 수 있지만, 창의적인 답변을 생성하지는 못한다.

1.2.3. 생성 모델 기반 챗봇(Generative Chatbot):

거대 언어 모델(LLM)과 같은 딥러닝 기술을 활용하여, 단순히 주어진 답변을 찾는 것을 넘어 새로운 문장을 직접 생성하여 대화하는 가장 진보된 형태이다.

ChatGPT가 대표적인 예시이다. 문맥을 이해하고, 이전 대화 내용을 기억하며, 사람처럼 자연스럽고 유연한 대화를 이어 나갈 수 있는 것이 가장 큰 특징이다.

1.3. 챗봇(Chatbot) 기술의 역할과 기여도

챗봇은 도시 행정 및 서비스 분야에서 시민과의 소통 방식을 혁신하는 중요한 역할을 한다.

(1) **24/7 정보 접근성 제공:** 시청이나 구청의 업무 시간이 끝나도, 시민들은 24시간 365일 언제든지 챗봇을 통해 행정 절차, 복지 정보, 교통 정보 등을 문의하고 안내 받을 수 있다.

(2) **행정 업무의 효율화:** 단순 반복적인 민원 상담 업무를 챗봇이 처리

함으로써, 공무원들은 정책 기획이나 복잡한 민원 해결 등 더 높은 가치를 창출하는 업무에 집중할 수 있다.

(3) **데이터 기반의 시민 수요 파악**: 챗봇에 축적된 수많은 시민들의 질문 데이터를 분석하여, 현재 시민들이 가장 궁금해하고 필요로 하는 것이 무엇인지 파악하고, 이를 정책에 반영하는 객관적인 근거로 활용할 수 있다.

1.4. 챗봇(Chatbot)의 장단점

■ 챗봇의 장단점

장점	단점
즉각적인 응답 및 24시간 운영: 사용자는 기다릴 필요 없이 언제나 즉시 정보를 얻을 수 있다.	복잡하고 감정적인 문제 처리의 한계: 사용자의 복잡한 문제나 감정적인 호소를 이해하고 공감하는 데 한계가 있다.
비용 절감 및 효율성 증대: 반복적인 상담 업무를 자동화하여 인건비와 운영 비용을 절감한다.	부정확한 정보 제공 가능성: 잘못 학습하거나 정보가 부족할 경우, 틀리거나 편향된 정보를 제공할 수 있다.(환각, Hallucination)
일관성 있는 정보 제공: 모든 사용자에게 표준화되고 일관된 정보를 제공하여 혼선을 방지한다.	데이터 의존성: 높은 품질의 답변을 위해서는 방대하고 잘 정제된 데이터가 필수적이다.

1.5. 챗봇(Chatbot)의 활용 데이터

챗봇을 구축하고 학습시키는 데는 다음과 같은 다양한 데이터가 활용된다.

(1) **FAQ 데이터**: 자주 묻는 질문과 그에 대한 답변 모음.

(2) **대화 로그**(Dialogue Logs): 실제 상담원과 사용자 간의 대화 기록.

(3) **지식 베이스**(Knowledge Base): 특정 도메인(예: 도시 행정, 법규, 교통)에 대한 방대한 텍스트 데이터, 매뉴얼, 보고서.

(4) **사용자 의도 및 개체명 데이터:** "서울시청 가는 길 알려줘"라는 문장에서 '길 안내'라는 의도(Intent)와 '서울시청'이라는 개체명(Entity)을 추출하기 위한 데이터.

(5) **웹 문서 및 일반 텍스트:** 생성 모델 기반 챗봇의 경우, 인터넷의 방대한 텍스트 데이터를 사전 학습하여 언어 능력 자체를 키운다.

1.6. 챗봇(Chatbot)의 대표적인 활용 예시

(1) **24시간 민원 해결사, '도시 행정 챗봇':** 시민이 심야에 '대형 폐기물 배출 방법'이 궁금해 시청 홈페이지의 챗봇에게 물어본다. 챗봇은 즉시 품목별 수수료, 신고 절차, 수거 업체 연락처를 안내해주고, 필요하다면 신고 페이지 링크까지 제공하여 원스톱으로 민원을 해결해준다.

(2) **외국인 관광객을 위한 'AI 관광 가이드 챗봇':** 서울을 방문한 외국인 관광객이 자신의 언어로 "가장 가까운 궁궐은 어디고, 지금 가면 입장할 수 있나요?"라고 챗봇에게 묻는다. 챗봇은 실시간 위치와 궁궐 운영 시간을 확인하여, "가장 가까운 곳은 경복궁이며, 현재 야간 개장 중이라 입장이 가능합니다. 가는 길을 안내해 드릴까요?"라고 해당 관광객의 언어로 답변한다.

(3) **어르신을 위한 '디지털 격차 해소 챗봇':** 스마트폰 사용에 어려움을 겪는 어르신이 음성으로 챗봇에게 "손주에게 영상통화 걸어줘"라고 말한다. 챗봇은 이 음성 명령을 이해하고, 주소록에서 '손주'를 찾아 자동으로 영상통화를 연결해준다. 이는 복잡한 앱 조작 없이도 디지털 서비스를 누릴 수 있도록 돕는다.

(4) **도시 문제 신고 및 처리 '스마트 리포터 챗봇'**: 한 시민이 길가에 쓰러진 가로수를 발견하고 챗봇에게 사진을 찍어 보낸다. 챗봇은 이미지 인식 기술로 사진 속 객체가 '가로수'임을 파악하고, 사진의 GPS 정보를 통해 위치를 확인한 뒤, "A동 B거리의 가로수 파손 신고가 접수되었습니다. 즉시 관할 부서에 전달하겠습니다."라고 답변하며 자동으로 민원을 등록한다.

2. AI 응용 분야 "챗봇"의 도시 분야별 가상 적용 사례

챗봇은 인간의 언어를 이해하고 소통하는 인공지능 비서이다. 이 똑똑한 'AI 대화 파트너'를 도시의 각 전문 분야에 도입하면, 복잡한 정보와 시스템에 누구나 쉽게 접근하고 활용할 수 있는 환상적인 미래가 펼쳐진다.

2.1. 도시계획: 시민의 목소리를 실시간 시각화하는 '공감 플래너 챗봇'

도시계획 공청회, 시민들의 소중한 의견이 말로만 오가는 것이 아쉽다. 이때 '공감 플래너 챗봇'은 시민의 언어를 즉시 시각적 설계안으로 번역해주는 마법사 역할을 한다.

(1) **목표**: 공청회 현장에서 나오는 시민들의 의견을 실시간으로 분석하고, 그 의견이 반영된 도시 공간의 모습을 이미지로 생성하여 대형 스크린에 보여준다.

(2) **챗봇의 역할**: 한 시민이 마이크를 잡고 "우리 동네 공원에 아이들이 마음껏 뛰어놀 모래 놀이터와 그늘을 만들어 줄 큰 나무가 있었으면 좋겠어요"라고 말한다. 사회자가 이 말을 그대로 챗봇에게 전달한다.

ㅁ 챗봇: "네, 시민님의 소중한 의견 감사합니다. '어린이용 모래 놀

이터'와 '시원한 그늘을 만드는 큰 나무'가 포함된 공원 설계안을 즉시 생성해 보겠습니다."

- (챗봇이 이미지 생성 AI(확산 모델 등)와 연동하여, 해당 요소가 포함된 사실적인 공원 조감도를 3D 이미지로 스크린에 바로 띄운다.)
- 챗봇: "이런 모습은 어떠신가요? 추가로 원하시는 시설이나 다른 스타일의 디자인이 있다면 말씀해 주십시오."

(3) **환상적인 결과**: 시민들은 자신의 아이디어가 순식간에 눈앞의 현실적인 이미지로 구현되는 것을 보며 감탄한다. 이를 통해 더 이상 추상적인 토론이 아닌, 구체적인 시각물을 보며 함께 미래를 만들어가는 '실시간 참여형 도시계획'이 가능해진다. 챗봇이 시민과 계획가 사이의 소통과 공감의 다리가 되는 것이다.

2.2. 환경계획: 나만의 '도시 숲' 설계 어드바이저

시민이나 기업이 자신의 건물 옥상이나 자투리땅에 작은 정원을 만들고 싶지만, 무엇을 어떻게 심어야 할지 막막하다. '도시 숲 설계 챗봇'은 누구나 쉽게 도시 농부가 될 수 있도록 돕는 전문 컨설턴트가 된다.

(1) **목표**: 사용자의 위치, 예산, 목표(예: 휴식, 공기 정화, 냉방 효과)에 맞춰 가장 적합한 식물과 녹화 공법을 추천한다.

(2) **챗봇의 역할**: 사용자가 챗봇에게 "우리 회사 옥상에 직원들을 위한 휴식 공간을 만들고 싶은데, 어떤 식물이 좋을까요? 여름에 시원했으면 좋겠어요."라고 묻는다.

- 챗봇: "위치 정보를 확인했습니다. 강남구 테헤란로 빌딩 옥상이시군요. 해당 위치의 연평균 일조량과 건물 하중 데이터를 분석

했습니다. '여름철 냉방 효과'와 '낮은 유지보수'를 목표로 하신다면, 잎이 넓은 '산수유 나무' 몇 그루와 지붕 녹화용 '세덤(Sedum)' 식물의 조합을 추천합니다."

- 사용자: "비용은 어느 정도 드나요?"
- 챗봇: "예상 설치 비용은 약 800만 원이며, 현재 서울시의 '옥상 녹화 지원 사업'을 통해 최대 50%까지 보조금을 받으실 수 있습니다. 관련 신청서 양식과 시공 업체 리스트를 보내드릴까요?"

(3) **환상적인 결과:** 챗봇은 단순한 정보 검색을 넘어, 기후 데이터 분석, 비용 계산, 정부 지원 사업 연계까지 원스톱으로 제공하는 개인 맞춤형 환경 컨설팅을 수행한다. 이는 시민들의 자발적인 도시 녹화 참여를 이끌어내는 강력한 촉매제가 된다.

2.3. 교통 및 모빌리티 계획: 복잡한 도시 행사를 위한 'AI 교통 지휘관'

대규모 콘서트나 마라톤 대회를 준비하는 행사 담당자는 교통 통제와 안전 관리 계획을 세우는 데 어려움을 겪는다. 'AI 교통 지휘관 챗봇'은 복잡한 교통 시뮬레이션 모델을 누구나 쉽게 사용할 수 있도록 돕는 인터페이스가 된다.

(1) **목표:** 대규모 행사의 조건(장소, 시간, 예상 인원)을 입력받아, 교통 시뮬레이션을 수행하고 최적의 교통 관리 방안을 제안한다.

(2) **챗봇의 역할:** 행사 담당자가 챗봇에게 "이번 주 토요일 잠실 주경기장에서 5만 명 규모의 K-POP 콘서트를 개최합니다. 예상되는 교통 문제와 해결책을 알려주세요."라고 질문한다.

- 챗봇: "알겠습니다. 5만 명 규모 콘서트의 시간대별 예상 교통량

과 대중교통 이용객 수를 시뮬레이션 하겠습니다... 완료되었습니다. 시뮬레이션 결과, 공연 종료 시점인 오후 9시 30분부터 1시간 동안 지하철 2호선 종합운동장역에 평소 대비 450%의 인파가 집중될 것으로 예측됩니다. 심각한 안전사고 위험이 있습니다."

- 사용자: "해결 방안은?"
- 챗봇: "두 가지 방안을 제안합니다. 1안: 인근 버스 노선 막차 시간 1시간 연장 및 임시 셔틀버스 50대 운영. 2안: 공연 종료 시간을 30분 앞당겨 대중교통 혼잡 시간대 회피. 각 방안의 시뮬레이션 결과와 예상 비용을 비교한 보고서를 보시겠습니까?"

(3) **환상적인 결과**: 챗봇 덕분에 행사 담당자는 더 이상 감에 의존하지 않고, 데이터 기반의 정교한 시뮬레이션 결과를 바탕으로 최적의 의사결정을 내릴 수 있다. 이는 대규모 행사의 안전을 확보하고 시민들의 불편을 최소화하는 '예측 기반 교통 행정'을 실현한다.

2.4. 도시건축설계: 건축 법규를 실시간으로 답해주는 'AI 건축 법규 비서'

건축가는 복잡한 설계 과정에서 수시로 건축 법규를 확인해야 한다. 'AI 건축 법규 비서 챗봇'은 설계 프로그램에 탑재되어, 건축가의 질문에 실시간으로 답해주는 법률 전문가 역할을 한다.

(1) **목표**: 건축가의 설계 관련 질문 의도를 파악하고, 방대한 건축 법규 데이터베이스에서 가장 정확한 조항과 해설을 찾아 즉시 답변한다.

(2) **챗봇의 역할**: 건축가가 3D 모델링 작업을 하던 중, 챗봇에게 음성으로 묻는다. "이 건물은 16층짜리 주상복합인데, 피난용 승강기를 꼭 설치해야 하나요?"

- ㅁ 챗봇: "건축법 제64조 및 건축물의 설비기준 등에 관한 규칙 제10조에 따라, 고층건축물(30층 이상 또는 높이 120미터 이상)에는 피난용 승강기 설치가 의무입니다. 현재 설계안은 16층이므로 법적 의무 대상은 아닙니다."
- ㅁ 건축가: "그럼, 장애인용 승강기 규정은?"
- ㅁ 챗봇: "장애인·노인·임산부 등의 편의증진 보장에 관한 법률 시행령에 따라, 해당 건물 규모에서는 장애인용 승강기 설치가 필수입니다. 승강기 내부 유효 바닥 면적은 폭 1.1미터, 깊이 1.4미터 이상을 확보해야 합니다. 관련 법규 원문을 화면에 띄워드릴까요?"

(3) **환상적인 결과:** 건축가는 설계의 흐름을 끊지 않고, 궁금한 점이 생길 때마다 즉시 AI 비서에게 물어 정확한 답변을 얻는다. 이는 설계 과정에서 발생할 수 있는 치명적인 법규 오류를 사전에 방지하고, 행정 절차에 소요되는 시간을 획기적으로 줄여주는, 모든 건축가가 꿈꾸던 '스마트 설계 환경'을 제공한다.

소주제 03 AI 에이전트(AI Agent) : 도시에서 특정 임무를 부여 받은 '자율적인 디지털 전문가'나 '인공적인 유기체'와 같다

1. AI 에이전트(AI Agent)는 목표를 달성하기 위해, 자신의 환경을 스스로 인식(Perceive)하고, 상황을 판단(Think)하며, 자율적으로 행동(Act)하는 인공지능 시스템이다.

AI 에이전트(AI Agent)는 특정 목표를 달성하기 위해, 자신의 환경을 스스로 인식(Perceive)하고, 상황을 판단(Think)하며, 자율적으로 행동(Act)하는 인공지능 시스템을 의미한다.

이는 단순히 주어진 명령에 수동적으로 응답하는 챗봇이나 특정 패턴을 분석하는 모델을 넘어선 개념이다. AI 에이전트는 마치 복잡한 도시에서 특정 임무를 부여받은 '자율적인 디지털 전문가'나 '인공적인 유기체'와 같다.

환경으로부터 센서를 통해 정보를 받아들이고, 자신의 지식과 목표에 따라 최적의 행동을 결정하여, 액추에이터(actuator)를 통해 환경에 영향을 미친다.

AI agents are on the march, but will they justify the endless big spending on AI?, siliconANGLE

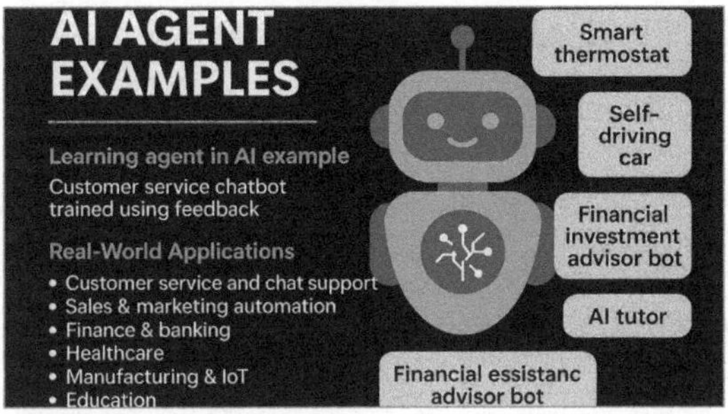

https://eastgate-software.com

1.1. AI 에이전트가 추구하는 목표

AI 에이전트의 궁극적인 목표는 인간의 직접적인 개입 없이, 주어진 목표(goal)를 가장 효율적이고 효과적으로 달성하는 것이다.

이는 단순히 정해진 규칙을 따르는 것을 넘어, 예기치 못한 상황 변화에 스스로 적응하고, 장기적인 관점에서 최적의 행동 순서를 계획하며, 심지어는 경험을 통해 자신의 행동 방식을 개선해나가는(학습) 것을 포함한다. 즉, 특정 분야에서 인간 전문가처럼, 혹은 그 이상으로 자율적인 의사결정과 과업 수행을 하는 '지능적인 대리인'이 되는 것을 추구한다.

1.2. AI 에이전트 적용기술의 유형 및 특징

AI 에이전트는 그 지능 수준과 작동 방식에 따라 여러 유형으로 나뉜다.

1.2.1. 단순 반사 에이전트(Simple Reflex Agent):

가장 기본적인 형태로, 현재 인식된 상황에 대해서만 '조건-행동' 규칙에 따라 즉각적으로 반응한다. 과거의 경험이나 미래의 결과를 고려하지 않는다.(예: "온도가 30도 이상이면, 에어컨을 켠다.")

1.2.2. 모델 기반 반사 에이전트(Model-based Reflex Agent):

현재 보이는 환경 너머, 눈에 보이지 않는 세상의 작동 방식에 대한 내부적인 '모델'을 가지고 있다. 이를 통해 현재 상황의 변화를 예측하고 더 나은 행동을 결정한다.(예: "앞 차가 브레이크등을 켰다. 내부 모델에 따라, 곧 앞 차의 속도가 줄어들 것이므로 나도 속도를 줄여야 한다.")

1.2.3. 목표 기반 에이전트(Goal-based Agent):

현재 상황 뿐만 아니라, 달성해야 할 명확한 '목표'를 가지고 있다. 여러 행동 대안 중 자신의 목표를 달성하는 데 가장 유리한 행동을 선택한다.(예: "목표는 서울에서 부산까지 최단 시간에 가는 것. 현재 교통 상황을 고려할 때, KTX를 타는 것이 가장 목표 달성에 적합하다.")

1.2.4. 학습 에이전트(Learning Agent):

가장 진보된 형태로, 자신의 행동 결과로부터 배우는 '학습' 능력을 갖추고 있다. 성공과 실패의 경험을 통해 스스로의 성능을 점차 개선해 나간다. 강화학습(Reinforcement Learning)이 학습 에이전트를 구현하는 핵심 기술이다.(예: 수많은 시뮬레이션을 통해, 어떤 상황에서 어떤 신호 제어를 해야 도시 전체의 교통 체증이 줄어드는지를 스스로 터득하는 교통 제어 에이전트)

1.3. AI 에이전트 기술의 역할과 기여도

AI 에이전트는 복잡한 도시 시스템을 자율적으로 운영하고 최적화하는 데 핵심적인 역할을 한다.

(1) **초 단위의 실시간 대응 및 최적화:** 인간이 인지하고 대응하기에는 너무나 복잡하고 빠르게 변하는 도시 환경(교통, 에너지, 재난 등)에서, 수많은 데이터를 실시간으로 분석하고 즉각적으로 행동하여

https://medium.co

시스템 전체를 최적의 상태로 유지한다.

(2) **인간의 의사결정 보조 및 자동화:** 복잡한 문제에 대해 AI 에이전트가 여러 시나리오를 시뮬레이션하고 최적의 대안을 제시함으로써, 인간 계획가나 정책 결정자가 더 나은 결정을 내리도록 돕거나, 특정 과업을 완전히 자동화한다.

(3) **개인화된 능동적 서비스 제공:** 각 시민의 상황과 필요를 에이전트가 먼저 파악하고, 요청하기 전에 필요한 정보나 서비스를 '알아서' 제공하는 능동적인 개인 비서의 역할을 수행한다.

1.4. AI 에이전트의 장단점

■ AI 에이전트의 장단점

장점	단점
자율성 및 자동화: 복잡한 과업을 인간의 개입 없이 24시간 자동으로 수행하여 효율성을 극대화한다.	안전 및 통제 문제: 자율적으로 행동하므로, 예기치 못한 오류나 잘못된 판단이 큰 사고로 이어질 수 있어 강력한 안전장치가 필수적이다.
실시간 적응 및 최적화: 끊임없이 변화하는 환경에 스스로 적응하고 최적의 상태를 찾아간다.	목표 설정의 어려움: 에이전트에게 부여하는 목표가 명확하지 않거나 편향될 경우, 전체 시스템에 해가 되는 방향으로 행동할 수 있다.('쓰레기를 없애라'는 목표에 도시를 없애는 결론을 내리는 등)

대규모 시스템 관리: 인간이 관리할 수 없는 규모의 복잡한 시스템(예: 도시 전체의 에너지 그리드)을 통합적으로 관리하고 제어할 수 있다.	높은 개발 복잡성 및 비용: 지능적인 에이전트를 개발하고, 현실과 유사한 시뮬레이션 환경을 구축하는 데 많은 시간과 비용이 소요된다.

1.5. AI 에이전트의 활용 데이터

AI 에이전트는 자신의 '센서'를 통해 환경으로부터 들어오는 모든 종류의 데이터를 실시간으로 활용한다.

(1) **실시간 스트리밍 데이터:** 도시의 CCTV 영상, IoT 센서 데이터(온도, 습도, 미세먼지, 소음 등), 교통량 데이터, GPS 데이터, 전력 사용량 데이터 등.

(2) **정적 데이터 및 지식 베이스:** 지도, 법규, 정책 매뉴얼, 과거 데이터 패턴 등 에이전트의 의사결정 기반이 되는 데이터.

(3) **상호작용 데이터:** 사용자와의 대화, 다른 에이전트와의 통신 내용.

1.6. AI 에이전트의 대표적인 활용 예시

(1) **도시 재난 대응 총괄 에이전트:** 지진이나 홍수 같은 대규모 재난이 발생했을 때, 도시의 모든 자원을 총괄 지휘하는 AI 에이전트가 작동한다. 이 에이전트는 실시간으로 들어오는 피해 상황, 도로 유실 정보, 병원 수용 능력, 대피소 현황 등을 파악한다. 그리고 최적의 구급차 및 소방차 이동 경로를 설정하고, 가장 가까운 대피소로 시민들을 안내하는 재난 문자를 자동으로 발송하며, 부상자 중증도에 따라 이송할 병원을 배정하는 등 재난 대응의 컨트롤 타워 역할을 자율적으로 수행한다.

(2) **개인 맞춤형 건강관리 에이전트:** 시민 개개인의 스마트 워치에서 수집되는 건강 데이터(심박수, 수면 패턴, 활동량)와 식단 기록, 병원 진료 기록을 학습한 AI 에이전트가 개인 건강 비서 역할을 한다. "최근 수면의 질이 낮아지고 활동량이 줄어든 패턴을 보입니다. 오늘 점심에는 소화가 잘되는 생선 요리를 드시고, 저녁 식사 후에는 댁 근처 공원에서 20분간 산책하는 것을 추천합니다. 내일 오전 9시에 예약된 건강검진도 잊지 마세요." 와 같이 능동적으로 건강을 관리해준다.

(3) **에너지 거래 최적화 에이전트:** 각 가정과 빌딩에 설치된 태양광 패널과 ESS(에너지 저장 장치)를 통합 관리하는 도시 에너지 에이전트가 있다. 이 에이전트는 각 건물의 예상 에너지 생산량과 소비량을 예측하고, 실시간 전력 거래 가격을 모니터링한다. 그리고 전력 가격이 쌀 때 전기를 구매하여 ESS에 저장했다가, 가격이 비싼 피크타임에 저장된 전력을 사용하거나 이웃에 판매하여, 도시 전체의 에너지 비용을 최소화하고 그리드 안정성을 높이는 역할을 자율적으로 수행한다.

(4) **지능형 도시 시설물 관리 에이전트:** 도시의 모든 가로등, 벤치, 상하수도관 등 공공 시설물에 대한 데이터를 관리하는 AI 에이전트가 있다. 특정 가로등의 전력 소모 패턴에서 이상 신호를 감지하면, 고장 나기 전에 미리 유지보수팀에 "A 구역 B 가로등의 안정기 수명이 다 되어가니, 3일 내 교체가 필요합니다"라는 작업 지시를 자동으로 보낸다. 이는 문제가 발생한 뒤에 수리하는 '사후 관리'를, 문제가 발생하기 전에 해결하는 '예방 관리'로 전환시킨다.

2. AI 응용 분야 "AI 에이전트"의 도시 분야별 가상 적용 사례

AI 에이전트(AI Agent)는 특정 목표를 부여 받고, 도시라는 복잡한 환경 속에서 스스로 판단하고 행동하며 임무를 수행하는 '자율형 인공지능'이다. 이는 단순히 정보를 제공하는 것을 넘어, 도시 시스템의 일부가 되어 능동적으로 도시를 변화시키는 역할을 한다. 이 환상적인 AI 에이전트들이 도시의 각 분야에서 활약하는 미래를 그려본다.

2.1. 도시계획: 스스로 진화하는 도시 구역 'AI 구청장'

한정된 예산으로 특정 지역의 '주민 삶의 질'을 극대화라는 임무를 부여받은 AI 에이전트가 있다. 이 'AI 구청장'은 24시간 주민과 소통하며, 데이터를 기반으로 도시를 살아있는 생명체처럼 가꾸어 나간다.

(1) **궁극적인 목표:** 담당 구역의 '주민 행복 지수(커뮤니티 활력도, 상권 매출, 녹지 만족도, 안전 지수 등을 종합)'를 5년 내 20% 향상시킨다.

(2) **인식 및 행동 능력:**

- 인식(Perception): 실시간 유동인구 데이터, 상점별 카드 매출, 소셜 미디어의 지역 관련 언급, 생활 민원(불법 주차, 쓰레기 등) 데이터를 24시간 인식한다.
- 행동(Action): 제한된 예산 내에서 공공사업의 우선순위를 정하여 집행을 '제안'하고, 효과적인 소규모 커뮤니티 이벤트(벼룩시장, 골목길 음악회 등)를 기획하며, 파손된 공공 기물(벤치, 가로등)에 대한 수리 작업을 자동으로 발주한다.

(3) **환상적인 자율 행동 시나리오:** 'AI 구청장'은 A 골목의 오후 시간대 유동인구가 최근 3개월간 30% 감소했음을 감지한다. 동시에 해당

골목에 대한 SNS 부정 언급 중 '어둡다', '특색 없다'는 단어가 급증함을 파악한다.

AI는 이 문제를 해결하기 위해, 예산의 0.5%를 사용하여 'A 골목 야간 경관 개선 및 포토존 설치 사업'을 최우선 과제로 자동 상정한다. 성공적인 해외 골목길 사례를 분석하여 가장 효과적인 디자인 컨셉 3가지를 도출, 주민 투표를 통해 최종안을 선정한 후, 입찰부터 공사 감독까지 프로젝트를 자율적으로 관리한다.

(4) **결과:** 'AI 구청장'의 신속하고 데이터 기반의 의사결정 덕분에, A 골목은 3개월 만에 활기찬 명소로 재탄생하고 '주민 행복 지수'가 눈에 띄게 상승한다. 이는 인간의 직관과 행정 절차의 한계를 넘어, 도시가 스스로 문제를 진단하고 치유하며 끊임없이 발전하는 '자율 성장형 도시'의 시작을 의미한다.

2.2. 환경계획: 도시의 탄소 중립을 책임지는 '에코 가디언'

도시 전체의 탄소 배출량을 실시간으로 모니터링하고, '2050 탄소 중립'이라는 절대 목표를 달성하도록 프로그래밍된 AI 에이전트 '에코 가디언'이 도시의 환경을 총괄한다.

(1) **궁극적인 목표:** 도시의 순 탄소 배출량을 '0'으로 유지한다.

(2) **인식 및 행동 능력:**

- 인식(Perception) : 도시의 모든 발전소(화력, 태양광, 풍력 등)의 실시간 발전량, 건물별·공장별 에너지 소비량, 도로 교통량, 탄소 배출권 거래 가격 등을 실시간으로 인식한다.
- 행동(Action) : 스마트 그리드를 통해 잉여 전력을 저장하거나 판

매하고, 탄소 배출량에 따라 도심 혼잡 통행료를 실시간으로 조절하며, 공공 건물의 냉난방 온도를 최적화하고, 탄소 배출량이 목표를 초과할 위험이 감지되면 국제 탄소배출권 시장에서 가장 저렴한 탄소배출권을 자동으로 구매한다.

(3) **환상적인 자율 행동 시나리오:** '에코 가디언'은 다음 날 기상 예보를 통해 '바람이 없고 매우 더운 날'이 될 것을 예측한다. 이는 풍력 발전량은 감소하고, 냉방으로 인한 전력 수요(화력 발전 증가)는 급증하여 탄소 배출량이 목표치를 초과할 것임을 의미한다.

인간의 개입 없이, '에코 가디언'은 밤 사이에 자율적으로 다음과 같은 조치를 취한다. (1) 전기료가 저렴한 심야 시간에 잉여 전력을 ESS(에너지 저장 장치)에 최대한 저장한다. (2) 다음 날 오후 1~4시 사이의 공공기관 냉방 온도를 0.5도 상향 조정하도록 명령을 예약한다. (3) 탄소배출권 가격이 가장 낮은 뉴질랜드 시장에서 예상 초과분에 해당하는 탄소배출권을 미리 매수한다.

(4) **결과:** 시민들은 아무것도 인지하지 못하지만, 도시의 이면에서는 AI 에이전트가 보이지 않는 손처럼 움직여 도시의 환경 목표를 완벽하게 달성한다. '에코 가디언'은 도시를 하나의 거대한 유기체처럼 관리하며 지속가능성을 유지하는, 도시의 수호자가 된다.

2.3. 교통 및 모빌리티 계획: 도시의 모든 이동을 조율하는 '모빌리티 마에스트로'

'모빌리티 마에스트로'는 도시의 모든 교통수단을 하나의 오케스트라로 보고, 시민 개개인의 이동 시간은 최소화하고 대중교통의 효율은 극대화하는 임무를 맡은 AI 지휘자이다.

(1) **궁극적인 목표:** 도시 전체의 평균 출퇴근 시간을 10% 단축하고, 대중교통 수송 분담률을 5% 증가시킨다.

(2) **인식 및 행동 능력:**

- 인식(Perception): 모든 버스, 지하철, 공유 자전거, 자율주행 셔틀의 실시간 위치와 속도, 승객 수. 주요 도로의 CCTV 영상 및 돌발 상황(사고, 공사) 정보. 시민들의 모빌리티 앱 수요 데이터.
- 행동(Action): 실시간으로 버스와 자율주행 셔틀의 노선을 변경하고, 지하철 배차 간격을 조절하며, 교차로의 신호 체계를 동적으로 변경한다. 특정 사용자에게 "지금 지하철이 매우 혼잡하니, 다음 열차를 타시면 요금을 30% 할인해 드립니다"와 같은 개인화된 인센티브를 제공한다.

(3) **환상적인 자율 행동 시나리오:** 갑작스러운 폭우로 인해 B 구역의 도로가 침수되었다는 정보가 감지된다. '모빌리티 마에스트로'는 즉시 해당 지역으로 향하던 버스 5개 노선을 자율적으로 우회시키고, 침수 구역 인근 지하철역으로 승객이 몰릴 것을 예측한다. 이에 가장 가까운 차고지에 대기 중이던 자율주행 셔틀 20대를 해당 지하철역으로 급파하여, 역에서 내린 승객들을 인근 목적지까지 실어 나르는 '임시 순환 노선'을 1분 만에 생성하여 운영한다.

(4) **결과:** 과거라면 대혼란에 빠졌을 도시가 AI 에이전트의 유기적인 지휘 아래 평온을 유지한다. '모빌리티 마에스트로'는 도시의 혈관인 교통망이 막히지 않도록 끊임없이 조율하고 소통하며, 모든 시민이 막힘 없이 흐르는 도시의 리듬을 즐기게 한다.

2.4. 도시건축설계: 스스로를 최적화하는 '살아있는 빌딩 AI'

하나의 건물이 그 자체로 지능을 가진 AI 에이전트가 되어, 입주자의 행복과 건물의 에너지 효율을 동시에 극대화하는 임무를 부여받는다.

(1) **궁극적인 목표:** 입주자의 쾌적함과 생산성은 최대로, 건물의 에너지 소비는 최소로 유지하며, 건물의 생애주기비용(LCC)을 최적화한다.

(2) **인식 및 행동 능력:**

- 인식(Perception): 실내외 온도, 습도, CO_2 농도, 조도, 소음, 익명화된 입주자들의 위치 및 이동 패턴, 시간대별 전기 요금, 일기 예보.
- 행동(Action): 냉난방, 조명, 블라인드, 환기 시스템을 통합 제어한다. 모듈형 회의실의 벽을 자동으로 재배치하여 공간 활용도를 높인다. 냉각팬의 진동 패턴을 분석하여 고장 나기 전에 미리 유지보수팀에 교체 요청을 보낸다.

(3) **환상적인 자율 행동 시나리오:** '살아있는 빌딩 AI'는 입주사 A팀이 매주 수요일 오후 2시에 창가 회의실에서 아이디어 회의를 하며, 이 시간대에 CO_2 농도가 급증하고 대화 소음이 커진다는 패턴을 학습한다. 수요일 오후 1시 45분이 되면, AI는 다른 공간에 영향을 주지 않도록 해당 회의실의 환기 시스템을 미리 최대치로 가동하고, 회의실 주변의 소음 차단 시스템을 활성화한다. 또한, 겨울철 맑은 날 오후에는 서쪽 창가의 블라인드를 자동으로 열어 자연 채광으로 난방 에너지를 절약하는 등 스스로 최적의 운영 스케줄을 수립하고 실행한다.

(4) **결과:** 이 건물은 더 이상 인간이 설정한 값대로만 움직이는 기계가 아니다. 입주자들의 생활 패턴을 학습하고 예측하여, 마치 살아있는 집사처럼 보이지 않는 곳에서 항상 가장 쾌적하고 효율적인 환경을 만들어주는, 스스로 생각하고 성장하는 진정한 의미의 '지능형 건축물'이 된다.

소주제 04 자율주행(Autonomous Driving) : 운전자 보조를 넘어, 차량 자체가 하나의 'AI 에이전트'가 되어 운전과업을 완전 수행한다

1. 자율주행은 자동차 등 이동체가 운전자의 조작이나 개입 없이 스스로 주변 환경을 인식하고, 주행 상황을 판단하여, 차량을 제어함으로써 주어진 목적지까지 안전하게 이동하는 기술이다.

자율주행(Autonomous Driving)은 자동차, 드론, 로봇 등 이동체(vehicle)가 운전자의 조작이나 개입 없이 스스로 주변 환경을 인식하고, 주행 상황을 판단하여, 차량을 제어함으로써 주어진 목적지까지 안전하게 이동하는 기술을 의미한다.

이는 단순히 운전자의 편의를 돕는 보조 시스템을 넘어, 차량 자체가 하나의 'AI 에이전트'가 되어 운전이라는 복잡한 과업을 완전히 수행하는 것을 말한다. 즉, 인간 운전자를 대체하여 이동의 주체가 되는 '바퀴 달린 인공지능'이라 할 수 있다.

https://www.cursor.tue.nl/en/news

1.1. 자율주행이 추구하는 목표

자율주행 기술의 궁극적인 목표는 인간의 개입이 전혀 필요 없는 완전한 자율주행을 통해, 더 안전하고, 더 효율적이며, 더 포용적인 이동(mobility) 환경을 구축하는 것이다. 구체적으로는 다음과 같은 목표를 추구한다.

(1) **안전성(Safety)**: 전체 교통사고의 90% 이상을 차지하는 운전자의 부주의, 실수, 잘못된 판단 등 '인간의 오류(human error)'를 원천적으로 제거하여 교통사고 사망자와 부상자를 획기적으로 줄인다.

(2) **효율성(Efficiency)**: 차량 간 통신을 통해 최적의 간격을 유지하고, 급가속/급감속 없는 부드러운 주행으로 교통 흐름을 최적화하여 도로의 수용 용량을 늘리고 에너지 소비를 줄인다.

(3) **접근성(Accessibility)**: 운전이 불가능했던 고령자, 장애인 등 교통 약자들에게 자유로운 이동권을 보장하여 사회 참여의 기회를 확대하고 삶의 질을 높인다.

1.2. 자율주행 적용 기술의 유형 및 특징

1.2.1. 자율주행의 레벨

자율주행 기술은 그 자동화 수준에 따라 미국 자동차공학회(SAE)에서 정의한 레벨 0부터 레벨 5까지 총 6단계로 구분된다.

- **레벨 0(비자동화)**: 운전자가 모든 것을 제어한다.
- **레벨 1(운전자 보조)**: 조향 또는 가감속 중 하나를 시스템이 보조한다.(예: 어댑티브 크루즈 컨트롤)
- **레벨 2(부분 자동화)**: 조향과 가감속을 시스템이 동시에 보조하지만, 운전자는 항상 전방을 주시하고 제어권을 넘겨받을 준비를 해야 한다.(예: 고속도로 주행 보조)

- **레벨 3(조건부 자동화):** 특정 조건(예: 고속도로) 하에서 시스템이 완전한 주행을 담당하며, 운전자는 전방을 주시할 필요가 없다. 단, 시스템이 요청하면 운전자가 개입해야 한다.
- **레벨 4(고도 자동화):** 특정 조건 하에서 운전자의 개입이 전혀 필요 없는 완전 자율주행이 가능하다. 시스템이 해결할 수 없는 상황이 발생하면, 차량 스스로 안전하게 정차한다.
- **레벨 5(완전 자동화):** 모든 도로와 모든 조건에서 운전자 없이 시스템이 완벽하게 주행을 수행하는, 기술의 최종 단계이다.

1.2.2. 자율주행의 핵심 기술:

자율주행은 크게 인지(Perception), 판단(Planning), 제어(Control)**의 세 가지 핵심 기술로 구성된다.

(1) **인지:** 카메라, 라이다(LiDAR), 레이더(Radar) 등 각종 센서를 이용해 주변 환경(차량, 보행자, 차선, 신호등 등) 정보를 수집하고 인식한다.

(2) **판단:** 인지된 정보를 바탕으로 현재 상황을 이해하고, 목표 지점까지의 최적 경로를 계획하며, 돌발 상황에 대한 회피 기동 등 행동을 결정한다.

(3) **제어:** 결정된 행동 계획에 따라 가속, 제동, 조향 등 차량의 기계 장치를 정밀하게 제어한다.

1.3. 자율주행 기술의 역할과 기여도

자율주행 기술은 단순한 이동 수단의 혁신을 넘어, 도시의 공간 구조와 시민의 생활 방식을 근본적으로 바꾸는 잠재력을 가지고 있다.

(1) **도시 공간의 재창조:** 차량이 스스로 주차하고 호출에 응답하게 되

면, 도심의 가장 비싼 공간을 차지하던 지상 주차장들을 공원, 상업시설, 주거 공간 등 인간을 위한 공간으로 전환할 수 있다.

(2) **새로운 모빌리티 서비스의 탄생:** 운전자가 필요 없는 로보택시(Robotaxi), 자율주행 셔틀, 배송 로봇 등이 등장하여, '소유' 중심의 자동차 문화를 '서비스로서의 이동(Mobility as a Service, MaaS)'으로 전환시킨다.

(3) **생산성 향상:** 출퇴근 등 이동하는 시간이 운전에서 해방되어, 차 안에서 업무, 휴식, 여가 활동을 즐길 수 있는 새로운 생산적인 시간으로 바뀐다.

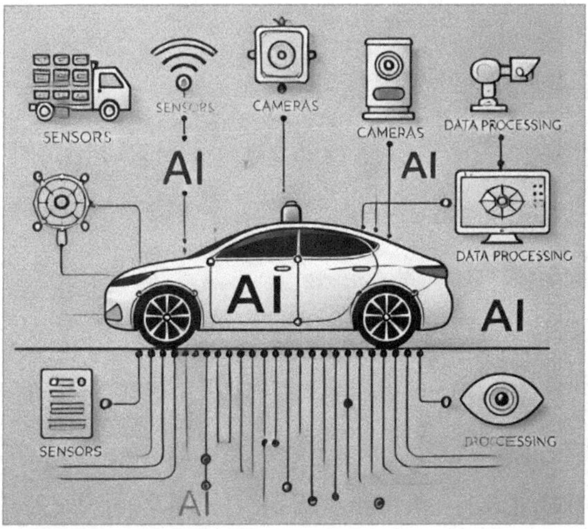

https://redresscompliance.com

1.4. 자율주행 기술의 장단점

■ 자율주행 기술의 장단점

장점	단점
교통사고 감소 및 안전성 증대: 인간의 실수를 원천적으로 배제하여, 교통안전을 획기적으로 개선할 수 있다.	기술적 완결성 및 안전 문제: 악천후, 해킹, 센서 오류 등 예기치 못한 상황에 대한 100% 완벽한 안전을 보장하기 어렵다.
교통 약자의 이동권 향상: 운전이 어려운 사람들에게 자유로운 이동의 기회를 제공하여 사회적 포용성을 높인다.	높은 비용: 라이다 등 고가의 센서와 복잡한 시스템으로 인해 차량 가격이 매우 비싸다.
교통 효율 증대 및 환경 개선: 교통 흐름을 최적화하여 정체를 줄이고, 효율적인 주행으로 에너지 소비와 탄소 배출을 감소시킨다.	법·제도·윤리적 문제: 사고 발생 시 책임 소재, 프라이버시 침해, 트롤리 딜레마와 같은 복잡한 윤리적 문제에 대한 사회적 합의가 필요하다.

1.5. 자율주행 기술의 활용 데이터

자율주행 AI는 주행 환경을 완벽하게 이해하고 판단하기 위해 방대하고 다양한 데이터를 활용한다.

(1) 센서 데이터:

- ㅁ 카메라: 차선, 신호등, 표지판 등 시각 정보를 컬러로 인식한다.
- ㅁ 라이다(LiDAR): 레이저를 발사하여 주변 환경과의 거리를 3D 형태로 매우 정밀하게 측정한다.
- ㅁ 레이더(Radar): 전파를 이용하여 악천후 속에서도 멀리 있는 물체의 속도와 거리를 측정한다.

(2) 고정밀 지도(HD Map): 차선 정보, 곡률, 경사도, 주변 지형지물 등이 cm 단위로 정밀하게 기록된 3차원 디지털 지도.

(3) **차량 통신 데이터(V2X):** 다른 차량, 교통 인프라, 보행자와 실시간으로 정보를 주고받는 데이터.

(4) **주행 기록 데이터:** 실제 도로를 주행하며 축적한 수백만 km의 주행 영상 및 센서 데이터.

1.6. 자율주행 기술의 대표적인 활용 예시

(1) **심야 시간 자율주행 버스 '올빼미 버스 2.0':** 대중교통이 끊긴 심야 시간에, 정해진 노선을 따라 자율주행 버스가 운행된다. 교통량이 적은 시간대이므로 안전성이 높으며, 버스 기사의 야간 근무 부담을 덜어주고, 시민들에게는 저렴하고 안전한 심야 귀갓길을 제공한다.

(2) **도시 물류의 혁명, '자율주행 배송 로봇':** 아파트 단지나 대학 캠퍼스, 대규모 산업 단지 내에서 자율주행 로봇이 음식, 택배, 서류 등을 배송한다. 이 로봇들은 보도를 따라 이동하며 장애물을 피하고 횡단보도를 건너, 주문자가 있는 곳까지 물건을 정확히 전달한다. 이는 물류의 '라스트 마일(last-mile)' 문제를 해결하는 혁신적인 방법이 된다.

(3) **스스로 주차장을 찾아가는 '자율주행 발렛 파킹':** 운전자가 대형 쇼핑몰이나 공공기관 입구에서 내리면, 자동차는 스스로 빈 주차 공간을 찾아 이동하여 주차를 완료한다. 운전자가 볼일을 마치고 스마트폰으로 차를 호출하면, 차는 다시 입구로 스스로 이동하여 운전자를 태운다. 이는 주차에 소요되는 시간과 스트레스를 없애고, 주차 공간의 활용 효율을 극대화한다.

(4) **움직이는 스마트 오피스/생활 공간:** 레벨 5 완전 자율주행이 실현된 미래, 자동차는 더 이상 운전 공간이 아니다. 출퇴근하는 동안 차 안에서 영상 회의를 하고, 영화를 보거나, 편안하게 수면을 취할 수 있다. 도시는 물리적인 거리가 아닌, 이동하는 시간 동안 무엇을 할 수 있느냐에 따라 새롭게 정의된다.

2. AI 응용 분야 "자율주행"의 도시 분야별 가상 적용 사례

자율주행 기술의 완성은 단순히 운전의 부담을 더는 것을 넘어, 도시의 공간 구조와 사람들의 생활 방식, 그리고 도시를 계획하고 설계하는 방법 자체를 근본적으로 바꾸는 '도시 혁명'의 시작이다. 자율주행이 실현된 미래 도시의 환상적인 모습을 각 분야별로 그려본다.

2.1. 도시계획: 주차장이 사라진 도시, '그린 리본'으로 재탄생하다

도시의 가장 귀한 땅을 차지하고 있는 주차장. 자율주행 시대의 도시는 이 공간을 다시 시민의 품으로 돌려준다.

(1) **목표:** 도시 내 모든 주차 공간을 인간 중심의 창의적인 공간으로 재설계하여, 도시의 녹지 비율과 공공 공간의 질을 획기적으로 향상시킨다.

(2) **자율주행의 역할:** 모든 차량이 자율주행 전기차(로보택시, 공유차)로 전환된다. 시민들은 더 이상 차를 '소유'하지 않고 필요할 때 '호출'하여 이용한다. 사용이 끝난 차량은 스스로 도시 외곽의 고밀도 충전 및 정비 타워로 이동하여 대기하므로, 건물마다, 길가마다 존재했던 주차장이 더 이상 필요 없게 된다.

(3) **환상적인 결과:** 도시계획가는 도시 전체의 도로변 주차장과 지상 주차장 부지를 하나의 거대한 띠로 연결하는 '그린 리본(Green Ribbon) 프로젝트'를 추진한다. 아스팔트가 걷힌 자리에는 실개천이 흐르고, 아이들을 위한 놀이터, 청년들을 위한 버스킹 공간, 어르신들을 위한 텃밭과 쉼터가 끝없이 이어진다. 회색빛 도시는 녹색의 숨 쉬는 공공 공간으로 가득 차게 되며, 시민들의 삶의 만족도는 이전과 비교할 수 없을 정도로 높아진다. 이는 도시 계획의 패러다임이 '자동차' 중심에서 '인간' 중심으로 완전히 전환되었음을 의미한다.

2.2. 환경계획: 배기가스 없는 도시를 만드는 '자율주행 그리드'

도시 환경의 가장 큰 골칫거리인 자동차 배기가스와 소음. 자율주행 기술은 도시를 고요하고 깨끗한 친환경 공동체로 탈바꿈시킨다.

(1) **목표:** 도시의 모든 교통수단을 100% 무공해 자율주행차로 전환하고, 차량 운행을 최적화하여 에너지 소비를 최소화한다.

(2) **자율주행의 역할:** 도시의 모든 이동은 인공지능 '모빌리티 마에스트로'가 지휘하는 "자율주행 전기 셔틀의 '그리드(grid)"를 통해 이루어진다. 이 셔틀들은 서로 통신하며 도로 위에서 기차처럼 여러 대가 한 몸처럼 움직이는 '군집 주행(platooning)'을 통해 공기 저항을 줄여 에너지 효율을 극대화한다. AI는 실시간 수요를 정확히 예측하여, 텅 빈 채로 운행되는 유령 차량 없이 가장 효율적인 경로로 셔틀을 배차한다.

(3) **환상적인 결과:** 내연기관 차량이 사라진 도시에서는 더 이상 매캐한 배기가스나 시끄러운 엔진 소음을 찾아볼 수 없다. 시민들은 창문

을 활짝 열고 맑은 공기와 새소리를 즐길 수 있다. 교통은 더 이상 환경오염의 주범이 아니라, 도시의 혈관을 조용하고 깨끗하게 흐르는 '친환경 공공 서비스'가 된다. 이는 기술이 어떻게 도시의 환경적 지속가능성을 보장하는지에 대한 가장 완벽한 증명이 된다.

2.3. 교통 및 모빌리티 계획: 정체 없는 도시의 'V2X 교통 교향곡'

매일 아침저녁으로 반복되는 교통지옥. 자율주행 시대에는 '교통 체증'이라는 단어가 역사 속으로 사라진다.

(1) **목표:** 모든 차량과 교통 인프라가 서로 소통하는 V2X(Vehicle to Everything) 기술을 통해, 신호등 없는 교차로와 정체 없는 도로를 구현한다.

(2) **자율주행의 역할:** 도로 위의 모든 자율주행차는 1초에도 수십 번씩 자신의 위치, 속도, 목적지, 진행 방향을 주변의 모든 차량 및 중앙 관제 시스템과 공유한다. 신호등이 없는 교차로에 접근할 때, 각 차량들은 중앙 AI의 지휘에 따라 서로의 속도와 진입 순서를 0.1초 단위로 정밀하게 조절한다.

(3) **환상적인 결과:** 교차로에서는 마치 한 편의 우아한 단체 군무처럼, 자동차들이 멈추지 않고 서로의 사이를 아슬아슬하게 통과하는 '슬롯 기반 교차로(Slot-based Intersection)'가 펼쳐진다.

빨간 불 신호를 기다리는 불필요한 시간 낭비가 사라지면서, 도로의 차량 처리 용량은 현재보다 3배 이상 증가한다. 도시의 교통 흐름은 더 이상 막히고 기다리는 단절된 움직임이 아니라, 모든 차량이 함께 연주하는 부드럽고 효율적인 '교통 교향곡'이 된다.

2.4. 도시건축설계: 건물의 '입구' 개념을 재정의하다

자율주행은 자동차 뿐만 아니라, 자동차를 맞이하는 공간인 건축물의 설계 방식까지도 완전히 바꾸어 놓는다.

(1) **목표**: 주차장과 차고가 사라진 공간을 활용하여, 건물의 1층을 완전히 새로운 기능의 개방적인 공간으로 설계한다.

(2) **자율주행의 역할**: 자율주행차는 건물의 로비 바로 앞까지 와서 승객을 내려준 뒤, 스스로 떠나 다른 호출에 응하거나 충전소로 이동한다. 따라서 건물은 더 이상 차량을 '보관'하기 위한 거대한 지하 주차장이나 진입로를 필요로 하지 않는다.

(3) **환상적인 결과**: 건축가는 새로운 주상복합 건물을 설계하며, 과거라면 지하 주차장으로 채워졌을 어두운 지하 1층과 지상 1층 전체를 하나의 개방된 '커뮤니티 플라자'로 설계한다.

이곳에는 통유리창으로 햇살이 가득 들어오는 도서관과 키즈 카페, 주민들을 위한 공유 오피스가 들어선다. 건물의 입구는 더 이상 차가 드나드는 게이트가 아니라, 다양한 크기의 자율주행 셔틀이 잠시 정차하여 사람을 내려주는 여러 개의 '모빌리티 도킹 스테이션(Mobility Docking Station)'으로 분산된다. 건축은 자동차로부터 해방되어, 사람과 녹지, 그리고 도시와 직접 소통하는 새로운 형태로 진화한다.

소주제 05 생성형 AI(Generative AI) : 텍스트, 이미지, 오디오, 코드 등의 데이터를 스스로 만들어내는 AI의 창의적인 면모를 대표하는 기술이다

1. 생성형 AI(Generative AI)는 기존의 데이터를 학습하여, 그 패턴과 구조를 바탕으로 세상에 없던 새로운 콘텐츠를 '창조(Generate)' 해내는 인공지능의 분야이다.

생성형 AI(Generative AI)는 기존의 데이터를 학습하여, 그 패턴과 구조를 바탕으로 세상에 없던 새로운 콘텐츠를 '창조(Generate)'해내는 인공지능의 한 분야를 총칭한다. 이는 주어진 데이터를 분석하고 분류하는 전통적인 '분석형 AI'와 구분된다.

마치 수많은 화가의 그림을 학습한 뒤 자신만의 새로운 그림을 그리는 인공지능 화가, 혹은 수많은 문학 작품을 읽고 새로운 소설을 쓰는 인공지능 작가와 같다. 생성형 AI는 텍스트, 이미지, 오디오, 코드 등 다양한

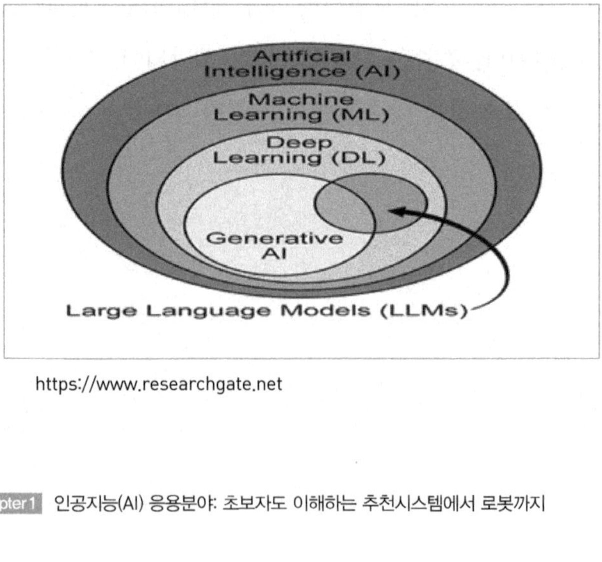

https://www.researchgate.net

형태의 데이터를 스스로 만들어내는, AI의 창의적인 면모를 대표하는 기술이다.

1.1. 생성형 AI가 추구하는 목표

생성형 AI의 핵심 목표는 단순히 기존 데이터를 모방하는 것을 넘어, 인간의 창의성과 지적 활동을 모사하고 확장하여, 새롭고, 일관성 있으며, 주어진 맥락에 부합하는 독창적인 결과물을 만들어내는 것이다.

사용자가 "슬픈 분위기의 피아노 곡을 만들어줘" 또는 "미래 도시의 모습을 그려줘"와 같이 추상적인 요구를 하면, 그 의도를 파악하여 구체적인 창작물로 구현해내는 것을 목표로 한다. 궁극적으로는 인간의 창의적인 파트너가 되어 아이디어 구상, 콘텐츠 제작, 문제 해결 과정 전반을 돕는 것을 지향한다.

1.2. 생성형 AI적용기술의 유형 및 특징

생성형 AI는 다양한 딥러닝 모델을 기반으로 구현되며, 각 모델은 서로 다른 방식으로 '창조'의 과정을 수행한다.

1.2.1. 생성적 적대 신경망(GAN: Generative Adversarial Network):

'위조범(생성자)'과 '경찰(판별자)'이 서로 경쟁하며 학습하는 구조이다. 생성자가 만든 가짜 데이터를 판별자가 감별해내고, 생성자는 이 판별자를 속이기 위해 점점 더 진짜 같은 데이터를 만들게 된다. 매우 사실적이고 선명한 이미지 생성에 강점을 보인다.

1.2.2. 변이형 오토인코더(VAE: Variational Autoencoder):

입력 데이터를 저차원의 잠재 공간으로 압축했다가 다시 복원하는 과정에서, 데이터의 확률적 분포를 학습한다. 이를 통해 원본과 유사하면서도 약간씩 다른, 다양한 변주의 데이터를 생성하는 데 유리하다.

1.2.3. 트랜스포머(Transformer):

문장 내 단어들의 관계와 문맥을 학습하는 데 탁월한 성능을 보이는 모델이다. 이 구조를 기반으로 한 거대 언어 모델(Large Language Models, LLM), 즉 GPT나 BERT 등은 다음에 올 단어를 예측하는 방식으로 매우 논리적이고 일관성 있는 긴 글을 생성할 수 있다. 현대 텍스트 생성 AI의 근간이다.

1.2.4. 확산 모델(Diffusion Model):

원본 데이터에 노이즈를 점차 추가했다가, 그 과정을 거꾸로 거슬러 올라가며 노이즈를 제거하는 방법을 학습한다. 순수한 노이즈에서 시작하여 매우 높은 품질의 이미지를 안정적으로 생성할 수 있어, 최근 이미지 생성 분야에서 가장 주목받는 기술이다.

1.3. 생성형 AI기술의 역할과 기여도

생성형 AI는 사회 전반과 도시를 변화시키는 혁신적인 동력으로 다음과 같은 역할을 한다.

(1) **창의성의 보편화:** 전문가가 아니더라도 누구나 간단한 텍스트나 아이디어만으로 고품질의 글, 그림, 음악을 만들 수 있게 하여, 창작의 문턱을 획기적으로 낮춘다.

(2) **콘텐츠 제작의 자동화 및 효율화:** 보고서 초안 작성, 디자인 시안 제작, 코드 생성 등 반복적이고 시간이 많이 소요되는 작업을 자동화하여, 인간이 더 본질적이고 창의적인 업무에 집중할 수 있도록 돕는다.

(3) **초개인화된 경험 제공:** 각 개인의 요구와 맥락에 맞춰 세상에 단 하나뿐인 맞춤형 정보, 콘텐츠, 서비스를 실시간으로 생성하여 제공한다.

(4) **가상 시뮬레이션 및 아이디어 탐색:** 아직 존재하지 않는 미래의 도시 모습, 새로운 건축 디자인, 정책 시나리오 등을 가상으로 생성하고 시뮬레이션해봄으로써, 시행착오를 줄이고 더 나은 의사결정을 지원한다.

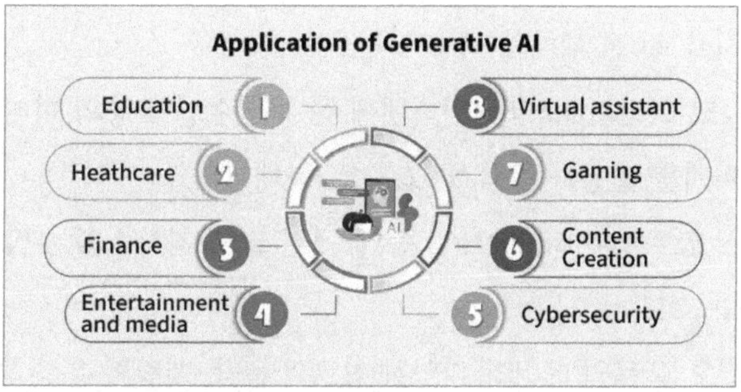

https://www.geeksforgeeks.org

1.4. 생성형 AI기술의 장단점

■ 생성형 AI기술의 장단점

장점	단점
무한한 콘텐츠 생성 능력: 인간의 상상력을 자극하고, 아이디어 구상에서 결과물 제작까지의 시간을 획기적으로 단축한다.	환각(Hallucination): 사실에 근거하지 않은, 그럴듯한 거짓 정보를 생성할 수 있다.
다양한 분야에 대한 적용성: 텍스트, 이미지, 오디오, 코드 등 거의 모든 데이터 형태에 적용하여 새로운 가치를 창출한다.	편향성 및 유해성 문제: 불공정하거나 편향된 데이터를 학습할 경우, 그 편견을 그대로 반영하거나 유해한 콘텐츠를 생성할 수 있다.

복잡한 문제 해결 지원: 복잡한 데이터 속에서 새로운 패턴을 발견하고, 시뮬레이션을 통해 문제 해결을 위한 새로운 대안을 제시한다.	저작권 및 소유권 문제: AI가 생성한 창작물의 저작권을 누구에게 귀속할 것인지에 대한 법적, 윤리적 논쟁이 존재한다.

1.5. 생성형 AI기술의 활용 데이터

생성형 AI는 그 능력의 기반이 되는 인터넷 규모의 방대하고 다양한 데이터셋을 학습한다.

(1) **대규모 텍스트 데이터**: 책, 뉴스 기사, 웹사이트, 논문, 소셜 미디어 게시글 등 전 세계의 텍스트 정보.

(2) **대규모 이미지 데이터**: 인터넷에 공개된 수십억 장의 이미지와 해당 이미지를 설명하는 텍스트(캡션) 쌍 데이터.

(3) **소스 코드 데이터**: GitHub 등 공개된 코드 저장소의 수많은 프로그래밍 코드.

(4) **오디오 및 음악 데이터**: 다양한 장르의 음악, 사람의 음성 데이터 등.

1.6. 생성형 AI기술의 대표적인 활용 예시

(1) **AI 도시계획 홍보 대변인**: 생성형 AI가 신도시 개발 계획이나 중요한 도시 정책에 대한 보도자료, 시장 연설문, 주민 설명회 자료, 소셜 미디어 홍보 문구 등을 자동으로 생성한다. 정책의 핵심 목표와 기대 효과를 입력하면, 각 매체의 특성과 대상 독자에 맞는 가장 설득력 있는 톤과 스타일의 글을 순식간에 만들어낸다.

(2) **실시간 참여형 도시 디자인**: 시민이 도시 디자인 워크숍에서 "우리 동네에 네덜란드처럼 예쁜 자전거 도로와 튤립이 가득한 쉼터를 만들어주세요"라고 아이디어를 낸다. 도시 계획가는 이 말을 그

대로 생성형 AI에 입력하고, 즉시 해당 아이디어가 반영된 여러 스타일의 사실적인 공원 조감도를 생성하여 대형 스크린에 보여주며 논의를 이어간다.

(3) **도시 문제 해결을 위한 코드 자동 생성:** 교통 분석가가 "A 지역의 시간대별 교통량 데이터와 날씨 데이터를 결합하여, 주말 교통 체증을 예측하는 파이썬 코드를 만들어줘"라고 생성형 AI에게 요청한다. AI는 즉시 데이터 분석 및 시각화 라이브러리를 활용하여, 목적에 맞는 프로그래밍 코드를 자동으로 생성하여 분석 시간을 획기적으로 단축시킨다.

(4) **가상 도시 투어 가이드 생성:** 관광객이 자신의 관심사('역사', '건축', '맛집')를 선택하면, 생성형 AI가 해당 관광객만을 위한 맞춤형 도시 투어 경로와 스토리를 즉석에서 만들어낸다. 나아가, 마치 전문 성우처럼 자연스러운 목소리로 해당 스토리를 들려주는 개인화된 오디오 가이드를 실시간으로 생성하여 제공한다.

2. AI 응용 분야 "생성형 AI"의 도시 분야별 가상 적용 사례

생성형 AI는 인간의 언어와 아이디어를 이해하여, 글, 그림, 코드, 계획안 등 새로운 창작물을 만들어내는 '인공지능 창조자'이다. 이 놀라운 기술을 도시의 각 전문 분야에 적용하면, 복잡한 문제를 해결하고 미래를 설계하는 방식이 근본적으로 바뀌는 환상적인 혁신이 가능해진다.

2.1. 도시계획: 100개의 미래를 시뮬레이션 하는 '도시 계획 생성 AI'

도시계획가는 하나의 신도시를 개발하기 위해 수많은 대안을 구상하고, 각 대안의 장단점을 평가하는 데 수년의 시간을 보낸다. 생성형 AI는 이 과정을 몇 시간으로 단축시키는 'AI 도시 설계자' 역할을 한다.

(1) **목표:** 도시 개발의 핵심 목표(예: '탄소 중립', '보행 친화', '다양한 계층의 사회적 혼합')를 입력 받아, 이 목표들을 만족시키는 수십 가지의 종합적인 도시 마스터플랜을 자동으로 생성한다.

(2) **생성형 AI의 역할:** 계획가가 "인구 5만 명 규모의 위성도시 마스터플랜 생성. 핵심 목표: 탄소 중립, 15분 도시(도보 15분 내 모든 생활 인프라 접근), 다양한 소득 계층을 위한 주거 혼합"이라는 지시를 내린다. 거대 언어 모델과 이미지 생성 모델이 결합된 AI는 이 추상적인 목표를 구체적인 계획으로 번역한다.

(3) **환상적인 결과:** AI는 단 몇 시간 만에 다음과 같은 완전한 '마스터플랜 패키지' 10개 버전을 생성한다.

1. 토지 이용 계획도: 각기 다른 공간 구조를 가진 상세한 컬러 지도.
2. 지구 단위 계획 지침: 해당 계획에 필요한 용적률, 건폐율, 건축물 가이드라인 등 법규 초안.
3. 교통 및 환경 시뮬레이션: 각 계획안에 따른 예상 교통량, 에너지 소비량, 탄소 배출량 예측 보고서.
4. 가상 현실(VR) 투어: 각 계획안의 주요 공원, 광장, 거리를 미리 체험해볼 수 있는 3D 가상 공간. 계획가는 더 이상 백지에서 시작하는 것이 아니라, AI가 생성한 완성도 높은 10개의 미래를 비교 분석하며 최적의 대안을 선택하고 발전시키는, 창의적인 '큐레이터'이자 '최종 결정자'의 역할을 수행하게 된다.

2.2. 환경계획: 도시를 위한 '맞춤형 생태계' 자동 설계

환경계획가는 오염된 도시 하천이나 버려진 공장 부지를 자연이 살아

숨 쉬는 생태 공간으로 복원하고자 한다. 생성형 AI는 해당 지역의 조건에 맞는 최적의 생태계를 설계하는 'AI 생태학자'가 된다.

(1) **목표:** 복원 대상 지역의 현재 상태(토양, 수질, 주변 환경) 데이터를 입력 받아, 그곳에서 자생할 수 있고 생물 다양성을 극대화하는 상세한 생태 복원 계획을 생성한다.

(2) **생성형 AI의 역할:** 계획가가 오염된 하천의 데이터와 함께 "이곳을 멸종위기종인 '수달'이 돌아올 수 있는 건강한 하천 생태계로 복원하는 계획안을 작성해 줘. 수질 정화 능력이 뛰어난 토착 수생 식물을 포함하고, 시민들을 위한 친환경 산책로를 함께 설계해 줘"라고 요청한다.

(3) **환상적인 결과:** AI 생태학자는 다음과 같은 종합 리포트를 생성한다.

1. 추천 동식물 리스트: 해당 지역의 토양과 기후에 가장 적합하며, 수달의 먹이가 되거나 서식 환경을 조성하는 토착 식물 및 곤충, 어류 리스트.
2. 3D 생태 조감도: 어떤 식물을 어디에, 얼마나 밀집하여 심어야 하는지, 시민 산책로는 동물의 서식지를 어떻게 피해 가야 하는지를 보여주는 상세한 3D 조감도.
3. 연차별 변화 시뮬레이션: 계획안대로 복원했을 때, 1년 후, 5년 후, 10년 후 생태계가 어떻게 변화하고 안정화될지를 보여주는 타임랩스 영상. 이는 인간의 지식만으로는 고려하기 힘든 수많은 생태적 상호작용을 계산하여, 가장 성공 확률이 높은 '살아있는 설계도'를 제공하는 것이다.

2.3. 교통 및 모빌리티 계획: 주민 맞춤형 '대중교통 노선' 자동 생성

교통계획가는 신도시가 생기거나 인구 구조가 변했을 때, 새로운 대중교통 노선망을 설계해야 한다. 생성형 AI는 시민들의 이동 데이터를 바탕으로 가장 효율적인 노선망을 순식간에 그려내는 'AI 노선 설계 전문가' 역할을 한다.

(1) **목표**: 도시의 익명화된 유동인구 데이터와 도로망 데이터를 기반으로, 시민들의 평균 이동 시간은 최소화하고 대중교통의 사각지대는 없애는 최적의 버스 노선 시스템을 생성한다.

(2) **생성형 AI의 역할**: 계획가가 AI에게 "A 신도시의 출퇴근 시간대 이동 패턴 데이터를 기반으로, 평균 환승 횟수 1.5회 이하, 버스 정류장까지의 평균 도보 거리 300m 이하를 만족하는 최적의 버스 노선망 5가지 대안을 생성해 줘" 라고 지시한다.

(3) **환상적인 결과**: AI는 수많은 조합을 시뮬레이션하여, 각기 다른 장단점을 가진 5개의 완벽한 버스 노선망 포트폴리오를 생성한다. 각 포트폴리오에는 다음이 포함된다.

1. 시각화된 노선도: 지도 위에 각 버스의 노선이 색깔별로 그려진 이미지.
2. 상세 운행 계획표: 각 노선의 정류장별 도착 시간, 배차 간격 등이 포함된 엑셀 파일.
3. 성능 분석 보고서: 각 대안의 예상 수송 분담률, 평균 이동 시간, 운영 비용 등을 비교 분석한 보고서. 수개월이 걸리던 복잡한 노선 설계 및 분석 작업이 단 하루 만에 완료되며, 계획가는 데이터를 바탕으로 최적의 공공 서비스를 선택할 수 있게 된다.

2.4. 도시건축설계: 건축가의 의도를 즉시 구현하는 'AI 설계 파트너'

건축가는 머릿속에 떠오른 추상적이고 창의적인 영감을 즉시 구체적인 설계안으로 만들고 싶어 한다. 생성형 AI는 건축가의 말을 '찰떡같이' 알아듣고, 그 상상을 3D 모델과 도면으로 구현하는 'AI 설계 파트너'가 된다.

(1) **목표:** 건축가의 자연어 설명과 스케치를 이해하여, 복잡한 비정형 건축물의 3D 모델(BIM), 구조 계산서, 설계 도면 초안을 실시간으로 생성한다.

(2) **생성형 AI의 역할:** 건축가가 AI에게 스케치를 보여주며 말한다. "이 스케치를 기반으로, 사막의 모래언덕처럼 유려한 곡선을 가진 미술관을 디자인해 줘. 외벽은 이 지역의 흙으로 만든 친환경 램드어스(rammed earth) 공법을 사용하고, 내부에는 빛이 쏟아지는 거대한 아트리움을 만들어 줘. 자하 하디드 스타일로."

(3) **환상적인 결과:** 건축가의 말이 끝나기 무섭게, AI는 그의 스케치와 언어를 해석하여 즉시 3D 건축 모델을 생성한다. 모델을 이리저리 돌려보던 건축가가 "아트리움을 조금 더 넓게"라고 말하면 실시간으로 모델이 수정된다. AI는 여기서 그치지 않고, "해당 곡면 구조를 구현하기 위한 최적의 철골 구조 시스템은 '다이아 그리드' 방식이며, 예상 하중 계산서 초안은 다음과 같습니다. 관련 시공 사례도 함께 보여드릴까요?" 라며 기술적인 제안까지 덧붙인다. AI는 더 이상 도구가 아니라, 건축가의 창의적 상상력과 기술적 현실 사이의 간극을 메워주는 진정한 의미의 '설계 동반자'가 된다.

소주제 06 로봇(Robot): AI의 판단을 바탕으로 센서를 통해 현실세계를 인식하고, 모터나 팔과 같은 구동장치를 이용해 물리적인 행동을 수행한다

1. 로봇(Robot)은 인공지능(AI)의 두뇌를 가지고, 물리적인 세계와 직접 상호작용하며 주어진 임무를 수행하도록 설계된 기계를 의미한다.

로봇(Robot)은 인공지능(AI)의 두뇌를 가지고, 물리적인 세계와 직접 상호작용하며 주어진 임무를 수행하도록 설계된 기계를 의미한다.

AI가 주로 디지털 세상에서 데이터를 처리하고 판단을 내린다면, 로봇은 그 판단을 바탕으로 센서를 통해 현실 세계를 인식하고, 모터나 팔과 같은 구동장치(actuator)를 이용해 물리적인 행동을 수행한다는 점에서 구별된다.

이는 마치 인간이 두뇌로 생각하고 눈으로 보며, 팔과 다리로 움직이는 것과 같다. 즉, 로봇은 AI의 지능이 현실 세계로 확장되어 나타난 '물리적 실체(physical embodiment)'라고 할 수 있다.

Imagining a curious child engaging with a humanoid robot
https://www.freepik.com

1.1. 로봇(Robot)이 추구하는 목표

로봇 기술의 핵심 목표는 인간을 대신하거나 보조하여, 위험하고, 힘들고, 지루하고, 반복적인 물리적 과업을 자동화하는 것이다.

더 나아가, 인간의 능력을 뛰어넘는 정밀함과 힘, 지구력을 바탕으로 생산성을 극대화하고, 인간이 접근할 수 없는 극한 환경(심해, 우주, 재난 현장 등)을 탐사하며, 일상생활 속에서 인간과 교감하고 도움을 주는 동반자 역할을 수행하는 것을 목표로 한다.

궁극적으로는 로봇 기술을 통해 인간을 더 안전하고, 창의적이며, 가치 있는 일에 집중할 수 있도록 돕는 것을 지향한다.

1.2. 로봇(Robot) 적용기술의 유형 및 특징

1.2.1. 로봇의 형태와 사용 목적에 따른 분류

로봇은 그 형태와 사용 목적에 따라 매우 다양하게 분류된다.

1.2.1.1. 산업용 로봇(Industrial Robot):

공장 자동화의 핵심으로, 용접, 조립, 도색, 물류 운반 등 정해진 위치에서 고정된 과업을 빠르고 정확하게 반복 수행한다.

1.2.2.2. 서비스 로봇(Service Robot):

비제조업 분야에서 인간에게 직접적인 서비스를 제공하는 로봇이다. 서빙 로봇, 안내 로봇, 청소 로봇, 수술 로봇, 배송 로봇 등이 여기에 속한다.

1.2.3.3. 휴머노이드 로봇(Humanoid Robot):

인간의 신체와 유사한 형태를 가진 로봇이다. 두 팔과 두 다리를 이용

Humanoid Robots as Homemakers

해 걷고, 물건을 잡는 등 인간의 생활 환경에 최적화된 복잡한 상호작용을 수행하는 것을 목표로 한다.

1.2.3.4. **자율이동 로봇**(Autonomous Mobile Robot, AMR):

자율주행 기술을 기반으로, 정해진 경로 없이 스스로 환경을 인식하고 판단하여 자유롭게 이동하며 임무를 수행하는 로봇이다.(예: 물류센터의 운반 로봇, 자율주행 배송 로봇)

1.2.2. **핵심 기술**:

현대의 지능형 로봇은 다양한 AI 기술의 집약체이다.

(1) **컴퓨터 비전**(Computer Vision): 카메라를 통해 주변 환경을 '보고' 이해하는 기술.

(2) **자연어 처리**(NLP): 인간의 음성이나 텍스트 명령을 '듣고' 이해하는 기술.

(3) **강화학습**(Reinforcement Learning): 수많은 시뮬레이션과 실제 상호작용을 통해, 걷거나 물건을 집는 등 최적의 동작을 스스로 '학습'하는 기술.

1.3. 로봇(Robot) 기술의 역할과 기여도

로봇은 도시의 다양한 현장에서 보이지 않는 조력자로서 도시의 기능을 유지하고 발전시키는 데 기여한다.

(1) **도시 인프라 유지보수 자동화:** 인간이 직접 하기 위험하거나 어려운 하수관 검사, 교량 안전 진단, 고층 빌딩 외벽 청소 등의 작업을 로봇이 대신 수행하여 도시의 안전성을 높인다.

(2) **물류 및 서비스 효율의 극대화:** 물류센터의 상품 분류 및 이송, 병원의 검체 운반, 식당의 음식 서빙 등을 자동화하여, 24시간 중단 없는 효율적인 서비스를 제공한다.

(3) **시민의 삶의 질 향상:** 노약자나 장애인의 일상을 돕는 돌봄 로봇, 무거운 짐을 대신 들어주는 자율주행 카트, 주문한 음식을 집 앞까지 배달해주는 배송 로봇 등을 통해 시민들의 편의성을 증진시킨다.

(4) **재난 대응 및 공공 안전 확보:** 화재 현장이나 붕괴 사고 현장 등 인간 구조대원이 진입하기 위험한 곳에 먼저 투입되어, 내부 상황을 탐색하고 생존자를 수색하는 등 인명 구조의 골든 타임을 확보하는 데 기여한다.

1.4. 로봇(Robot)의 장단점

■ 로봇(Robot)의 장단점

장점	단점
생산성 및 효율성 증대: 지치지 않고 24시간 정확하고 반복적인 작업을 수행할 수 있다.	높은 초기 도입 비용: 로봇 시스템의 개발, 제작, 설치 및 유지보수에 많은 비용이 소요된다.
인간의 안전 확보: 위험하고 유해한 환경에서 인간을 대신하여 작업을 수행한다.	일자리 대체 문제: 로봇 자동화로 인해 특정 분야의 인간 일자리가 감소할 수 있다는 사회적 우려가 존재한다.

정밀도 및 일관성: 인간의 실수를 배제하고, 초정밀 작업을 일관된 품질로 수행할 수 있다.	유연성 및 대처 능력 부족: 예상치 못한 돌발 상황이나 복잡하고 미묘한 비정형 작업에 대한 대처 능력이 아직 부족하다.
새로운 가능성 탐구: 인간이 갈 수 없는 극한 환경을 탐사하고 새로운 지식을 얻게 한다.	안전 및 윤리적 문제: 인간과 상호작용하는 로봇의 안전 문제, 로봇의 오작동 시 책임 소재 등 복잡한 윤리적, 법적 문제가 따른다.

1.5. 로봇(Robot)이 활용하는 데이터

지능형 로봇은 환경을 인식하고 행동을 결정하기 위해 다양한 센서 데이터를 실시간으로 활용한다.

(1) **시각 데이터:** 카메라, 3D 깊이 센서 등을 통해 얻는 주변 환경의 이미지 및 영상 데이터.

(2) **공간 데이터:** 라이다(LiDAR), 레이더(Radar), 초음파 센서 등을 통해 얻는 장애물과의 거리, 형태, 속도 등 3차원 공간 정보.

(3) **위치 데이터:** GPS, IMU(관성 측정 장치) 등을 통해 얻는 로봇 자신의 위치, 자세, 움직임에 대한 정보.

(4) **물리적 상호작용 데이터:** 힘/토크 센서, 촉각 센서 등을 통해 얻는 물체와의 접촉 및 상호작용에 대한 정보.

1.6. 로봇(Robot)의 대표적인 활용 예시

(1) **지하의 탐험가, '상하수도관 검사 로봇':** 뱀처럼 생긴 소형 로봇이 인간이 들어갈 수 없는 좁고 오래된 도시의 상하수도관 내부를 자율적으로 이동한다. 로봇은 내장된 카메라와 센서로 관의 균열, 부식, 막힘 등의 문제를 실시간으로 탐지하고, 그 위치와 심각도를 3D 지도로 생성하여 관제 센터에 전송한다. 이는 도로를 파헤치기

전에 문제의 원인을 정확히 파악하여, 도시의 혈관을 효율적으로 관리하게 돕는다.

(2) **도시의 청결 지킴이, '자율주행 청소 로봇'**: 심야 시간에 자율주행 청소 로봇들이 도시의 광장, 공원, 거리를 스스로 돌아다니며 쓰레기를 수거하고 바닥을 청소한다. 로봇은 컴퓨터 비전으로 쓰레기의 종류(캔, 플라스틱, 담배꽁초)를 인식하여 분리수거까지 수행하며, 유동인구가 많은 구역을 우선적으로 청소하는 등 효율적인 작업 계획을 스스로 수립한다.

(3) **화재 현장의 용감한 선발대, '소방 로봇'**: 인간 소방관이 진입하기 전, 4족 보행 로봇이나 무인 드론이 먼저 화재 현장에 투입된다. 이 로봇들은 열화상 카메라로 생존자의 위치를 파악하고, 유독가스 농도를 측정하며, 건물의 붕괴 위험 지점을 탐지하는 등 내부의 위험 정보를 실시간으로 외부의 소방관에게 전달한다. 이는 구조 작전의 성공률을 높이고 소방관의 안전을 지키는 데 결정적으로 기여한다.

(4) **고독사를 방지하는 'AI 어르신 돌봄 로봇'**: 독거노인 가정에 배치된 소형 로봇이 어르신의 든든한 친구이자 건강 관리사 역할을 한다. 로봇은 따뜻한 목소리로 대화를 나누며 어르신의 외로움을 덜어주고, 정해진 시간에 약 복용을 알려준다. 또한, 집안에 설치된 센서와 연동하여 어르신의 활동이 오랫동안 감지되지 않거나, 낙상과 같은 이상 상황이 발생하면 즉시 보호자와 119에 자동으로 연락하여 소중한 생명을 구한다.

2. AI 응용 분야 "로봇"의 도시 분야별 가상 적용 사례

AI의 두뇌와 기계의 신체를 결합한 로봇은 디지털 세상의 판단을 현실 세계의 물리적 행동으로 옮기는 특별한 존재이다. 이 '행동하는 인공지능'을 도시에 적용하면, 인간의 물리적 한계를 뛰어넘어 도시를 건설하고, 가꾸고, 유지하는 방식 자체를 근본적으로 혁신하는 환상적인 일들이 가능해진다.

2.1. 도시계획: 도시의 빈 공간을 채우는 '모듈형 공공 가구 로봇'

도시의 광장은 때로는 텅 비어 있고, 때로는 너무 붐빈다. 도시계획가는 광장이라는 공간이 시민들의 필요에 따라 카멜레온처럼 변신하기를 꿈꾼다. '모듈형 공공 가구 로봇'은 이 꿈을 현실로 만드는 동적인 조각가 역할을 한다.

(1) **목표:** 공공 광장의 기능과 형태를 실시간 이용자 데이터에 맞춰 동적으로 변화시켜, 공간의 활용도를 극대화한다.

(2) **로봇의 역할:** 수십 개의 자율주행이 가능한 정육면체 모양의 '블록 로봇'들이 광장에 배치된다. 이 로봇들은 서로 결합하여 벤치, 무대, 화단, 파티션 등 다양한 형태의 가구로 변신할 수 있다. 광장의 카메라와 센서를 통해 유동인구, 사람들의 활동 패턴(휴식, 대화, 공연 관람 등)을 실시간으로 인식한다.

(3) **환상적인 자율 행동 시나리오:** 한가로운 평일 오전, 로봇들은 길게 이어진 벤치 형태로 조용히 자리를 잡는다. 점심시간이 되어 직장인들이 몰려오자, 로봇들은 스스로 흩어지고 재 조합하여 2~4인용 테이블과 의자 세트를 만든다. 주말 저녁, 즉흥적인 버스킹 공

연으로 사람들이 모여드는 것을 감지한 로봇들은, 일제히 무대 중앙으로 이동하여 아티스트를 위한 계단식 무대와 관객들을 위한 객석을 10분 만에 자동으로 만들어낸다.

(4) **결과**: 도시의 광장은 더 이상 고정된 공간이 아니라, 시민들의 활동에 살아있는 유기체처럼 반응하는 '프로그래밍 가능한 공간(Programmable Space)'이 된다. 이는 한정된 도시 공간의 잠재력을 200% 이끌어내는, 완전히 새로운 차원의 도시 계획 방법론을 제시한다.

2.2. 환경계획: 도시의 나무를 심고 가꾸는 '로봇 정원사'

도시 전체를 숲으로 만들기 위해서는 수많은 나무를 심고 지속적으로 관리해야 한다. '로봇 정원사'는 이 모든 과정을 자동화하여, 도시 녹화의 속도와 효율을 극대화하는 녹색의 일꾼이 된다.

(1) **목표**: 도시 녹화 계획에 따라, 나무 심기, 물 주기, 가지치기, 병충해 관리 등 도시 숲을 조성하고 가꾸는 전 과정을 자동화한다.

(2) **로봇의 역할**: 다목적 로봇 팔과 토양 분석 센서, 물탱크, 영양제 분사기를 장착한 전천후 자율주행 로봇이다. 도시의 녹지 조성 계획이 담긴 3D 지도를 기반으로 임무를 수행한다.

(3) **환상적인 자율 행동 시나리오**: '로봇 정원사'는 황량한 도로변 녹화 임무를 부여 받는다. 먼저 토양 센서로 땅의 상태를 분석하여, 해당 토양에 가장 적합한 토착 수종을 스스로 선택한다. 이후 자율적으로 움직이며 일정한 간격으로 구덩이를 파고, 묘목을 심은 뒤 물과 영양제를 최적의 양만큼 공급한다. 몇 년 후, 로봇은 정기적으로 이 곳을 순찰하며, 카메라로 나무의 건강 상태를 진단하여 병충

해를 조기에 발견하고, 드론과 협력하여 웃자란 가지를 정밀하게 잘라주는 등 평생에 걸쳐 나무들을 돌본다.

(4) **결과**: 인간의 노동력만으로는 수십 년이 걸릴 대규모 도시 숲 조성 프로젝트가 단 몇 년 만에 이루어진다. 로봇 정원사 군단 덕분에 도시는 더 빠르고 체계적으로 녹색 옷을 입게 되며, 열섬 현상 완화와 대기 질 개선이라는 환경 목표를 효과적으로 달성하게 된다.

2.3. 교통 및 모빌리티 계획: 사고 현장을 순식간에 정리하는 '긴급 복구 로봇 군단'

도로 위 교통사고는 그 자체보다, 사고 처리가 지연되면서 발생하는 2차 정체와 사고가 더 큰 문제이다. '긴급 복구 로봇 군단'은 사고 현장에 초인적인 속도로 개입하여, 도시의 혈관을 막는 장애물을 순식간에 제거한다.

(1) **목표**: 교통사고 발생 시, 현장 정리 및 차량 견인에 소요되는 시간을 획기적으로 단축하여 2차 피해를 최소화하고 교통 흐름을 정상화한다.

(2) **로봇의 역할**: 교통 관제 AI가 사고를 감지하는 순간, 가장 가까운 스테이션에서 로봇 군단이 출동한다. 이 군단은 강력한 크레인 팔을 장착한 대형 '리프팅 로봇'과, 도로 위의 파편과 기름을 쓸어 담는 소형 '클리닝 로봇'들로 구성된다.

(3) **환상적인 자율 행동 시나리오**: 다리 위에서 2중 추돌 사고가 발생한다. 신고 접수 5분 만에 로봇 군단이 도착한다. 리프팅 로봇 두 대가 협력하여 파손된 차량을 번쩍 들어 도로 갓길의 안전지대로 옮기는 동안, 수십 대의 클리닝 로봇들이 일제히 흩어져 도로에 흩어

진 파편들을 말끔히 청소한다. 인간 견인차와 구조대원이 1시간 넘게 걸릴 복잡한 작업이 단 10분 만에 완료된다.

(4) **결과:** 교통 체증이 본격적으로 시작되기도 전에 사고 현장은 완벽하게 정상화된다. 이는 사고로 인한 사회적 비용을 최소화할 뿐만 아니라, 긴급 상황에 대한 도시의 회복탄력성(resilience)을 극대화하는, 미래형 재난 대응 시스템의 표본이 된다.

2.4. 도시건축설계: 거대한 3D 프린터, '건설 드론 스웜'

미래의 건축은 더 이상 인간이 벽돌을 쌓는 방식이 아닐 것이다. 수백 대의 드론이 한 몸처럼 움직이며, 거대한 건축물을 하룻밤 만에 '프린트' 해낸다.

(1) **목표:** 복잡하고 유기적인 형태의 비정형 건축물을, 드론 스웜(drone swarm)을 이용한 3D 프린팅 기술로 빠르고 정밀하게 건설한다.

(2) **로봇의 역할:** 한 대 한 대가 정밀한 3D 프린터 노즐을 장착한 '건설 드론' 수백 대로 구성된 스웜(군집)이다. 이들은 중앙의 3D 건축 설계도(BIM)에 따라, 한 치의 오차도 없이 협력하여 비행하며 친환경 특수 콘크리트를 층층이 쌓아 올린다.

(3) **환상적인 자율 행동 시나리오:** 건축가가 설계한, 마치 거대한 조각품 같은 유선형의 공공 미술관. 이 설계도를 건설 드론 스웜에게 전송한다. 다음 날 새벽, 수백 대의 드론들이 일제히 날아올라, 마치 거대한 벌떼가 집을 짓듯 미술관의 벽을 한 겹 한 겹씩 쌓아 올리기 시작한다. 어떤 드론은 외벽을, 다른 드론은 내부 기둥을, 또 다른 드론은 구조가 안정화되도록 재료를 굳히는 역할을 하는 등, 완벽한 분업과 협업을 통해 건물을 완성해나간다.

(4) **결과:** 기존의 건설 방식으로는 수년이 걸리거나, 구현 자체가 불가능했던 복잡한 디자인의 건축물이 단 며칠 만에 모습을 드러낸다. 이는 건설 현장의 위험과 비용, 기간을 획기적으로 줄일 뿐만 아니라, 건축가의 상상력이 곧 현실이 되는, 건축의 패러다임을 바꾸는 새로운 시대의 시작을 알린다.

Chapter

02

머신 러닝(Machine Learning):

머신 러닝의 기본기술을 알려주는 핵심 알고리즘의 보고

소주제 01

머신 러닝의 지도 학습(Supervised Learning) : 정답을 보고 배우는 AI 모범생

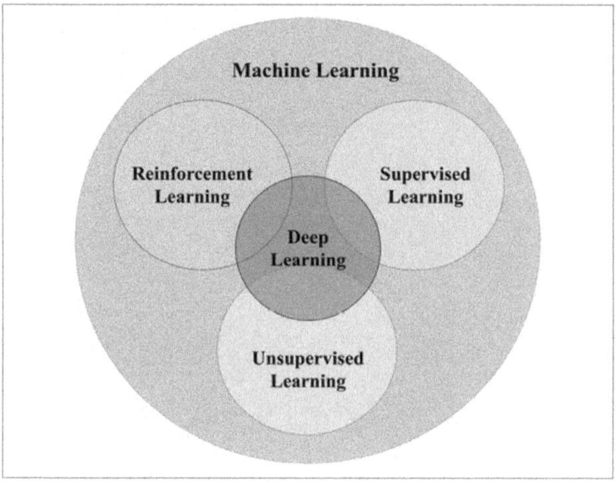

https://www.researchgate.net

1. 머신 러닝의 지도학습(Supervised Learning):

지도 학습은 '정답이 있는 문제집'을 가지고 공부하는 AI의 학습 방식이다. 마치 학생에게 수학 문제와 그에 해당하는 정답을 함께 보여주며 풀이 원리를 터득하게 하는 '족집게 과외'와 같다. 여기서 '문제'는 입력데이터(Input Data)가 되고, '정답'은 레이블(Label) 또는 태그(Tag)라고 불린다. AI 모델은 수많은 문제와 정답의 쌍을 학습하면서, 문제와 정답 사이의 숨겨진 규칙과 패턴을 스스로 발견하고 내재화 한다.

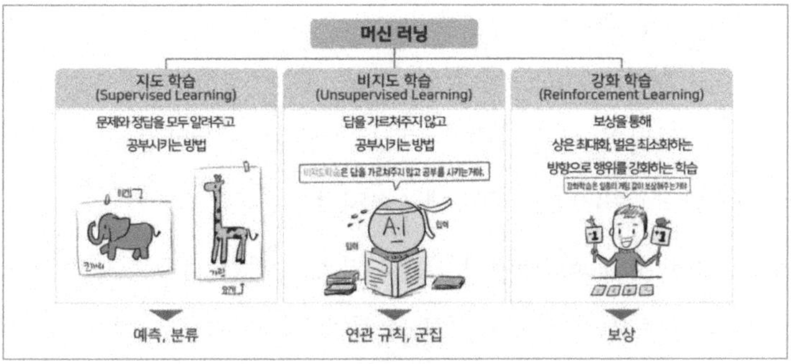

https://m.blog.naver.com/k0sm0s1/221863569856?view=img_1

1.1. 머신 러닝의 지도 학습이 추구하는 목표(Goal)

지도 학습의 궁극적인 목표는 단순히 주어진 문제집을 완벽하게 푸는 것을 넘어, 한 번도 본 적 없는 새로운 문제가 주어졌을 때 정답을 정확하게 예측하는 것이다. 즉, 학습을 통해 얻은 지식을 일반화하여 미래를 예측하는 '수정 구슬'이나, 주어진 데이터를 올바르게 분류하는 '분류 전문가'가 되는 것을 추구한다. 도시의 맥락에서는 어제의 데이터를 바탕으로 오늘의 문제를 해결하는 것을 넘어, 내일의 상황을 예측하고 선제적으로 대비하는 것을 목표로 한다.

1.2. 머신 러닝의 지도학습 적용 기술의 유형 및 특징

지도 학습은 풀고자 하는 문제의 성격에 따라 크게 두 가지 유형으로 나뉜다.

(1) **분류(Classification)**: 주어진 데이터가 어떤 그룹이나 범주에 속하는지를 맞추는 '객관식 문제'와 같다. 결과는 'A 그룹', 'B 그룹'처럼 정해진 값 중 하나로 나타난다.

□ 특징: 출력 값이 이산적(discrete)이다. 예를 들어, CCTV에 찍힌 이미지를 보고 '불법 주차 차량' 또는 '정상 차량'으로 판별하거나, 시민의 민원 내용을 보고 '교통 민원', '환경 민원', '복지 민원'으로 분류하는 것이 대표적이다.

(2) **회귀(Regression)**: 데이터들 사이의 연속적인 관계를 파악하여 특정 값을 예측하는 '서술형 주관식 문제'에 비유할 수 있다. 결과는 가격, 온도, 수치 등 연속적인 값으로 나타난다.

□ 특징: 출력 값이 연속적(continuous)이다. 예를 들어, 지역, 평수, 역세권 여부 등의 정보를 바탕으로 아파트의 '예상 매매가(예: 12억 5천만 원)'를 예측하거나, 날씨와 요일 정보를 이용해 특정 지역의 '따릉이 필요 대수(예: 150대)'를 예측하는 것이 여기에 해당한다.

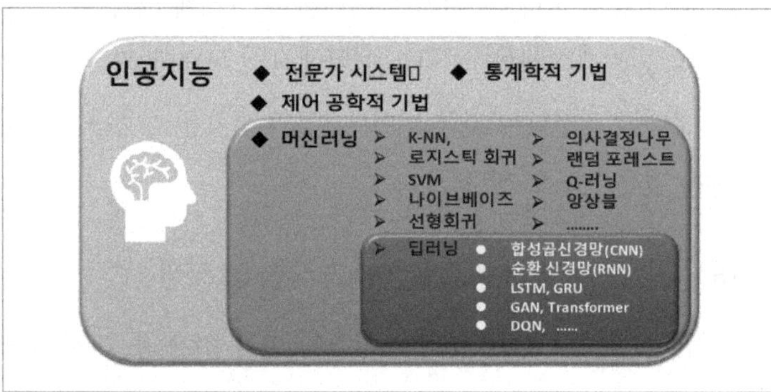

https://www.aitimes.com/news

1.3. 머신 러닝의 지도학습 기술의 역할과 기여도

도시에서 지도 학습은 보이지 않는 '유능한 행정 전문가' 역할을 수행한다. 이 기술은 반복적인 예측 및 분류 업무를 자동화하여 행정 효율을 극대화하고, 데이터에 기반한 정밀한 예측을 통해 한정된 도시 자원(예산, 인력, 장비)을 가장 필요한 곳에 최적으로 배분하도록 돕는다. 이를 통해 시민의 안전을 강화하고, 생활 편의성을 높이며, 도시 운영의 전반적인 질을 향상시키는 데 결정적으로 기여한다.

1.4. 머신 러닝의 지도 학습의 장단점

■ 머신 러닝의 지도 학습의 장단점

구분	내용
장점 (Pros)	명확성과 높은 정확도: 정답을 보고 학습하므로 모델의 목표가 명확하고, 일반적으로 다른 학습 방식에 비해 높은 수준의 예측 정확도를 보인다. 결과의 직관성: '분류'나 '예측'이라는 결과가 직관적이어서 실제 문제 해결에 적용하고 그 결과를 이해하기 쉽다.
단점 (Cons)	고품질 데이터 의존성: '정답(레이블)'이 붙은 데이터를 만드는 작업(라벨링)은 시간과 비용이 많이 소요되는 노동 집약적인 과정이다. 예측의 한계: 학습 데이터에 존재하지 않았던 완전히 새로운 유형의 문제나 패턴을 발견하는 데에는 한계가 있다.

1.5. 머신 러닝의 지도 학습의 활용 데이터

지도 학습은 반드시 '입력 데이터'와 '정답 레이블'이 한 쌍으로 구성된 데이터를 활용한다. 도시의 예시는 다음과 같다.

(1) 회귀 문제용 데이터:

- ㅁ 입력 데이터: [날짜, 시간, 기온, 강수량, 미세먼지 농도]
- ㅁ 정답 레이블: [해당 시간의 실제 따릉이 대여량]

(2) 분류 문제용 데이터:

- ㅁ 입력 데이터: [도로 표면을 촬영한 이미지]
- ㅁ 정답 레이블: ['균열 발생' 또는 '정상 상태' 태그]

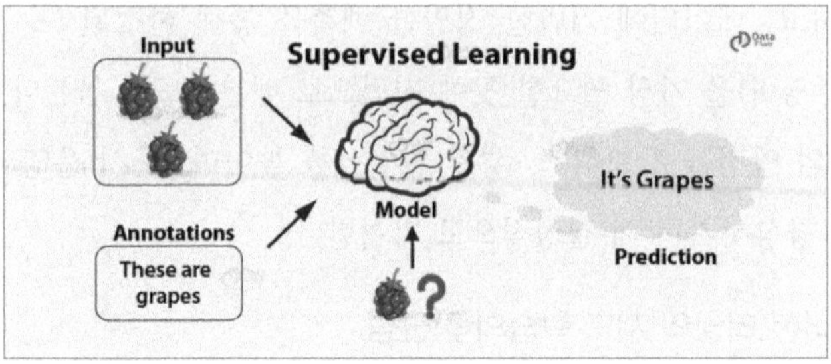

https://neptune.ai

1.6. 머신 러닝의 지도 학습의 대표적인 활용 예시

1.6.1. 서울시 '따릉이' 수요 예측

- 날씨, 요일, 시간대, 주변 지역의 행사 정보 등 다양한 데이터를 입력받아, 특정 대여소에 몇 대의 자전거가 필요할지를 시간대별로 정확하게 예측한다. 이를 통해 시민들이 필요할 때 자전거를 이용하지 못하는 불편을 최소화하고, 비효율적인 자전거 재배치 비용을 절감한다.

1.6.2. 지능형 선별 관제 시스템

- 도시의 수많은 CCTV 영상을 24시간 분석하여 '쓰러진 사람', '화재 발생', '쓰레기 무단 투기' 등 특정 상황을 자동으로 분류하고 포착한다. 관제 요원은 시스템이 1차로 걸러낸 중요한 영상에만 집중할 수 있어, 긴급 상황에 대한 대응 속도를 획기적으로 높인다.

1.6.3. 부동산 시세 예측 및 공시지가 산정

- 아파트나 주택의 위치, 교통 접근성, 학군, 주변 편의시설, 건축 연도, 층수 등 수많은 변수를 학습하여 적정 시장 가격을 예측한다. 이는 시민들의 합리적인 부동산 거래를 돕고, 정부의 공시지가 산정 업무를 더욱 객관적이고 효율적으로 만드는 데 기여한다.

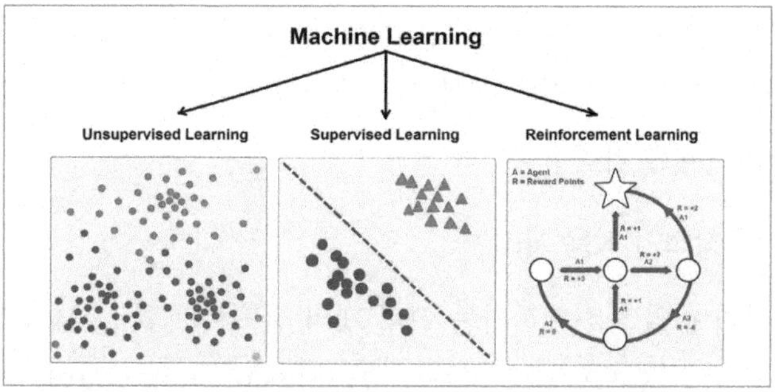

https://www.ejable.com

2. 머신 러닝의 지도 학습: 미래 도시를 설계하는 네 가지 청사진 (가상 시나리오)

2.1. 도시계획: '미래행복지수(FHI)' 예측을 통한 맞춤형 신도시 개발

가상의 신도시 '프로젝트: 아르카디아(Arcadia)'는 주택 공급을 넘어, 시민의 '삶의 만족도'를 극대화하는 것을 목표로 한다. 이를 위해 도시 계획 단계에서 지도 학습 기반의 '미래행복지수(Future Happiness Index, FHI)' 예측 모델을 도입한다.

2.1.1. 지도 학습 적용 방식:

(1) **학습 과업:** 회귀(Regression)

(2) **활용 데이터:** 전국의 기존 도시 및 주거 단지를 대상으로 [입력 데이터]인 공원 접근성(도보 5분 내 공원 면적), 대중교통 연결성(가장 가까운 지하철역까지의 거리), 생활 편의시설(상업시설, 문화시설 수), 교육 환경(학교 밀도), 일조량 등을 수집한다. 동시에 해당 지역 주민들을 대상으로 설문조사를 실시하여 [정답 레이블]인 '삶의 만족도 점수(1~100점)'를 확보한다.

(3) **모델의 역할:** AI 모델은 이 방대한 데이터를 학습하여, 특정 도시계획 요소들의 조합이 시민의 행복 지수에 어떤 영향을 미치는지에 대한 복잡한 함수 관계를 파악한다.

2.1.2. 환상적인 적용 사례:

'아르카디아'의 도시계획가는 여러 개의 신도시 개발 A, B, C안을 가상으로 설계한다. A안은 공원 면적을 극대화한 안, B안은 상업시설 접근성에 집중한 안, C안은 교육 환경을 최우선으로 고려한 안이다.

이 설계안들의 구체적인 계획 요소를 FHI 예측 모델에 입력하면, AI는 "A안의 예상 행복지수는 87.5점, B안은 79.2점, C안은 82.1점으로 예측된다" 와 같이 각 시나리오별 미래 시민들의 행복도를 수치로 예측해 준다. 계획가는 이를 바탕으로 물리적 공간 설계가 인간의 행복에 미치는 영향을 데이터 기반으로 판단하고, 여러 설계안의 장점을 조합하여 행복 지수를 가장 높일 수 있는 최적의 도시계획을 수립하게 된다.

2.2. 환경계획: '그린-AI 스캐너'를 활용한 도시 바람길 및 열섬 현상 제어

기후 변화로 심화되는 도시 열섬 현상에 대응하기 위해, 가상의 환경계획 시스템인 '그린-AI 스캐너(Green-AI Scanner)'가 개발된다. 이 시스템은 도시의 구조를 변경했을 때의 미기후 변화를 예측하는 데 특화되어 있다.

2.2.1. 지도 학습 적용 방식:

(1) **학습 과업:** 회귀(Regression)

(2) **활용 데이터:** 위성 열 영상 데이터와 도시 곳곳의 IoT 센서 데이터를 활용한다. [입력 데이터]로 건물의 높이, 밀도, 도로 폭, 그림자 비율, 녹지 면적 및 종류, 수변 공간 유무, 건물 외벽의 재료(반사

율) 등을 사용한다. 이에 대응하는 [정답 레이블]은 실제 측정된 '주변 지역 대비 온도 저감 효과(℃)'가 된다.

(3) **모델의 역할**: 모델은 수만 가지 도시 형태와 그로 인한 실제 온도 변화 데이터를 학습하여, 도시 구조가 바람 길 생성과 온도 저감에 미치는 복잡한 메커니즘을 학습한다.

2.2.2. 환상적인 적용 사례:

한여름이면 폭염이 심각한 도심의 한 재개발 구역이 대상이다. 환경계획가는 '그린-AI 스캐너'에 이 지역의 3D 모델을 입력한다.

그리고 "만약 이 블록의 건물을 5층 낮추고, 중앙 도로를 실개천으로 바꾸며, 옥상들을 모두 녹화한다면?" 이라는 가상 시나리오를 적용한다. 몇 초 후, AI 스캐너는 "해당 계획 적용 시, 대상 지역의 여름철 평균 기온은 2.1℃ 하강하고, 초속 1.5m의 쾌적한 바람길이 생성될 것으로 예측된다" 라는 시뮬레이션 결과를 시각 자료와 함께 제시한다. 이를 통해 최소한의 비용으로 최대의 냉각 효과를 얻는 '도시 쿨링(Cooling)' 설계를 과학적으로 수행할 수 있다.

2.3. 교통 및 모빌리티 계획: '자율주행 대중교통(A-MaaS)'의 최적 노선 및 배차 예측

미래 도시의 교통 시스템은 '자율주행 기반의 수요응답형 대중교통(Autonomous Mobility as a Service, A-MaaS)'으로 진화한다. 고정된 노선과 시간표 없이, 시민의 실시간 수요에 따라 움직이는 이 시스템의 두뇌 역할을 지도 학습이 담당한다.

2.3.1. 지도 학습 적용 방식:

(1) **학습 과업:** 회귀(Regression) 및 분류(Classification)

(2) **활용 데이터:** 교통카드, 공유 모빌리티 앱, 내비게이션 데이터 등을 통합한다. [입력 데이터]는 [시간, 요일, 날씨, 지역 행사(스포츠 경기, 콘서트), 유동인구 밀도] 등이 된다. [정답 레이블]은 과거 동일 조건에서의 [실제 이동 수요량(회귀)]과 [주요 이동 목적 - '업무', '관광', '통학' 등(분류)]이 된다.

(3) **모델의 역할:** 모델은 특정 시간과 장소의 조건이 주어지면, 얼마나 많은 사람이 어떤 목적으로 어디로 이동할지를 예측하는 능력을 갖추게 된다.

2.3.2. 환상적인 적용 사례:

금요일 저녁, 잠실 야구장에서 경기가 막 끝나는 시점이다. A-MaaS의 지도 학습 모델은 경기 종료 10분 전부터 "잠실 야구장 인근에서 30분 내 약 8,000명의 '귀가' 목적 이동 수요가 발생할 것이며, 주요 목적지는 강남역, 잠실역, 삼성역이 될 것" 이라고 예측한다.

이 예측에 따라 시스템은 주변에 있던 자율주행 버스와 셔틀들을 자동으로 야구장 주변으로 집결시키고, 각 목적지에 맞는 최적의 노선을 실시간으로 생성하여 대기 시간 없는 대중교통 서비스를 환상적으로 구현한다.

2.4. 도시건축설계: 'AI 건축가-헬리오스(Helios)'의 에너지 효율 및 일조권 최적화 설계

가상의 AI 건축설계 보조 솔루션인 '헬리오스(Helios)'는 건축가가 건물을 설계할 때, 에너지 효율과 인간 중심의 환경을 동시에 최적화할 수 있도록 돕는다.

2.4.1. 지도 학습 적용 방식:

(1) **학습 과업:** 회귀(Regression)

(2) **활용 데이터:** 수천 개의 기존 및 가상 건물 설계안이 데이터가 된다. [입력 데이터]는 건물의 방향, 창문의 크기와 위치 및 종류, 단열재의 성능, 외벽 재료, 차양(루버)의 유무 등 구체적인 3D 설계 정보다. 이에 대한 [정답 레이블]은 정밀한 물리 시뮬레이션을 통해 계산된 '연간 에너지 총 소비량(kWh)'과 '세대별 평균 일조 시간(시간)'이다.

(3) **모델의 역할:** 모델은 설계 변수들이 에너지 소비와 일조권에 얼마나 복합적으로 기여하는지를 학습한다.

2.4.2. 환상적인 적용 사례:

한 건축가가 새로운 주상복합 건물의 초기 디자인을 '헬리오스'에 입력한다. 헬리오스는 즉시 "현재 디자인의 연간 에너지 소비량은 기준치보다 15% 높으며, 특히 3~7층 남서향 세대의 동절기 일조 시간은 법적 기준에 미달할 것으로 예측된다" 고 분석 결과를 내놓는다.

건축가는 실시간으로 창문의 크기를 조절하고, 발코니의 깊이를 바꾸며, 건물 방향을 약간 비트는 등 디자인을 수정한다. 그때마다 헬리오스

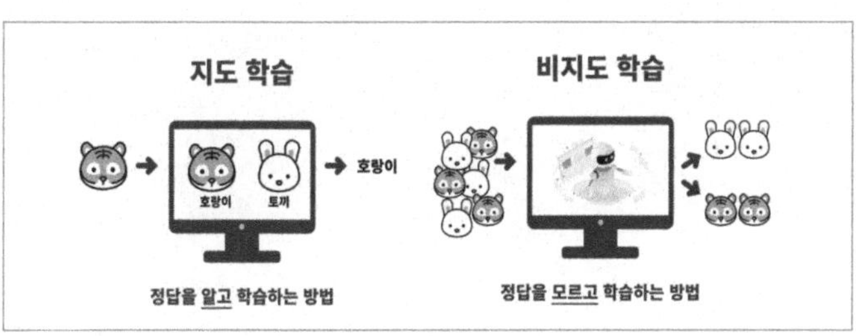

https://ablearn.kr/insight/?bmode=view&idx=13552313

는 수정된 설계안의 에너지 효율과 일조량 예측치를 즉각적으로 업데이트하여 보여준다. 이 환상적인 상호작용을 통해 건축가는 수많은 시뮬레이션을 단 몇 분 만에 수행하며, 최종적으로 에너지 제로(Zero-Energy)에 가까우면서 모든 세대가 풍부한 햇빛을 누리는 최적의 건축 설계를 완성하게 된다.

소주제 02

비지도 학습(Unsupervised Learning): 정답 없이 패턴을 찾아내는 AI 탐험가

1. 머신 러닝의 비지도 학습이란?

비지도 학습은 '정답이 없는 데이터' 속에서 AI가 스스로 숨겨진 구조나 패턴, 연관성을 발견해 나가는 학습 방식이다. 이는 마치 고고학자가 지도나 설명서 없이 유적지에 흩어진 파편들을 맞추며 고대 문명의 생활 양식을 추론하는 과정, 혹은 탐정이 단서들을 엮어 사건의 전말을 밝혀내는 '데이터 탐사' 과정과 유사하다. AI 모델은 아무런 사전 정보 없이 데이터의 내재적 특성(유사성, 연관성, 분포 등)만을 가지고 학습을 진행한다.

1.1. 머신 러닝의 비지도 학습이 추구하는 목표(Goal)

비지도 학습의 궁극적인 목표는 '발견'과 '이해'이다. 정답을 예측하는 지도 학습과 달리, 데이터의 본질적인 구조를 파악하여 데이터를 의미 있는 그룹으로 묶거나(군집화), 복잡한 데이터를 단순하게 요약하거나(차원 축소), 데이터들 사이의 숨은 규칙(연관 규칙)을 찾아내는 것을 추구한다.

이는 도시라는 복잡계의 무질서해 보이는 현상들 속에서 인간이 미처 인지하지 못했던 숨은 질서와 맥락을 드러내어, 현상에 대한 깊이 있는 통찰력을 제공하는 것을 목표로 한다.

1.2. 머신 러닝의 비지도 학습적용 기술의 유형 및 특징

비지도 학습은 주로 다음과 같은 세 가지 유형의 기술로 나뉜다.

1.2.1. 군집화(Clustering):

비슷한 특성을 가진 데이터들을 하나의 그룹(클러스터)으로 묶는 기술이다. '끼리끼리 모으기'에 비유할 수 있으며, 각 그룹 내 데이터들은 서로 유사하고 다른 그룹의 데이터와는 이질적인 특징을 보인다.

(1) **특징**: 데이터를 자연스러운 그룹으로 분할하여 전체 데이터 구조를 이해하는 데 용이하다. 도시의 다양한 지역을 특성별로 묶거나, 시민들을 소비 패턴에 따라 분류하는 데 사용된다.

1.2.2. 차원 축소(Dimensionality Reduction):

데이터의 본질적인 정보는 최대한 유지하면서, 데이터를 구성하는 변수(차원)의 개수를 줄이는 기술이다. 수많은 특징을 가진 데이터를 핵심적인 몇 가지 특징으로 요약하여 시각화하거나 분석을 용이하게 만든다.

(1) **특징**: '데이터 다이어트'를 통해 분석 속도를 높이고, 여러 변수 뒤에 숨어있는 가장 중요한 패턴을 식별할 수 있게 한다. 도시의 복잡한 사회경제 지표를 몇 개의 핵심 인자로 압축하여 정책 우선순위를 정하는 데 활용 가능하다.

(2) **연관 규칙 학습(Association Rule Learning)**: 데이터셋 내에서 특정 항목들이 얼마나 자주 함께 발생하는지를 분석하여 'A가 발생하면 B도 발생할 가능성이 높다'와 같은 형태의 규칙을 찾아낸다.

1.3. 머신 러닝의 비지도 학습기술의 역할과 기여도

도시에서 비지도 학습은 '데이터 고고학자' 또는 '도시의 숨은 맥락 발견자'로서의 역할을 수행한다. 이 기술은 정책 입안자들이나 도시 계획가들이 미처 생각지 못했던 새로운 시민 그룹, 알려지지 않은 상권의 특성,

인프라의 이상 징후 등을 데이터로부터 직접 발굴해낸다.

이는 기존의 가설을 검증하는 수준을 넘어, 새로운 가설을 생성하고 데이터에 기반한 창의적인 도시 문제 해결 전략을 수립하는 데 중요한 영감을 제공하며 기여한다.

1.4. 머신 러닝의 비지도 학습의 장단점(Pros and Cons)

■ 비지도 학습장단점

구분	내용
장점 (Pros)	데이터 준비 용이성: 정답을 만드는 '라벨링' 작업이 필요 없어, 대규모 원시 데이터(raw data)를 바로 활용할 수 있다. 새로운 발견의 가능성: 인간의 편견이나 사전 지식에 얽매이지 않고 데이터 자체의 패턴을 학습하므로, 예상치 못한 새로운 인사이트나 지식을 발견할 잠재력이 크다.
단점 (Cons)	결과 해석의 어려움: AI가 찾아낸 패턴이나 그룹이 정확히 무엇을 의미하는지는 인간 전문가가 추가로 해석해야 하는 경우가 많다. 성능 평가의 모호성: 정답이 없으므로 모델의 성능을 지도 학습처럼 명확한 수치로 평가하기가 상대적으로 어렵다.

https://blog.naver.com/theimc2104/223467655856

1.5. 머신 러닝의 비지도 학습활용 데이터

비지도 학습은 오직 '입력 데이터'만으로 구성된, 즉 정답 레이블이 없는 데이터를 활용한다.

1.5.1. 군집화 문제용 데이터:

- [서울시 모든 동(洞)의 유동인구, 상업시설 종류 및 수, 평균 소득, 주거 형태 등]의 데이터 셋(어떤 동이 어떤 유형인지에 대한 정답 없음)

1.5.2. 연관 규칙 문제용 데이터:

- [특정 상점에서 발생한 모든 거래의 구매 상품 목록](어떤 상품이 함께 팔릴 것이라는 정보 없음)

1.6. 머신 러닝의 비지도 학습의 대표적인 활용 예시

1.6.1. 도시 DNA 분석을 통한 '동네 유형' 군집화

- 도시의 모든 행정동을 대상으로 인구통계(연령, 가구 구성), 상업시설(카페, 학원, 병원 수), 교통 데이터(대중교통 이용량, 통행 시간) 등 수십 가지 데이터를 AI에 입력한다.
  비지도 학습(군집화) 모델은 이 데이터를 분석하여 서울의 동네들을 '1인 가구 중심의 청년 문화 허브', '어린 자녀를 둔 가족형 주거 타운', '고령층 중심의 복지·의료 인프라 밀집 지역', '주말 관광객 특화 상권' 등과 같은 몇 개의 뚜렷한 '동네 DNA' 유형으로 자동 분류한다.
  도시 계획가는 이 분석 결과를 바탕으로 각 동네의 특성에 맞는 맞춤형 도서관, 공원, 복지 정책을 수립하여 시민 만족도를 높인다.

1.6.2. 상수도관망의 'AI 누수 탐지 시스템'

• 도시의 방대한 상수도관망 곳곳에 설치된 IoT 센서로부터 수압, 유량, 수질, 미세 진동 등의 데이터를 실시간으로 수집한다. 오토인코더(차원 축소 및 이상 탐지 기술) 기반의 비지도 학습 모델은 이 데이터들을 학습하여 '정상 상태'의 복합적인 패턴을 완벽하게 인지한다. 어느 날, 특정 지역의 센서 데이터가 모델이 학습한 '정상 패턴'에서 미세하게 벗어나는 양상을 보인다. 시스템은 이를 '이상 징후'로 판단하고 "A 구역 B-4 블록 상수도관, 미세 누수 또는 파손 전조 현상 의심" 이라는 경보를 관제 센터에 보낸다.
이를 통해 대규모 누수 사고가 발생하기 전에 선제적으로 유지보수팀을 투입하여 도시의 물 손실을 막는다.

1.6.3. 공공데이터를 활용한 '시민 생활 패턴' 연관성 분석

• 한 도시의 도서관 대출 기록, 공공 체육시설 이용 기록, 문화 행사 참여자 데이터 등을 통합 분석한다. 비지도 학습(연관 규칙) 모델이 이 데이터를 탐색한 결과, "육아 관련 서적을 대출한 사람들은 3개월 내에 유아 대상 문화센터 프로그램에 참여할 확률이 65% 더 높다" 혹은 "저녁 시간대 헬스장을 이용하는 사람들은 건강 관련 식료품점의 주말 이용률이 높다" 와 같은 숨겨진 규칙을 발견한다.
시청은 이 정보를 활용하여 도서관에서 관련 문화 행사 정보를 자동으로 추천해주거나, 체육시설과 지역 상권이 연계한 건강 캠페인을 기획하는 등 시민들에게 한 발 앞선 맞춤형 행정 서비스를 제공한다.

2. 머신 러닝의 비지도 학습, 도시의 숨은 질서를 발견하는 네 가지 시선(가상 시나리오)

2.1. 도시계획: '도시 페르소나' 클러스터링을 통한 생활권 계획

기존의 행정구역 기반 도시계획은 실제 시민들의 생활 패턴과 괴리되는 경우가 많다. 이를 극복하기 위해, 비지도 학습 기반의 **'어반 페르소나 애널라이저(Urban Persona Analyzer)'** 시스템이 도입된다. 이 시스템은 도시의 각 지역이 가진 고유한 '성격' 또는 '정체성'을 데이터로부터 직접 발견한다.

2.1.1. 비지도 학습 적용 방식:

(1) **학습 과업:** 군집화(Clustering)

(2) **활용 데이터:** 이 시스템은 정답 레이블이 없는 방대한 도시 데이터를 활용한다. 특정 지역의 [소셜 미디어 체크인 및 포스팅 키워드], [신용카드 사용처(업종) 분포], [시간대별 유동인구 데이터], [공유 모빌리티 이용 패턴], [상업시설 및 문화시설의 종류] 등 복합적인 데이터를 입력 받는다. AI는 이 데이터들 간의 유사성을 스스로 계산하여 도시 공간을 의미 있는 그룹으로 군집 화한다.

(3) **모델의 역할:** AI는 '이곳은 젊은이들의 동네다'라는 사전 정보 없이, 데이터 패턴만으로 지역들을 분류한다. 분석 후 인간 계획가가 각 클러스터의 특성을 해석하여 '도시 페르소나'를 명명한다.

2.1.2. 환상적인 적용 사례:

분석 결과, 서울의 지도가 기존 행정구역과 전혀 다른 새로운 경계선을 가진 '페르소나 지도'로 재탄생한다.

예를 들어, '조용한 사색가(The Quiet Thinker)' 페르소나로 군집화된 지역은 독립서점, 조용한 찻집, 1인 작업 공간이 밀집해 있고 심야 유동 인구가 적은 특징을 보인다. 반면, '에너제틱 트렌드세터(The Energetic Trendsetter)' 페르소나 지역은 팝업스토어, 클럽, 신규 맛집이 밀집하고 SNS 언급량이 폭발적인 패턴을 보인다.

도시계획가는 이 페르소나 지도를 기반으로, '조용한 사색가' 지역에는 소규모 명상 공원을, '에너제틱 트렌드세터' 지역에는 대규모 야외 공연장을 제안하는 등, 각 지역의 숨겨진 정체성에 부합하는 초정밀 맞춤형 도시계획을 수립할 수 있게 된다.

2.2. 환경계획: '에코-로그(Eco-Log)' 시스템의 도시 생태계 이상 징후 탐지

도시의 환경 문제는 점진적으로 발생하여 인간이 인지했을 때는 이미 심각한 경우가 많다. 이를 해결하기 위해 도시의 생태적 건강 상태를 24시간 모니터링하는 비지도 학습 시스템 '에코-로그(Eco-Log)'가 가동된다.

2.2.1. 비지도 학습 적용 방식:

(1) **학습 과업:** 이상 징후 탐지(Anomaly Detection)

(2) **활용 데이터:** 서울 숲, 남산 등 도시 주요 생태 거점에 설치된 바이오-어쿠스틱 센서와 환경 센서 데이터를 활용한다. [새와 곤충의 울음소리 주파수], [토양의 산성도(pH) 및 습도], [하천의 탁도], [대기의 미세 성분] 등 레이블 없는 시계열 데이터를 수집한다. AI 모델은 이 데이터들의 복합적인 상호작용을 학습하여 해당 생태계의 '정상 상태(Normal State)'를 정의한다.

(3) **모델의 역할:** 모델은 무엇이 '문제'인지를 배우는 것이 아니라, 무엇이 '정상'인지를 깊이 있게 학습한다. 따라서 학습된 '정상'의 범주에서 벗어나는 아주 미세한 데이터 패턴 변화까지 이상으로 탐지해낸다.

2.2.2. 환상적인 적용 사례:

어느 날 새벽, '에코-로그' 관제 센터에 경보가 울린다. "경보: 북한산 인근 A 하천. 지난 72시간 동안 특정 수생 곤충의 음성 주파수 80% 소멸. 반면, 특정 녹조류 관련 화학 성분 35% 증가. 패턴 이탈률 98.7%."

즉시 현장 조사팀이 출동하여 상류의 작은 공장에서 유해물질이 미량 유출되고 있음을 발견하고 즉시 조치한다. 물고기가 떼죽음을 당하거나 악취가 발생하는 등 인간이 문제를 인지하기 몇 주 전에, 생태계의 가장 작은 변화를 감지하여 잠재적인 환경 재앙을 환상적으로 예방하는 것이다.

2.3. 교통 및 모빌리티 계획: '모빌리티 시냅스(Mobility Synapse)'의 숨은 이동 욕구 발견

시민들의 이동 패턴은 단순한 출퇴근을 넘어 매우 복잡하고 다층적인 욕구를 반영한다. 비지도 학습 기반의 '모빌리티 시냅스(Mobility Synapse)'는 시민들의 이동 데이터 속에서 숨겨진 연관성을 찾아내어 새로운 교통 서비스를 기획한다.

2.3.1. 비지도 학습 적용 방식:

(1) **학습 과업:** 연관 규칙 학습(Association Rule Learning)

(2) **활용 데이터:** 익명화된 대중교통 이용 기록, 공유 자전거 및 킥보드 이용 데이터, 택시 호출 데이터 등을 통합하여 활용한다. AI는 [A라

는 이동수단을 이용한 사람이 다음에 B라는 이동수단을 이용한다] 또는 [C 지역으로 이동한 사람이 D 유형의 장소로 향한다]와 같은 'IF-THEN' 형식의 규칙을 데이터 안에서 스스로 발견한다.

(3) **모델의 역할**: 계획가가 미처 생각하지 못한 이동과 이동, 또는 이동과 활동 사이의 강력한 연결고리(시냅스)를 찾아낸다.

2.3.2. 환상적인 적용 사례:

'모빌리티 시냅스'가 놀라운 규칙을 발견한다. "IF(평일 저녁 시간대 여의도에서 공유 자전거 '따릉이'를 이용) AND(이용 시간이 15~20분) THEN(최종 목적지는 한강공원 편의점일 확률 72%)".

이 규칙은 수많은 직장인들이 퇴근 후 '치맥(치킨+맥주)'을 즐기기 위해 따릉이를 이용하는 숨겨진 욕구를 드러낸다. 교통계획가는 이 데이터를 기반으로 여의도와 한강공원 사이에 더 안전하고 쾌적한 자전거 전용도로를 확충하고, 특정 시간대에 해당 경로의 따릉이 재배치를 집중시키는 정책을 편다. 이는 설문조사로는 발견하기 어려운 시민들의 실제적이고 미세한 이동 욕구를 충족시키는 새로운 차원의 교통 계획을 가능하게 한다.

2.4. 도시건축설계: '건축 DNA 디코더'를 활용한 지역 맥락 분석

역사적 가치가 높은 지역에 새로운 건물을 설계할 때, 가장 큰 고민은 '어떻게 현대적이면서도 조화롭게 만들 것인가'이다. AI 설계 지원 도구 '건축 DNA 디코더(Architectural DNA Decoder)'는 이 딜레마를 해결한다.

2.4.1. 비지도 학습 적용 방식:

(1) **학습 과업**: 차원 축소(Dimensionality Reduction) 및 군집화(Clustering)

(2) **활용 데이터:** 대상 지역(예: 서촌)의 모든 기존 건물과 골목길의 이미지 및 3D 스캔 데이터를 레이블 없이 입력한다. 데이터에는 [건물 외벽의 재료와 질감], [창문과 벽의 비율], [지붕의 경사각과 색상], [골목길의 폭과 꺾이는 각도] 등 수천 개의 시각적 변수가 포함된다.

(3) **모델의 역할:** AI는 이 복잡한 시각적 변수들을 '차원 축소'하여 해당 지역의 조형미를 결정하는 몇 가지 핵심적인 '건축 DNA' 요소(예: 1. 낮은 처마선, 2. 따뜻한 재료의 질감, 3. 비정형적 창문 배치)를 추출해낸다.

2.4.2. 환상적인 적용 사례:

한 건축가가 서촌에 새로운 갤러리를 설계한 후, 그 3D 모델을 '건축 DNA 디코더'에 업로드한다. AI는 즉각적으로 설계를 분석하여 시각 화된 리포트를 제공한다. "분석 결과: 귀하의 설계는 서촌의 '건축 DNA' 중 '낮은 처마선' 요소와 92%의 유사도를 보이나, '따뜻한 재료의 질감' 요소와는 34%의 이질성을 보입니다. 이는 주변 건물들 과의 조화에 영향을 줄 수 있습니다."

건축가는 단순히 옛 것을 모방하는 대신, 이 데이터를 참고하여 재료를 변경하거나 질감을 조정함으로써 현대적인 디자인 감각을 유지하면서도 지역의 오랜 맥락을 존중하는, 차원 높은 건축 설계를 완성하게 된다.

소주제 03 강화학습(Reinforcement Learning) : 어린 아이가 넘어지고 일어나기를 반복하며 걷는 법을 배우거나, 반려동물이 칭찬(보상)을 통해 특정 행동을 배우는 과정과 유사하다.

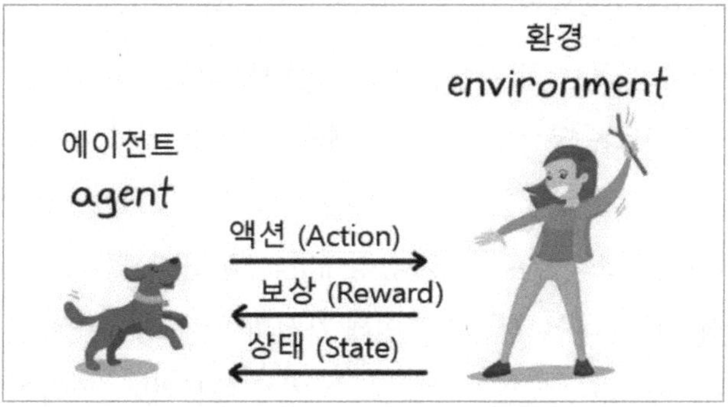

https://www.aitimes.com/news/articleView.html?idxno=136181

1.강화학습은 AI가 주어진 환경속에서 에이전트(Agent)를 통해 어떤 행동(Action)을 취하고, 그 결과로 보상(Reward)을 받으며 학습하는 방식이다.

강화학습(Reinforcement Learning)은 인공지능이 주어진 환경(Environment) 속에서 에이전트(Agent)를 통해 어떤 행동(Action)을 취하고, 그 결과로 보상(Reward)을 받으며 학습하는 방식이다.

이는 어린 아이가 넘어지고 일어나기를 반복하며 걷는 법을 배우거나, 반려동물이 칭찬(보상)을 통해 특정 행동을 배우는 과정과 유사하다.

강화학습의 핵심은 '가르쳐주지 않아도 스스로 배우는 것'에 있다. 개발자가 모든 상황에 대한 정답을 알려주는 대신, 에이전트는 수많은 시행

착오(Trial and Error)를 통해 어떤 행동이 더 큰 보상을 가져오는지 스스로 터득해 나간다.

즉, 정해진 데이터 없이 상과 벌이라는 신호만으로 최적의 행동 전략, 즉 정책(Policy)을 수립하는 것이다.

1.1. 딥 러닝의 강화학습이 추구하는 목표: 보상의 최대화

강화학습의 목표는 명확하다. 바로 누적 보상(Cumulative Reward)의 최대화이다. 에이전트는 당장 눈앞의 보상에만 연연하는 것이 아니라, 장기적인 관점에서 가장 많은 보상을 얻을 수 있는 행동 순서를 학습해야 한다.

예를 들어, 체스 게임에서 당장 상대방의 말을 하나 잡는 것(단기적 보상)이 항상 최선은 아니다. 그로 인해 자신의 왕이 위험에 빠진다면 결과적으로는 패배(음의 보상)로 이어질 수 있기 때문이다. 따라서 강화학습 에이전트는 현재의 행동이 미래에 가져올 보상까지 고려하여, 전체 게임에서 승리할 확률을 높이는 방향으로 행동을 결정한다. 이를 위해 미래의 보상 가치를 현재 시점에서 평가하는 할인율(Discount Factor) 개념을 사용하기도 한다.

보스턴다이나믹스, AI 강화학습으로 더 스마트해진 아틀라스 영상 공개
https://mbnmoney.mbn.co.kr/

1.2. 딥 러닝의 강화학습 적용 기술의 유형 및 특징

강화학습 기술은 크게 세 가지 유형으로 나눌 수 있으며, 각각의 특징은 다음과 같다.

■ 딥 러닝의 강화학습 적용 기술의 유형 및 특징

유형	특징	비유
가치 기반 (Value-based)	각 상황(State)에서 어떤 행동을 하는 것이 얼마나 큰 가치(보상)를 가져올지 학습한다. 특정 상황에서 최적의 가치를 알려주는 '지도'를 만드는 것과 같다.	맛집 지도 앱: 각 지역(상황)에서 가장 평점(가치)이 높은 식당(행동)을 알려준다.
정책 기반 (Policy-based)	특정 상황에서 어떤 행동을 할지 '확률'을 직접적으로 학습한다. 가치를 일일이 계산하기보다, 최적의 행동 방침(정책) 자체를 찾는 데 집중한다.	베테랑 운전기사: 복잡한 교차로에서 각 차선의 교통 흐름을 순간적으로 판단하고 최적의 경로를 '직관적'으로 선택한다.
액터-크리틱 (Actor-Critic)	가치 기반과 정책 기반을 결합한 방식이다. 행동을 결정하는 액터(Actor)와 그 행동을 평가하는 크리틱(Critic)이 상호작용하며 학습 효율을 높인다.	배우와 감독: 배우(액터)가 연기를 하면, 감독(크리틱)이 연기에 대해 피드백(평가)을 주어 더 나은 연기를 하도록 이끈다.

1.3. 딥 러닝의 강화학습 기술의 역할과 기여도: 도시 시스템의 최적화

도시라는 복잡하고 역동적인 시스템에서 강화학습은 최적의 의사결정을 내리는 핵심적인 역할을 수행한다. 교통, 에너지, 물류 등 도시의 다양한 하위 시스템들은 수많은 변수가 실시간으로 상호작용하기 때문에, 정해진 규칙만으로는 효율적인 운영이 어렵다.

강화학습은 이러한 복잡계 문제에 대한 강력한 해결책을 제시한다. 실시간 데이터를 기반으로 변화하는 도시 상황에 유연하게 적응하며, 전체 시스템의 효율을 극대화하는 운영 전략을 스스로 찾아낸다. 이를 통해 자원의 낭비를 줄이고, 서비스의 질을 높이며, 시민의 안전과 편의를 증진하는 데 크게 기여한다. 즉, 도시를 살아있는 유기체처럼 만들어 스스로 문제를 진단하고 해결하도록 돕는 '디지털 두뇌'의 역할을 하는 것이다.

1.4. 딥 러닝의 강화학습의 장단점

■ 딥 러닝의 강화학습의 장단점

장점	단점
최적 정책 발견: 인간이 생각하지 못한 창의적이고 효율적인 해결책을 찾을 수 있다.	많은 학습 시간과 데이터: 최적의 정책을 찾기 위해 수많은 시뮬레이션과 데이터가 필요하다.
실시간 적응: 변화하는 환경에 능동적으로 대처하며 지속적으로 성능을 개선할 수 있다.	보상 설계의 어려움: 목표를 명확하게 나타내는 적절한 보상 함수를 설계하기가 까다롭다.
정답 없는 문제 해결: 명확한 정답이 없는 복잡한 문제 해결에 강점을 보인다.	안전성 및 예측 불가능성: 학습 과정에서 예기치 못한 비합리적인 행동을 할 위험이 있다.
장기적 관점의 최적화: 단기적 이익이 아닌 장기적인 관점에서 누적 보상을 극대화한다.	현실 적용의 어려움: 시뮬레이션과 실제 환경의 차이로 인해 학습된 모델이 현실에서 잘 작동하지 않을 수 있다.

1.5. 딥 러닝의 강화학습의 활용 데이터

강화학습은 도시 곳곳에 설치된 센서와 시스템으로부터 수집되는 다양한 실시간 시계열 데이터를 주로 활용한다.

(1) **교통**: 도로 센서 데이터, CCTV 영상 데이터, GPS 데이터, 대중교통 이용 데이터

(2) **에너지**: 스마트 미터기의 전력 사용량 데이터, 신재생에너지 발전량 데이터, 기상 데이터

(3) **물류/배달:** 주문 데이터, 배달원의 위치 데이터, 실시간 교통 상황 데이터

(4) **환경:** 대기 질 측정 센서 데이터, 소음 측정 데이터

이러한 데이터는 강화학습 에이전트가 현재 도시의 '상태'를 정확히 인식하고, 최적의 '행동'을 결정하는 데 필수적인 입력 값으로 사용된다.

1.6. 딥 러닝의 강화학습의 대표적인 활용 예시

1.6.1. 스마트 교통 신호 제어

(1) **문제:** 고정된 시간으로 운영되는 교통 신호는 실시간 교통량 변화에 대응하지 못해 불필요한 정체 유발

(2) **강화학습 적용:** 교차로의 CCTV 영상과 도로 센서 데이터를 이용해 실시간 교통량을 파악하고, 강화학습 에이전트가 각 방향의 신호 시간을 동적으로 조절한다.

(3) **효과:** 전체 교차로의 평균 차량 대기 시간을 최소화하고, 교통 흐름을 최적화하여 도심의 혼잡을 완화한다.

1.6.2. 스마트 그리드 에너지 관리

(1) **문제:** 전력 수요 예측의 어려움과 신재생에너지의 간헐성으로 인한 에너지 공급의 불안정성

(2) **강화학습 적용:** 실시간 전력 사용량, 기상 예보, 에너지 가격 등의 데이터를 바탕으로 강화학습 에이전트가 에너지저장장치(ESS)의 충전/방전 시점을 결정하고, 각 가정 및 빌딩의 에너지 사용을 최적화하도록 제어한다.

(3) **효과:** 에너지 수요와 공급의 균형을 맞추고, 전력망의 안정성을 높이며, 에너지 비용을 절감한다.

1.6.3. 자율주행 드론 배송

(1) 문제: 도심의 복잡한 장애물과 예측 불가능한 돌발 상황(날씨 변화, 새의 출현 등)

(2) 강화학습 적용: 수많은 가상 환경 시뮬레이션을 통해 드론(에이전트)이 장애물을 피하고, 변화하는 바람에 적응하며, 안전하고 빠른 최적의 배송 경로를 스스로 학습한다.

(3) 효과: 빠르고 효율적인 도심 항공 물류 시스템을 구축하고, 교통 체증 없이 신속한 배송을 가능하게 한다.

2. 강화학습의 도시 분야별 적용 시나리오

2.1. 도시계획: 스스로 성장하는 '유기적 도시' 계획

2.1.1. 가상 시나리오:

2050년, 서울의 마지막 남은 대규모 개발 부지 '네오-용산' 지구. 도시계획가들은 강화학습 AI '테라-포머(Terra-Former)'에게 이 지역의 마스터 플랜 임무를 맡긴다.

2.1.2. 강화학습의 적용:

(1) 에이전트(Agent): 도시계획 AI '테라-포머'.

(2) 환경(Environment): 용산 부지의 3D 가상 모델. 여기에는 지형, 기후, 주변 교통망, 잠재적 인구 데이터 등이 포함된다.

(3) 행동(Action): 주거, 상업, 공원, 도로, 문화시설 등 다양한 용도의 건물을 가상 부지에 배치하고, 건물의 밀도와 높이를 조절한다.

(4) 보상(Reward): 보상 함수는 매우 복합적으로 설계된다.

- (+) 보상: 보행 활성화 지수(Walkability Score), 녹지 접근성, 대중교통 이용률, 상업시설의 예상 매출, 일조권 보장 시간, 탄소 배출량 감소.
- (-) 보상: 교통 체증 유발, 에너지 소비량, 건설 비용, 젠트리피케이션(Gentrification) 가능성 지수.

(5) **환상적 결과:** '테라-포머'는 수백만 번의 시뮬레이션을 통해 인간 계획가가 상상하지 못한 도시 구조를 제안한다. 예를 들어, 전통적인 격자형 도로망 대신, 실개천과 바람길을 따라 유기적으로 휘어지는 보행자 중심의 도로를 설계한다.

건물들은 계절별 태양의 고도를 계산하여 서로의 그림자 영향을 최소화하는 방향으로 배치되며, 저층부에는 상업시설과 커뮤니티 시설이, 고층부에는 주거 공간이 자연스럽게 섞인 '수직적 압축 도시' 모델을 구현한다. 그 결과, 네오-용산은 자동차 없이도 모든 생활이 가능하고, 에너지 자급 자족률이 80%에 달하며, 모든 시민이 5분 거리 내에서 공원을 만날 수 있는 '살아 숨 쉬는 도시'로 탄생한다.

2.2. 환경계획: 도시의 허파를 조율하는 '에코-매니저'

2.2.1. 가상 시나리오:

극심한 미세먼지와 잦은 도시 침수로 고통받는 해안 도시 '블루-시티'. 시 정부는 도시 전체의 환경 시스템을 통합 관리하는 강화학습 AI '에코-매니저(Eco-Manager)'를 도입한다.

2.2.2. 강화학습의 적용:

(1) **에이전트:** 환경 통합관리 AI '에코-매니저'.

(2) **환경:** 도시의 대기, 수자원, 녹지 시스템을 포함하는 디지털 트윈(Digital Twin).

(3) **행동:**

- 대기: 대기오염 예측에 따라 주요 도로의 '미스트 분사 시스템'과 빌딩 숲의 '광촉매 외벽'을 가동한다. 공기 정화 드론의 운행 경로와 시간을 결정한다.
- 수자원: 강수량 예보에 맞춰 스마트 저류조의 수문을 개방하거나 닫고, 빗물을 정화하여 조경용수나 생활용수로 재활용하는 비율을 조절한다.

(4) **보상:**

- (+) 보상: 미세먼지 농도 감소, 침수 피해 면적 감소, 물 재이용률 증가.
- (-) 보상: 시스템 운영에 드는 에너지 비용, 시민 불편(예: 과도한 교통 통제).

(5) **환상적 결과:** '에코-매니저'는 도시 전체를 하나의 거대한 생태계처럼 운영한다. 예를 들어, 서해에서 고농도 미세먼지가 유입될 것을 24시간 전에 예측하고, 해안가의 방풍림 역할을 하는 '스마트 포레스트'의 수목들이 바람의 방향을 바꾸도록 잎의 각도를 미세하게 조절하라는 명령을 내린다.

또한, 집중호우가 예상되면 도시의 모든 공원과 운동장을 일시적인 '스펀지 공원'으로 전환하여 물을 머금게 했다가, 비가 그치면 천천히 하수관으로 흘려보내 침수를 원천적으로 방지한다. 시민들은 더 이상 미세먼지나 침수 걱정 없이 쾌적한 도시 환경을 누리게 된다.

2.3. 교통 및 모빌리티 계획: 혈관처럼 흐르는 '플렉스-모빌리티'

2.3.1. 가상 시나리오:

만성적인 교통체증에 시달리는 메가시티 '메트로-폴리스'. 시는 고정된 노선과 시간표에 따라 움직이는 버스와 지하철 시스템을 폐지하고, 강화학습 기반의 실시간 수요응답형 모빌리티 시스템 '플렉스-모빌리티(Flex-Mobility)'를 구축한다.

2.3.2. 강화학습의 적용:

(1) **에이전트:** 통합 모빌리티 관제 AI '플렉스-모빌리티'.

(2) **환경:** 도시의 모든 도로망과 실시간으로 시민들의 이동 수요 데이터(출발지, 목적지)가 반영된 가상 도시.

(3) **행동:** 수천 대의 자율주행 셔틀(다인승)과 팟(1~2인승)의 운행 경로, 배차 간격, 대기 장소를 실시간으로 결정한다.

(4) **보상:**

- (+) 보상: 시민의 총 이동 시간(대기+탑승) 감소, 모빌리티의 에너지 효율 증가, 탑승객 만족도.
- (-) 보상: 차량의 공차 운행 시간, 시민의 대기 시간.

(5) **환상적 결과:** 시민이 앱으로 목적지를 입력하면, '플렉스-모빌리티'는 즉시 주변 사람들의 이동 수요를 종합적으로 분석하여 최적의 차량(셔틀 또는 팟)을 배차하고, 합승을 통해 가장 효율적인 경로를 생성한다. 출퇴근 시간에는 여러 대의 셔틀이 가상 노선을 형성하며 '떼'를 지어 운행하다가, 낮 시간에는 개별 팟 형태로 도시 곳곳의 실핏줄 같은 골목까지 파고들어 교통 소외 지역을 없앤다.

그 결과, 시민들은 더 이상 버스를 기다리거나 지하철역까지 걸어

갈 필요 없이 '문 앞에서 문 앞까지(Door-to-Door)' 10분 내로 이동할 수 있게 된다. 도시의 평균 통근 시간은 획기적으로 단축되고, 개인 소유 차량은 자취를 감추게 된다.

2.4. 도시건축설계: 날씨와 교감하는 '카멜레온 빌딩'

2.4.1. 가상 시나리오:

사계절의 변화가 뚜렷한 기후대에 랜드마크 빌딩을 설계하는 건축가 팀. 이들은 건물이 스스로 환경에 반응하여 최적의 상태를 유지하는 '살아있는 건축'을 구현하기 위해 강화학습 AI '아키-마인드(Archi-Mind)'를 활용한다.

2.4.2. 강화학습의 적용:

(1) **에이전트:** 건물 설계 AI '아키-마인드'.

(2) **환경:** 건물이 들어설 부지의 기후 데이터(일조량, 바람, 온도, 습도 등 30년 치)와 건물 내부의 예상 활동 데이터가 포함된 시뮬레이션 환경.

(3) **행동:** 건물의 외피(Facade)를 구성하는 수천 개의 개별 패널의 형태, 각도, 재질(투명/불투명/반사)을 결정하고, 창문의 위치와 크기를 디자인한다.

(4) **보상:**

- (+) 보상: 자연 채광량 극대화, 자연 환기 효율, 실내 쾌적성 지수(온습도), 외부 조망 확보.
- (-) 보상: 냉난방 에너지 소비량, 건축 자재 비용.

(5) **환상적 결과:** '아키-마인드'는 고정된 형태의 건물 디자인을 거부한다. 대신, 태양의 움직임과 계절풍의 변화에 따라 실시간으로 형태

를 바꾸는 '키네틱 파사드(Kinetic Facade)'를 설계한다. 여름철 한낮에는 패널들이 스스로 각도를 조절해 직사광선을 차단하는 차양이 되었다가, 해가 지면 활짝 열려 도시의 야경을 실내로 끌어들인다. 겨울에는 햇빛을 최대한 흡수하는 각도를 유지하여 난방 에너지를 절약하고, 봄가을에는 바람길을 만들어 자연 환기를 극대화한다. 이 '카멜레온 빌딩'은 마치 살아있는 생명체처럼 주변 환경과 교감하며, 화석연료 사용 없이도 항상 쾌적한 실내 환경을 유지하는 제로에너지 건축의 궁극적인 모델이 된다.

소주제 04 머신 러닝의 의사결정나무(Decision Tree): AI가 그리는 명쾌한 '스무고개' 지도

1. 의사결정나무는 이름 '나무(Tree)' 구조를 이용해 문제에 대한 해답을 찾아가는 분석기법이다.

의사결정나무는 이름 그대로 '나무(Tree)' 구조를 이용해 문제에 대한 해답을 찾아가는 분석 기법이다. 이는 마치 정답을 맞히기 위해 "예/아니오" 질문을 반복하는 '스무고개 게임'과 같다.

가장 중요한 질문을 뿌리(root)에 두고, 질문에 대한 답을 따라 가지(branch)를 뻗어 나가며, 최종적으로 잎(leaf)에서 결론에 도달하는 직관적인 모델이다. 이 모델의 가장 큰 특징은 결정 과정이 눈에 보이는 '화이트박스(White Box) 모델'이라는 점으로, AI가 왜 그런 결론을 내렸는지 그 이유를 명확하게 설명할 수 있다.

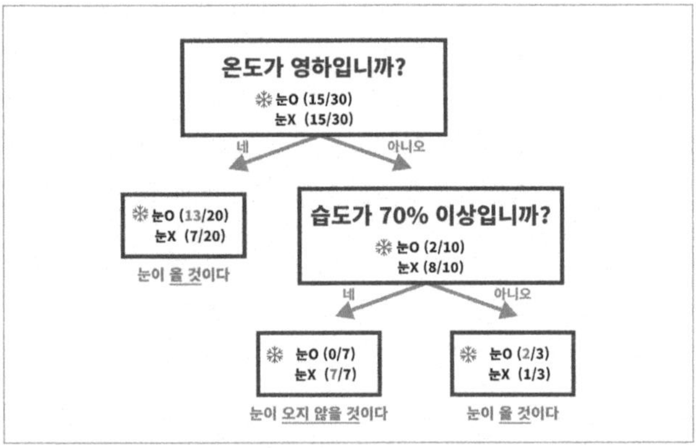

https://ablearn.kr/newsletter

1.1. 머신 러닝의 의사결정나무가 추구하는 목표(Goal)

의사결정나무의 목표는 데이터를 가장 잘 분류하거나 예측할 수 있는 '최적의 질문 순서'를 찾아내는 것이다. 각 질문 단계(분기점)마다 데이터를 가장 순수하게, 즉 비슷한 특성을 가진 데이터끼리 잘 나눌 수 있는 질문을 선택한다.

이 과정을 반복하여, 최종적으로 각 잎(leaf node)에는 거의 한 가지 종류의 데이터만 남도록 하는 것이 이상적인 목표이다. 궁극적으로는 복잡한 문제를 명쾌하고 단순한 규칙(Rule)의 집합으로 표현하여, 누구나 이해할 수 있는 예측 모델을 만드는 것을 추구한다.

1.2. 머신 러닝의 의사결정나무 적용 기술의 유형 및 특징

의사결정나무는 지도 학습의 대표적인 기술로, 풀고자 하는 문제에 따라 두 가지 유형으로 활용된다.

1.2.1. 분류 트리(Classification Tree)

결과가 범주형 데이터일 때 사용된다. 예를 들어, 특정 조건에서 시민이 공공자전거를 '대여할 것인가, 안 할 것인가'를 예측하거나, 민원 내용을 '긴급 민원' 또는 '일반 민원'으로 분류하는 문제에 적용된다.

1.2.2. 회귀 트리(Regression Tree)

결과가 연속적인 숫자일 때 사용된다. 예를 들어, 날씨와 시간 정보를 바탕으로 '예상되는 공공자전거 대여 량(예: 150대)'을 예측하거나, 특정 지역의 '예상 미세먼지 수치'를 예측하는 문제에 활용된다.

이 기술의 가장 큰 특징은 **결과 뿐만 아니라 과정까지 해석할 수 있다는 점**이다. 복잡한 수식이 아닌, 'IF-THEN' 규칙으로 표현되므로 비전문가도 모델의 작동 원리를 쉽게 이해할 수 있다.

1.3. 머신 러닝의 의사결정나무 기술의 역할과 기여도

도시에서 의사결정나무는 '투명한 정책 결정 도우미'로서 중요한 역할을 수행한다. AI가 특정 지역을 새로운 공공시설 부지로 추천했을 때, "왜 그곳인가?"라는 시민이나 의회의 질문에 대해 "AI가 복잡한 연산을 통해 결정했습니다"가 아닌, **"반경 1km 내 청소년 인구가 5천 명 이상이고, 대중교통 접근성이 높으며, 공시지가가 기준 이하이기 때문입니다"** 와 같이 명확한 근거를 제시할 수 있다. 이러한 투명성은 정책 결정 과정의 신뢰도를 높이고, 데이터 기반 행정에 대한 시민의 수용성을 증진시키는 데 크게 기여한다.

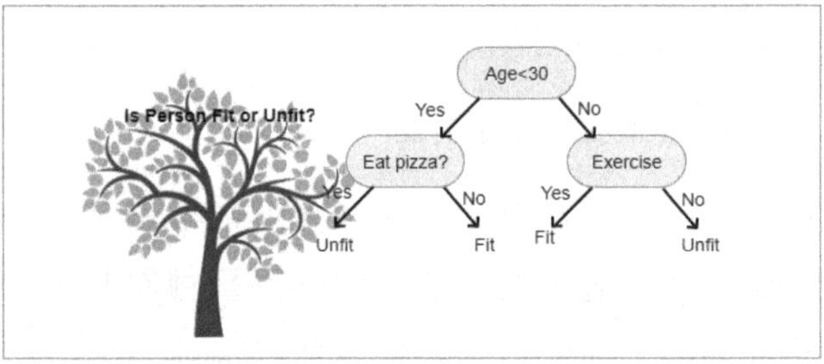

https://blog.naver.com/pmw9440/222077642636

1.4. 머신 러닝의 의사결정나무의 장단점(Pros and Cons)

■ 머신 러닝의 의사결정나무의 장단점

구분	내용
장점 (Pros)	해석의 용이성: 모델의 구조가 시각적으로 명확하여 이해하기 쉽고, 의사결정 과정을 쉽게 설명할 수 있다. 전처리 용이성: 데이터의 정규화나 표준화 같은 복잡한 사전 처리 과정이 비교적 덜 필요하다 범용성: 숫자형 데이터와 범주형 데이터 모두를 처리할 수 있다.
단점 (Cons)	과적합(Overfitting) 위험: 훈련 데이터에 너무 과도하게 맞춰져, 새로운 데이터에 대한 예측 성능이 떨어지는 경향이 있다. 나무가 너무 깊고 복잡해지기 쉽다. 불안정성: 훈련 데이터가 약간만 바뀌어도 나무의 구조가 크게 달라질 수 있다. 경계의 한계: 경계선이 축에 평행한 사각형 형태로만 형성되어, 데이터의 복잡한 관계를 표현하는 데 한계가 있을 수 있다.

1.5. 머신 러닝의 의사결정나무의 활용 데이터

의사결정나무는 [입력 데이터(특성)]와 [정답 레이블]로 구성된 데이터를 활용한다.

(1) 분류 트리 문제용 데이터:

- 입력 데이터: [민원 텍스트의 키워드('소음', '주차'), 민원 발생 시간('심야')]
- 정답 레이블: ['생활불편 민원' 또는 '교통 민원']

(2) 회귀 트리 문제용 데이터:

- 입력 데이터: [요일('주말'), 날씨('맑음'), 기온(25℃)]
- 정답 레이블: [실제 공원 방문객 수 '5,400명']

1.6. 머신 러닝의 의사결정나무의 대표적인 활용 예시

1.6.1. 도시 유휴부지 활용 방안 추천 시스템 '스페이스 파인더(Space Finder)'

도심 곳곳에 방치된 국공유 유휴부지를 어떻게 활용할지 결정하는 것은 중요한 정책 과제이다. 가상의 시스템 '스페이스 파인더'는 의사결정나무를 이용해 각 부지에 가장 적합한 활용 방안을 투명하게 추천한다.

1.6.2. 환상적인 적용 사례:

A라는 유휴부지에 대한 데이터를 시스템에 입력한다. 시스템은 학습된 의사결정나무의 질문을 따라가기 시작한다.

1. (질문 1) "부지 반경 500m 내에 65세 이상 인구 비율이 20% 이상인가?" → "예"
2. (질문 2) "가장 가까운 공원까지의 거리가 1km 이상인가?" → "예"
3. (질문 3) "주변에 상업시설보다 주거시설이 많은가?" → "예"
4. (질문 4) "일조량이 하루 평균 4시간 이상 확보되는가?" → "예"

최종적으로 나무의 잎에 도달한 결론은 "결론: '소규모 스마트 텃밭' 또는 '경로당 쉼터' 조성 최적합지" 이다.

시 정책 담당자는 이 결과를 가지고 주민 공청회에서 "AI가 이곳을 스마트 텃밭으로 추천했습니다"라고 말하는 대신, "데이터를 분석한 결과, 이 지역은 어르신 인구가 많고 녹지 공간이 부족하며, 일조량이 풍부하여 소규모 텃밭을 만들기에 최적의 조건을 갖추고 있습니다"라고 나무의 의사결정 과정을 단계별로 풀어서 설명할 수 있다.

이는 AI를 단순한 의사결정 도구가 아닌, 시민과 소통하고 정책적 합의를 이끌어내는 환상적인 '소통 도구'로 활용하는 사례가 된다.

2. 머신 러닝의 의사결정나무, 도시를 위한 명쾌한 선택의 네 가지 길(가상 시나리오)

2.1. 도시계획: '개발사업 타당성 사전 심의 트리'

도시계획 부서는 수많은 개발사업 신청 서류로 항상 분주하다. 이때, 의사결정나무 기반의 '개발사업 타당성 사전 심의 시스템'은 복잡한 심의 과정의 첫 단계를 자동화하고 투명하게 만드는 역할을 수행한다.

2.1.1. 의사결정나무 적용 방식:

(1) **학습 과업:** 분류(Classification)

(2) **활용 데이터:** 과거의 개발사업 심의 데이터를 학습한다. [입력 데이터]는 [신청 부지의 용도지역, 건폐율/용적률 계획, 기반시설(도로, 상하수도) 현황, 주변 지역 민원 발생 이력] 등이 된다. [정답 레이블]은 최종 심의 결과인 ['원안 가결', '조건부 가결', '부결']이 된다.

(3) **모델의 역할:** AI는 심의 위원들의 결정 패턴을 학습하여, 새로운 개발사업 계획안이 어떤 결과를 받을지 예측하는 명료한 심의 규칙의 나무를 생성한다.

2.1.2. 환상적인 적용 사례:

한 건설사가 새로운 주상복합 건설 계획안을 시스템에 제출한다. 시스템은 즉시 의사결정나무의 질문을 따라 분석을 시작한다.

1. (질문 1) "해당 부지는 '제2종 일반주거지역'이며, 신청 용적률(240%)이 허용 기준(250%) 이내인가?" → "예"
2. (질문 2) "사업으로 인한 추가 교통량 예측치가 기존 도로 용량의 80%를 초과하는가?" → "예"

3. (질문 3) "교통영향평가서에 주변 교차로 신호 최적화 방안이 포함되었는가?" → "아니오"

최종적으로 나무는 "결론: '조건부 가결' - 사유: 교통량 분산 대책 미비. 주변 교차로 개선 계획 제출 후 재심의 필요." 라는 명확한 결과를 도출한다.

이 시스템을 통해 개발사업자는 몇 달씩 걸리던 심의 결과를 단 몇 분만에 받아볼 수 있으며, '왜' 반려되었는지에 대한 명확한 이유를 즉시 파악하고 보완할 수 있다. 이는 행정의 예측 가능성과 투명성을 환상적으로 높여준다.

2.2. 환경계획: '실시간 도시 침수위험 경보 트리'

기후 변화로 국지성 호우가 잦아지는 도시에서, 시민의 생명을 지키기 위한 가장 중요한 요소는 신속하고 이해하기 쉬운 경보 시스템이다. 의사결정나무 기반의 '실시간 도시 침수위험 경보 트리'는 복잡한 데이터를 단순한 행동 지침으로 변환한다.

2.2.1. 의사결정나무 적용 방식:

(1) **학습 과업**: 분류(Classification)

(2) **활용 데이터**: 도시 곳곳의 IoT 센서 데이터를 실시간으로 수집한다. [입력 데이터]는 [시간당 강우량(mm), 인근 하천 수위(m), 하수관로 유량(%), 펌프장 가동률(%)] 등이 된다. [정답 레이블]은 과거 데이터 기반의 실제 침수 발생 여부에 따라 ['안전', '주의', '위험', '심각']의 4단계 위험 등급으로 구성된다.

(3) **모델의 역할**: 모델은 각 데이터의 임계값(Threshold)을 기준으로 침

수 위험도를 판단하는 가장 효율적인 질문 체계를 구축한다.

2.2.2. 환상적인 적용 사례:

2026년 7월, 서울 강남역 인근에 폭우가 쏟아진다. 도시 통합관제센터의 경보 트리가 실시간으로 작동한다.

1. (질문 1) "시간당 강우량이 70mm를 초과했는가?" → "예"
2. (질문 2) "반포천 수위가 '경계' 단계를 넘어섰는가?" → "예"
3. (질문 3) "주변 하수관로 유량이 95% 이상 포화 상태인가?" → "예"

모든 질문에 '예'로 답이 내려오자, 시스템은 즉시 최종 결론인 "결론: '심각' 단계 발령. 강남역 일대 저지대 차량 및 인원 즉시 대피 권고." 라는 메시지를 시민들의 휴대폰과 전광판에 자동으로 전송한다.

시민들은 "왜 대피해야 하는가?"에 대해 '강우량, 하천 수위, 하수관로'라는 명확한 세 가지 근거를 함께 전달받음으로써, 경보를 신뢰하고 신속하게 행동에 옮길 수 있게 된다.

2.3. 교통 및 모빌리티 계획: 'PM 주차구역 최적 입지 판별기'

거리에 무질서하게 방치된 개인형 이동장치(PM, 전동 킥보드 등)는 도시의 큰 골칫거리이다. 'PM 주차구역 최적 입지 판별기'는 의사결정나무를 활용하여 누구든 수긍할 수 있는 명확한 기준에 따라 주차 구역을 설정한다.

2.3.1. 의사결정나무 적용 방식:

(1) 학습 과업: 분류(Classification)

(2) 활용 데이터: 도시 공간 데이터를 기반으로 한다. [입력 데이터]는 [보도의 유효 폭(m), 점자블록과의 거리(m), 횡단보도와의 거리

(m), 주변 PM 이용량, 버스정류장/지하철역과의 거리] 등이다. [정답 레이블]은 교통 전문가들이 사전에 판정한 ['주차존 설치 적합', '부적합']이 된다.

(3) **모델의 역할:** 모델은 PM 주차구역 설치의 핵심적인 성공/실패 요인을 학습하여, 새로운 후보지에 대한 적합성을 판단하는 규칙을 만든다.

2.3.2. 환상적인 적용 사례:

한 구청의 교통 담당자가 새로운 PM 주차 구역 후보지 A, B 두 곳을 시스템에 입력한다.

1. 후보지 A: 나무가 질문한다. "보도 폭이 2.5m 이상인가?"(예) → "점자블록을 침해하지 않는가?"(예) → "횡단보도에서 5m 이상 떨어져 있는가?"(예) → "결론: '설치 적합'"
2. 후보지 B: "보도 폭이 2.5m 이상인가?"(예) → "점자블록을 침해하지 않는가?"(아니오) → "결론: '설치 부적합' - 사유: 시각장애인 통행 방해"

이 시스템을 통해 민원이 발생했을 때, 담당자는 "AI가 결정했습니다"가 아닌, "해당 위치는 보행약자의 안전 통행을 방해한다는 명확한 기준에 따라 부적합 판정을 받았습니다"라고 구체적인 근거를 제시할 수 있다. 이는 행정의 공정성과 신뢰성을 확보하는 환상적인 도구가 된다.

2.4. 도시건축설계: '패시브하우스 설계 진단 트리'

복잡한 패시브하우스(에너지 소비를 최소화한 건축물) 인증 기준은 건축가들에게 큰 부담이 된다. '패시브하우스 설계 진단 트리'는 건축가가 설계 과정에서 실시간으로 에너지 성능을 진단하고 개선 방향을 찾도록 돕는 길잡이 역할을 한다.

2.4.1. 의사결정나무 적용 방식:

(1) **학습 과업:** 분류(Classification)

(2) **활용 데이터:** 수많은 패시브하우스 인증 통과 및 실패 사례의 설계 데이터를 학습한다. [입력 데이터]는 [건물의 남향 배치 여부, 외벽/지붕의 단열재 등급(U-value), 창호의 종류 및 기밀성 등급, 열교환 환기장치 효율] 등이다. [정답 레이블]은 ['인증 통과', '인증 실패']가 된다.

(3) **모델의 역할:** 모델은 인증 통과를 위해 반드시 만족시켜야 하는 핵심 설계 요소들의 임계값과 그 우선순위를 학습하여, 진단 트리를 구성한다.

2.4.2. 환상적인 적용 사례

한 건축가가 설계 중인 단독주택의 3D 모델과 자재 정보를 시스템에 입력한다. 진단 트리가 즉시 분석을 시작한다.

1. (질문 1) "건물의 주요 창호가 정남향을 기준으로 15도 이내에 배치되었는가?" → "예"
2. (질문 2) "외벽 단열재의 열관류율이 기준치 0.15 W/㎡K 이하인가?" → "예"
3. (질문 3) "창호의 기밀성 등급이 1등급인가?" → "아니오(현재 3등급으로 설계됨)"

시스템은 즉시 “진단 결과: ‘인증 실패’ 가능성 높음. 개선 제안: 창호 기밀성 등급을 1등급으로 상향 조정 시, 연간 난방에너지 요구량이 45% 감소하여 인증 기준을 만족할 것으로 예측됩니다.” 라는 구체적인 피드백을 제공한다.

건축가는 복잡한 에너지 시뮬레이션을 매번 돌릴 필요 없이, 설계의 어느 부분이 취약한지를 명확한 규칙을 통해 즉시 진단하고 개선하는 환상적인 설계 파트너를 얻게 된다.

소주제 05 머신 러닝의 랜덤 포레스트(Random Forest): '집단 지성'으로 편견을 넘어선 AI 전문가 위원회

1. 머신 러닝의 랜덤 포레스트는 수많은 의사결정나무(Decision Tree)들이 모여 하나의 '숲(Forest)'을 이루는 앙상블(Ensemble) 학습 모델이다.

랜덤 포레스트는 이름 그대로 수많은 의사결정나무(Decision Tree)들이 모여 하나의 '숲(Forest)'을 이루는 앙상블(Ensemble) 학습 모델이다.

이는 마치 한 명의 전문가(의사결정나무)에게만 의존할 때 발생할 수 있는 편견이나 실수를 방지하기 위해, 각기 다른 관점을 가진 수백 명의 전문가로 구성된 '전문가 위원회'를 소집하는 것과 같다.

각 나무는 전체 데이터의 일부를 무작위로 가져가고, 질문을 던질 때도 일부 질문지 중에서만 무작위로 선택하여 학습한다. 이처럼 약간의

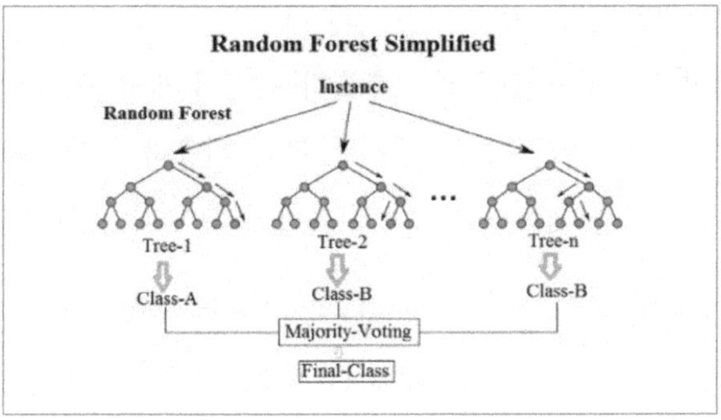

https://velog.io

'개성'을 가진 수많은 나무가 각자 내린 결론을 종합하여 최종 결정을 내리는, '집단 지성'의 원리를 활용한 모델이다.

1.1. 머신 러닝의 랜덤 포레스트가 추구하는 목표(Goal)

랜덤 포레스트의 가장 핵심적인 목표는 단일 의사결정나무의 치명적인 약점인 '과적합(Overfitting)'과 '불안정성'을 극복하는 것이다. 한 그루의 나무는 학습 데이터의 아주 사소한 특징까지 모두 외워버려, 새로운 데이터에 대해서는 오히려 예측을 못 하는 '모범생의 함정'에 빠지기 쉽다.

랜덤 포레스트는 약간씩 다른 데이터와 다른 기준으로 학습한 다양한 나무들의 의견을 종합함으로써, 한쪽으로 치우치지 않는 훨씬 안정적이고 일반화 성능이 뛰어난 예측 모델을 만드는 것을 추구한다. 정확성과 신뢰도, 두 마리 토끼를 모두 잡는 것이 목표이다.

1.2. 머신 러닝의 랜덤 포레스트 적용 기술의 유형 및 특징

랜덤 포레스트는 여러 개의 모델을 결합하는 '앙상블' 기법의 대표주자이며, 다음과 같은 핵심 특징을 가진다.

1.2.1. 배깅(Bagging - Bootstrap Aggregating):

훈련 데이터를 무작위로 복원 추출하여 여러 개의 '미니 훈련 세트'를 만드는 기법이다. 원본 데이터에서 중복을 허용하여 샘플링하므로, 각 나무는 조금씩 다른 데이터를 보고 학습하게 되어 다양성이 확보된다.

1.2.2. 특성 무작위 선택(Random Feature Selection):

각 나무의 가지를 칠 때(분기점에서), 전체 질문지(특성) 중에서 일부만 무작위로 뽑아 그 중에서 최적의 질문을 선택하게 한다. 이는 특정 영향력 있는 변수가 모든 나무의 의사결정을 지배하는 것을 방지하고, 나무들이 더욱 독립적이고 개성 있게 성장하도록 만든다.

1) 최종 결정 방식:

숲을 이룬 모든 나무가 각자 예측을 내놓으면, 이를 취합하여 최종 결정을 내린다.

(1) 분류(Classification): '다수결 투표(Voting)' 방식을 사용한다. 예를 들어 500그루의 나무 중 400그루가 '긍정'이라고 예측했다면, 최종 결론은 '긍정'이 된다.

(2) 회귀(Regression): '평균(Averaging)' 방식을 사용한다. 각 나무가 예측한 숫자들의 평균값을 최종 예측치로 삼는다.

1.3. 머신 러닝의 랜덤 포레스트 기술의 역할과 기여도

도시에서 랜덤 포레스트는 '신중하고 노련한 데이터 분석팀'의 역할을 수행한다. 단일 의사결정나무가 투명한 '정책 결정 도우미'라면, 랜덤 포레스트는 약간의 투명성을 희생하는 대신 월등히 높은 정확성과 신뢰성으로 무장한 '핵심 전략가'에 가깝다.

도시의 대기질 예측, 전력 수요량 예측, 재난 위험도 평가 등 약간의 오차도 큰 사회적 비용을 유발할 수 있는 복잡하고 중요한 문제에서, 가장 믿을 수 있는 예측치를 제공함으로써 도시 운영의 안정성을 높이고 선제적 대응을 가능하게 하는 데 크게 기여한다.

https://www.linkedin.com/uas/login-submit

1.4. 머신 러닝의 랜덤 포레스트의 장단점(Pros and Cons)

■ 머신 러닝의 랜덤 포레스트의 장단점

구분	내용
장점 (Pros)	높은 정확도: 일반적으로 단일 모델보다 훨씬 뛰어난 예측 성능을 보인다. 과적합 방지: 여러 나무의 결과를 종합하므로 과적합에 매우 강건하다. 변수 중요도 평가: 어떤 변수(특성)가 예측에 더 중요한 영향을 미쳤는지 평가하는 기능을 제공한다.
단점 (Cons)	해석의 어려움: 수백 개의 나무가 얽혀 있어, 왜 그런 결론이 나왔는지 과정을 설명하기 어려운 '블랙박스(Black Box)' 모델이다. 자원 소모: 여러 개의 나무를 학습시켜야 하므로, 단일 의사결정나무보다 더 많은 시간과 메모리를 필요로 한다.

1.5. 머신 러닝의 랜덤 포레스트 활용 데이터

랜덤 포레스트는 지도 학습 모델이므로 [입력 데이터(특성)]와 [정답 레이블]로 구성된 데이터를 활용한다.

(1) 분류 트리 문제용 데이터:

- 입력 데이터: [도로 포장 상태, 교통량, 기온, 강수량, 제설제 사용 여부]
- 정답 레이블: ['포트홀(Pothole) 발생' 또는 '발생 안 함']

(2) 회귀 트리 문제용 데이터:

- 입력 데이터: [기온, 습도, 풍속, 요일, 시간대, 인근 공장 가동률]
- 답 레이블: [실제 측정된 초미세먼지(PM2.5) 농도 '78μg/m³']

1.6. 머신 러닝의 랜덤 포레스트 대표적인 활용 예시

1.6.1. 초정밀 동네별 대기질 예측 시스템 '에어-매트릭스(Air-Matrix)'

도시 전체의 평균적인 대기질 예보를 넘어, 시민들이 실제로 생활하는 동네 단위의 정밀한 예보를 제공하는 것은 매우 어려운 과제이다. 가상의 1 시스템 '에어-매트릭스'는 랜덤 포레스트를 이용해 이 문제를 해결한다.

1.6.2. 환상적인 적용 사례:

'에어-매트릭스'는 내일 오후 3시 강남구 삼성동의 초미세먼지 농도를 예측하기 위해, 숲을 구성하는 500그루의 '전문가 나무'에게 동시에 질문을 던진다.

(1) **제1번 나무(교통 전문가):** 주로 교통량, 차량 속도, 도로 정체 데이터를 중점적으로 학습한 나무로, "교통량이 많으니 102μg/m³"라고 예측한다.

(2) **제2번 나무(기상 전문가):** 풍향, 풍속, 대기 안정도 등 기상 변수에 민감하게 학습한 나무로, "서풍이 부니 중국발 오염원의 영향으로 125μg/m³"라고 예측한다.

(3) **제3번 나무(지형 및 배출원 전문가):** 주변의 대규모 배출원(공장, 발전소)과 건물 숲으로 인한 대기 정체 효과를 학습한 나무로, "대기가 정체되어 98μg/m³"라고 예측한다.

(4) ... 이처럼 500그루의 나무가 각자의 전문 분야에 따라 조금씩 다른 예측치를 내놓는다.

최종적으로 '에어-매트릭스'는 이 500개의 예측치를 모두 '평균' 내어, "최종 예측: 내일 오후 3시 삼성동 초미세먼지 농도는 평균 112μg/m³로 '매우 나쁨' 단계가 예상됩니다." 라는 매우 신뢰도 높은 결론을 도출한다.

이는 한두 가지 변수만 보고 섣불리 판단하는 오류를 방지하고, 다양한 가능성을 종합한 집단 지성의 힘으로 도시의 환경 리스크를 훨씬 더 정확하게 관리하는 환상적인 사례가 된다.

2. 머신 러닝의 랜덤 포레스트, 도시의 복잡성을 해결하는 네 개의 전문가 팀(가상 시나리오)

2.1. 도시계획: '상업 지구 활력도' 예측을 통한 도시 재생 전략 수립

도시계획에서 특정 지역의 미래 상업적 성공 가능성을 예측하는 것은 매우 중요하다. 랜덤 포레스트 기반의 '어반 펄스(Urban Pulse)' 시스템은 데이터에 기반하여 도시 재생 사업의 우선순위를 결정한다.

2.1.1. 랜덤 포레스트 적용 방식:

(1) **학습 과업:** 회귀(Regression)

(2) **활용 데이터:** 이 모델은 상업 지구의 성공에 영향을 미치는 수백 가지의 복합적인 데이터를 학습한다. [입력 데이터]는 [주변 지역의 평균 임대료, 시간대별 유동인구, 대중교통 접근성, 경쟁 점포 수,

주변 인구의 소득 수준, 소셜 미디어 언급량] 등이 된다. [정답 레이블]은 과거 지역들의 2년 후 실제 '매출 성장률' 또는 '공실률'이 된다.

(3) **모델의 역할**: 수백 개의 의사결정나무가 각각 다른 관점(어떤 나무는 '부동산 전문가', 다른 나무는 '교통 전문가'처럼)에서 데이터를 분석한다. 이들의 예측치를 종합하여 단일 나무의 편견을 넘어선, 매우 신뢰도 높은 미래 '상업 활력 지수'를 예측한다.

2.1.2. 환상적인 적용 사례:

한 도시가 노후된 A, B, C 세 지역 중 한 곳에 공원, 보행로 개선 등 도시 재생 사업을 투자하려고 한다. 계획가는 각 지역의 현재 데이터를 '어반 펄스' 시스템에 입력한다.

시스템은 랜덤 포레스트 모델을 가동하여 "A 지역은 현재 활력도가 낮으나, 투자 시 3년 후 활력 지수 상승 잠재력 85점. B 지역은 잠재력 60점, C 지역은 72점" 과 같은 신뢰도 높은 예측 결과를 제시한다.

이는 제한된 예산을 '밑 빠진 독에 물 붓기'가 아닌, 가장 큰 성장 잠재력을 가진 곳에 집중하여 도시 전체의 활력을 극대화하는 과학적 의사결정을 가능하게 한다.

2.2. 환경계획: '도시 녹지 생존 가능성' 평가 시스템

도시에 나무를 심는 것만큼 중요한 것은 그 나무가 건강하게 살아남는 것이다. 랜덤 포레스트 기반의 '그린-가디언(Green-Guardian)' 시스템은 특정 장소에 어떤 종류의 나무를 심어야 생존율이 가장 높을지를 과학적으로 예측한다.

2.2.1. 랜덤 포레스트 적용 방식:

(1) **학습 과업:** 분류(Classification)

(2) **활용 데이터:** 과거 수만 건의 도시 식재 기록을 학습한다. [입력 데이터]는 [식재 위치의 토양 성분, 일조량, 연평균 강수량, 미세먼지 농도, 주변 빌딩풍의 강도, 보행자 통행량] 등이다. [정답 레이블]은 식재 5년 후의 실제 결과인 ['활착 성공' 또는 '고사(枯死)']가 된다.

(3) **모델의 역할:** 각기 다른 환경 요인의 조합이 특정 수종의 생존에 미치는 복합적인 영향을 학습한다. 단일 규칙으로는 설명할 수 없는 미묘한 상호작용까지 포착하여 생존 가능성을 정확하게 예측한다.

2.2.2. 환상적인 적용 사례:

시 공원녹지과에서 대규모 가로수 교체 사업을 계획한다. '그린-가디언'에 A 거리의 환경 데이터를 입력하고, 후보 수종인 '은행나무'와 '느티나무'의 생존율을 각각 예측하도록 한다.

시스템은 수백 개의 나무가 투표한 결과를 종합하여, "해당 지역은 여름철 아스팔트 복사열과 차량 매연이 심해, 이에 강한 '은행나무'의 5년 생존 확률은 91%로 예측됩니다. 반면, '느티나무'는 가뭄에 취약한 특성으로 인해 생존 확률이 58%에 그칠 것으로 보입니다" 라는 결론을 내린다.

이를 통해 단지 미관만이 아닌, 환경 적응성까지 고려한 최적의 수종을 선택함으로써 예산 낭비를 막고 지속가능한 녹색 도시를 만드는 데 기여한다.

2.3. 교통 및 모빌리티 계획: '대중교통 노선 만족도' 실시간 예측 시스템

시민들의 대중교통 만족도는 단순히 정시 도착 여부만으로 결정되지 않는다. 랜덤 포레스트 기반의 '라이드-스코어(Ride-Score)' 시스템은 복합적인 요인을 실시간으로 분석하여 특정 노선의 잠재적 불만 요인을 사전에 예측하고 대응한다.

2.3.1. 랜덤 포레스트 적용 방식:

(1) **학습 과업:** 회귀(Regression)

(2) **활용 데이터:** [입력 데이터]는 [버스의 현재 위치 및 배차 간격, 차량 내 승객 수(혼잡도), 에어컨/히터 온도, 급정거/급출발 횟수, 외부 기온, 소셜 미디어의 실시간 민원 키워드] 등이다. [정답 레이블]은 과거 데이터 기반의 '해당 노선 이용객 만족도 설문조사 점수'가 된다.

(3) **모델의 역할:** 수백 개의 나무가 각기 다른 변수의 조합을 분석하여 현재 시점의 '예상 만족도 점수'를 실시간으로 예측한다. 또한, 어떤 변수가 만족도 하락에 가장 큰 영향을 미치는지 '변수 중요도'를 평가한다.

2.3.2. 환상적인 적용 사례:

도시교통정보센터의 대시보드에 "경고: 143번 버스 노선, 예상 만족도 65점으로 하락. 주요 원인: '차량 내 높은 혼잡도' 및 '냉방 불만' 관련 변수 영향력 큼." 이라는 경고가 표시된다.

이는 단순한 민원 접수 후 대응이 아닌, 데이터 패턴을 통해 불만이 폭주하기 직전의 임계점을 포착한 것이다. 센터는 즉시 해당 노선에 예비 차량을 투입하여 배차 간격을 줄이고, 운전자에게 원격으로 냉방 강화를 지시한다.

이처럼 '라이드-스코어'는 문제 발생 후의 대응이 아닌, 문제 발생 전의 예측과 선제 조치를 통해 시민들의 이동 경험의 질을 환상적으로 관리한다.

2.4. 도시건축설계: '건설 프로젝트 리스크' 사전 평가 모델

대규모 공공 건축 프로젝트는 예산 초과나 공기 지연의 위험이 항상 존재한다. 랜덤 포레스트 기반의 '프로젝트-쉴드(Project-Shield)'는 과거의 수많은 건설 사례를 학습하여, 새로운 프로젝트의 잠재적 리스크를 사전에 평가하고 관리한다.

2.4.1. 랜덤 포레스트 적용 방식:

(1) **학습 과업:** 분류(Classification)

(2) **활용 데이터:** [입력 데이터]는 [프로젝트의 총 예산 규모, 공사 기간, 설계의 복잡도, 입찰 방식, 선정된 시공사의 과거 실적, 지질조사 보고서, 필요한 인허가 절차의 수] 등이다. [정답 레이블]은 과거 프로젝트들의 실제 결과인 ['예산 내 정시 준공' 또는 '예산 초과/공기 지연']이 된다.

(3) **모델의 역할:** 각 나무는 서로 다른 리스크 요인의 조합을 학습한다. 이들의 집단적 판단을 통해 특정 프로젝트가 실패할 확률을 매우 강건하게 예측한다.

2.4.2. 환상적인 적용 사례:

새로운 시립 도서관 건립 계획이 '프로젝트-쉴드' 시스템으로 분석된다. 시스템은 수백 개의 전문가 나무에게 의견을 물은 뒤, "분석 결과: 해당 프로젝트는 '공기 지연' 발생 확률 72%. 가장 큰 리스크 요인은 '동절기 집중 공사 일정'과 '선정된 시공사의 유사 프로젝트 경험 부족' 변수입니다." 라는 종합 보고서를 제출한다.

시의 담당 부서는 이 예측을 바탕으로 프로젝트 시작 전부터 동절기 공사 계획을 재검토하고, 시공사에 대한 추가적인 기술 감리를 강화하는 등, 잠재적 리스크를 사전에 집중 관리함으로써 수십억 원의 예산을 절감하고 시민과의 약속인 준공 기일을 지키는 데 결정적인 도움을 받는다.

소주제 06 머신 러닝의 나이브 베이즈(Naive Bayes): 순진하지만 제법 쓸모 있는 AI 확률 탐정

1. 나이브 베이즈는 증거를 바탕으로 범인을 추리하는 '확률 탐정'과 같다.

나이브 베이즈는 확률 이론의 하나인 '베이즈 정리(Bayes' Theorem)'에 기반한 분류 알고리즘이다. 이는 마치 증거를 바탕으로 범인을 추리하는 '확률 탐정'과 같다. 새로운 증거(데이터)가 나타났을 때, 각 용의자(분류 대상)가 범인일 확률을 업데이트해 나가는 방식으로 작동한다.

그런데 이 탐정에게는 한 가지 치명적이면서도 유용한 특징이 있으니, 바로 모든 증거가 서로 독립적이라고 믿는 '순진함(Naive)'이다. 예를 들어, 스팸 메일을 분류할 때 '광고'라는 단어와 '당첨'이라는 단어가 서로 아무런 관련 없이 독립적으로 등장한다고 가정하는 것이다. 이러한 순진한 가정이 계산을 매우 빠르고 단순하게 만들어 준다.

https://www.guru99.com/ko/naive-baye

1.1. 머신 러닝의 나이브 베이즈가 추구하는 목표(Goal)

나이브 베이즈의 목표는 주어진 데이터(증거)를 바탕으로, 여러 가능한 범주(결과) 중에서 가장 높은 확률을 가지는 범주를 찾아내는 것이다.

즉, 특정 데이터가 주어졌을 때, 이 데이터가 A 클래스에 속할 확률, B 클래스에 속할 확률, C 클래스에 속할 확률을 각각 계산한 뒤, 가장 확률 값이 높은 클래스로 데이터를 분류(Classification)하는 것을 목표로 한다. 복잡한 관계를 파고들기보다는, 빠르고 효율적인 확률 기반의 분류를 추구한다.

1.2. 머신 러닝의 나이브 베이즈 적용기술의 유형 및 특징

나이브 베이즈는 지도 학습 기반의 분류(Classification) 알고리즘이며, 다음과 같은 특징을 가진다.

1.2.1. 베이즈 정리 기반:

'사전 확률(Prior Probability)'과 '우도(Likelihood)'를 곱하여 '사후 확률(Posterior Probability)'을 계산하는 베이즈 정리를 핵심 원리로 사용한다.

간단히 말해, "A라는 원인 때문에 B라는 결과가 나타날 확률은,(원래 A가 일어날 확률) X(A일 때 B가 나타날 확률)에 비례한다"는 개념을 이용한다.

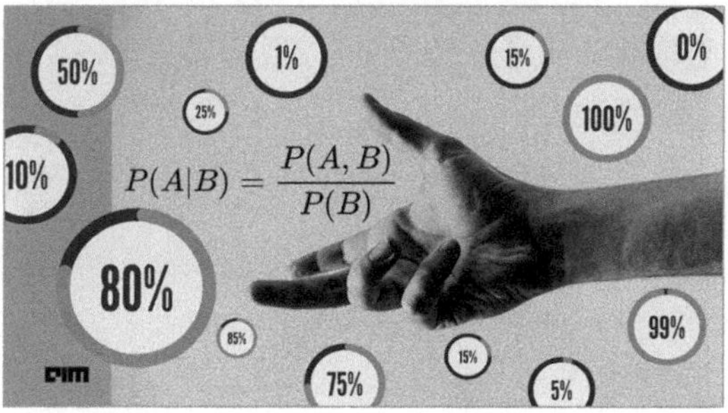

1.2.2. 특성의 조건부 독립 가정:

이 알고리즘의 이름이 '나이브'인 이유이다. 모든 특성(feature)이 서로 영향을 주지 않고 독립적이라고 가정한다. 현실 세계에서는 대부분의 특성이 서로 연관되어 있지만, 이 과감한 가정이 모델을 놀랍도록 단순화시키고 계산 속도를 비약적으로 향상시킨다.

1.2.3. 속도와 효율성:

구조가 단순하고 계산이 빠르기 때문에, 대용량 데이터셋에도 빠르게 적용할 수 있으며 비교적 적은 훈련 데이터만으로도 준수한 성능을 보이는 경우가 많다.

1.3. 머신 러닝의 나이브 베이즈 기술의 역할과 기여도

도시에서 나이브 베이즈는 '신속하고 효율적인 1차 분류 담당관'의 역할을 수행한다. 가장 정교하거나 정확도가 높은 모델은 아닐 수 있지만, 대량의 데이터를 빠르고 저렴한 비용으로 1차 분류하고 필터링하는 데 매우 강력한 성능을 발휘한다.

예를 들어, 하루 수천 건씩 쏟아지는 시민 민원을 일차적으로 분류하여 담당 부서로 자동 배분하거나, 도시 관련 뉴스 기사를 주제별로 자동 분류하는 등의 업무를 처리한다. 이를 통해 더 복잡한 문제에 고성능 모델이나 인간 전문가의 역량을 집중할 수 있도록 만드는 데 기여한다.

1.4. 머신 러닝의 나이브 베이즈 장단점(Pros and Cons)

■ 머신 러닝의 나이브 베이즈 장단점

구분	내용
장점 (Pros)	빠른 속도: 훈련과 예측 속도가 매우 빠르다. 적은 데이터로도 준수한 성능: 비교적 적은 양의 훈련 데이터로도 잘 작동한다. 고차원 데이터에 강함: 텍스트 데이터와 같이 특성(차원)의 수가 매우 많은 데이터 분류에 효과적이다. 단순함: 구현이 비교적 간단하다.
단점 (Cons)	비현실적인 가정: 모든 특성이 독립적이라는 '나이브'한 가정은 실제 데이터에서는 거의 성립하지 않으므로, 이것이 예측 정확도의 한계로 작용할 수 있다. 최고 성능의 한계: 특성 간의 복잡한 상호작용이 중요한 문제에서는 다른 정교한 모델들에 비해 성능이 떨어지는 경향이 있다.

1.5. 머신 러닝의 나이브 베이즈의 활용 데이터

나이브 베이즈는 분류 문제를 다루므로, [입력 데이터(특성)]와 [정답 레이블(범주)]로 구성된 데이터를 활용한다.

(1) 텍스트 분류 문제용 데이터:

- 입력 데이터: [시민 민원 텍스트 본문: "가로등이 고장나서 밤길이 너무 어두워요."]
- 정답 레이블: ['도로조명과']

(2) 의료 진단 보조 문제용 데이터:

- 입력 데이터: [환자의 증상: '기침', '고열', '인후통']
- 정답 레이블: ['독감']

1.7. 머신 러닝의 나이브 베이즈의 대표적인 활용 예시

1.7.1. 지능형 시민 민원 자동 분류 시스템 '시빌-소터(Civil-Sorter)'

한 도시의 민원 처리 시스템에는 하루에도 수천 건의 다양한 민원이 이메일과 온라인 게시판으로 쏟아진다.

'시빌-소터'는 나이브 베이즈 분류기를 이용해 이 모든 민원을 실시간으로 분석하고 담당 부서로 자동 배분한다.

1.7.2. 환상적인 적용 사례:

1) 특정 부서의 민원에 등장할 확률

'시빌-소터' 시스템은 과거 수만 건의 민원 데이터와 실제 배정된 부서를 학습했다. 이 과정에서 각 단어가 특정 부서의 민원에 등장할 확률을 모두 계산해 두었다.

(1) '주차', '신호등', '과속' 이라는 단어는 '교통과' 민원에서 나타날 확률이 높다.

(2) '쓰레기', '악취', '재활용' 이라는 단어는 '환경과' 민원에서 나타날 확률이 높다.

어느 날, "아파트 앞 도로에 밤새 불법 주차한 차들과 무단으로 버린 쓰레기 때문에 너무 불편합니다." 라는 새로운 민원이 접수된다.

2) 나이브 베이즈 탐정의 대응

나이브 베이즈 탐정은 '도로', '주차', '쓰레기'라는 세 가지 핵심 증거를 포착한다. 그리고 '순진하게' 이 단서들이 서로 독립적이라고 가정하고 확률을 계산하기 시작한다.

(1) **'교통과'일 확률 계산:**(교통과일 기본 확률) ×(교통과일 때 '도로'가 나올 확률) ×(교통과일 때 '주차'가 나올 확률) ×(교통과일 때 '쓰레기'가 나올 확률)

(2) **'환경과'일 확률 계산:**(환경과일 기본 확률) ×(환경과일 때 '도로'가 나올 확률) ×(환경과일 때 '쓰 '레기'가 나올 확률) ×(환경과일 때 '주차'가 나올 확률)

'쓰레기'라는 단서는 '환경과'일 확률을 크게 높이지만, '도로'와 '주차'라는 강력한 단서들이 '교통과'일 확률을 더 높여준다. 계산 결과, 최종적으로 '교통과'일 종합 확률이 더 높게 나온다.

시스템은 즉시 이 민원을 '교통과'로 자동 배정하고, '환경과'를 참조 부서로 지정한다. 이 모든 과정이 0.1초도 안 되는 시간에 완료된다. 이는 담당자가 일일이 민원을 읽고 판단하는 시간을 획기적으로 줄여주며, 신속한 민원 처리를 가능하게 하는, 단순하지만 환상적으로 효율적인 AI의 활용 사례가 된다.

2. 머신 러닝의 나이브 베이즈, 도시를 위한 신속·정확한 네 가지 분류 전략(가상 시나리오)

2.1. 도시계획: '도시재생 사업 유형' 신속 분류 시스템

매년 수많은 도시재생 사업 계획안이 접수되지만, 그 성격은 '역사 보존', '산업 활성화', '공동체 강화' 등 매우 다양하다. 나이브 베이즈 기반의 '플랜-소터(Plan-Sorter)' 시스템은 이 계획안들을 신속하게 1차 분류하는 역할을 수행한다.

2.1.1. 나이브 베이즈 적용 방식:

(1) **학습 과업:** 텍스트 분류(Text Classification)

(2) **활용 데이터:** 과거 도시재생 계획안의 텍스트 본문과, 최종적으로 확정된 사업 유형([정답 레이블]: '역사문화형', '산업혁신형', '공동체 활성화형' 등)을 학습한다. AI는 '골목길', '문화유산', '옛터' 같은 단어가 '역사문화형' 사업에 나타날 확률, '스타트업', '청년', '테크밸리' 같은 단어가 '산업혁신형'에 나타날 확률 등을 계산해 둔다.

(3) **모델의 역할:** 새로운 계획안이 제출되면, 그 안의 핵심 키워드들을 바탕으로 각 사업 유형에 속할 확률을 순식간에 계산하여 가장 가능성이 높은 유형으로 자동 분류한다.

2.1.2. 환상적인 적용 사례:

한 지역에서 "옛 방직공장의 역사적 가치를 보존하며, 청년 디자이너들을 위한 창업 공간으로 리모델링"이라는 내용의 사업 계획안을 제출한다. '플랜-소터'는 '방직공장', '역사적 가치', '보존'이라는 단서와 '청년', '창업'이라는 단서를 동시에 포착한다.

나이브 베이즈 모델은 각 단어의 확률을 종합하여, "'역사문화형'일 확률 75%, '산업혁신형'일 확률 85%" 와 같이 계산한다. 최종적으로 이 계획안을 '산업혁신형'으로 우선 분류하되, '역사문화' 관련성 태그를 함께 붙여 도시계획부서 내의 산업팀과 문화팀에 동시에 전달한다. 이는 부서간 칸막이를 넘어선 효율적인 협업을 유도하는 환상적인 첫걸음이 된다.

2.2. 환경계획: '도시 소음원' 실시간 추정 시스템

도시의 소음 민원에 대응하기 위해서는 소음의 원인을 빠르게 파악하는 것이 중요하다. 나이브 베이즈 기반의 '사운드-ID(Sound-ID)' 시스템은 소음의 특성을 분석하여 그 원인을 실시간으로 추정한다.

2.2.1. 나이브 베이즈 적용 방식:

(1) **학습 과업:** 분류(Classification)

(2) **활용 데이터:** 도시 곳곳의 소음 측정 센서 데이터를 학습한다. [입력 데이터]는 [소음 발생 시간대('심야'), 요일('주말'), 위치 유형('주거지역'), 주된 주파수 패턴('저음역대')] 등이다. [정답 레이블]은 실제 확인된 소음원인 ['공사장', '교통', '생활(층간소음 등)', '상업시설']이다.

(3) **모델의 역할:** 특정 조건들의 조합이 주어졌을 때, 각 소음원이 원인일 확률을 계산한다. 예를 들어, '심야', '주거지역', '저음역대'라는 증거가 포착되면 생활 소음일 확률이 높다고 판단한다.

2.2.2. 환상적인 적용 사례:

한밤중 조용한 주택가에서 기준치를 넘는 소음이 감지된다. '사운드-ID'는 즉시 데이터를 분석한다. 시간은 '새벽 2시', 위치는 '주택가', 소음 패턴은 '불규칙적인 충격음'이다. 나이브 베이즈 모델은 이 증거들을 바탕으로 "'공사장 소음'일 확률 5%, '교통 소음'일 확률 10%, '생활 소음'일 확률 85%" 라고 실시간으로 추정한다.

관제 센터의 대시보드에는 '생활 소음 추정' 경보가 뜨고, 이는 경찰이나 구청의 순찰팀이 출동할 때 '공사 현장'이 아닌 '주택가 내부'를 우선적으로 살피도록 유도한다. 이는 제한된 행정력을 가장 가능성 높은 곳에 집중시키는 신속하고 효율적인 의사결정을 돕는다.

2.3. 교통 및 모빌리티 계획: '대중교통 이용객 불만' 실시간 필터링

시민들은 소셜 미디어나 앱을 통해 대중교통에 대한 불만을 실시간으로 쏟아낸다. 나이브 베이즈 기반의 '컴플레인트-스트림(Complaint-Stream)'은 이 방대한 텍스트 데이터를 즉시 분류하여 교통 당국이 문제의 핵심을 파악하도록 돕는다.

2.3.1. 나이브 베이즈 적용 방식:

(1) **학습 과업:** 텍스트 분류(Text Classification)

(2) **활용 데이터:** [입력 데이터]는 "5호선 에어컨 고장났나 너무 더워요", "123번 버스 기사님 난폭운전 신고합니다" 와 같은 실제 민원 텍스트이다. [정답 레이블]은 ['차량 시설', '운행 서비스', '배차 간격'] 등의 불만 유형이다.

(3) **모델의 역할:** '에어컨', '의자' 등의 단어는 '차량 시설'로, '난폭운전', '불친절'은 '운행 서비스'로, '안와요', '기다림'은 '배차 간격'으로 분류될 확률이 높다고 학습한다.

2.3.2. 환상적인 적용 사례:

여름철 폭염이 시작되자, '컴플레인트-스트림' 시스템의 대시보드에 '차량 시설' 불만 카테고리가 실시간으로 급증하기 시작한다. 시스템이 해당 카테고리의 트윗들을 분석하니 '에어컨', '덥다', '찜통'이라는 단어의 빈도가 폭발적으로 나타난다.

교통 당국은 특정 노선이나 차량 번호를 파악하여 원격으로 냉방 시스템을 점검하거나, 정비팀에 즉시 관련 정보를 전달한다. 이는 개별 민원에 일일이 대응하는 것을 넘어, 도시 전체의 대중교통에서 발생하는 특정 유형의 문제를 실시간 트렌드로 파악하고 시스템 차원에서 신속하게 대응하는 환상적인 모습을 보여준다.

2.4. 도시건축설계: '건축 인허가 서류' 자동 분류기

건축 인허가 신청 시 제출되는 서류는 수십 가지에 달하며, 이를 각 담당자가 확인하고 분류하는 데 많은 시간이 소요된다. 나이브 베이즈 기반의 '도큐-플로우(Docu-Flow)'는 이 과정을 자동화한다.

2.4.1. 나이브 베이즈 적용 방식:

(1) **학습 과업:** 문서 분류(Document Classification)

(2) **활용 데이터:** [입력 데이터]는 건축 도면, 시방서, 구조계산서 등 PDF나 워드 파일의 텍스트 전체이다. [정답 레이블]은 ['구조도면', '설비도면', '소방계획서', '구조안전계산서'] 등의 공식 문서명이다.

(3) **모델의 역할:** '철근', '보', '기둥', '하중' 등의 단어가 많이 포함된 문서는 '구조안전계산서'일 확률이 높다고 판단하고, '배관', '덕트', '공조기' 등의 단어가 많은 문서는 '설비도면'으로 분류할 확률이 높다고 학습한다.

2.4.2. 환상적인 적용 사례:

한 건축가가 새 건물 허가를 위해 50개의 파일을 온라인 시스템에 업로드한다. '도큐-플로우'는 즉시 각 파일의 텍스트를 스캔한다. 1번 파일에서 '내화구조', '피난계단', '스프링클러'를 발견하고 '소방계획서'로 태그를 붙여 소방 담당자에게 전송한다.

2번 파일에서 '허용응력', '지진하중'을 보고 '구조안전계산서'로 분류해 구조기술사에게 전달한다. 수작업으로 반나절은 걸렸을 서류 분류 및 배분 작업이 단 1분 만에 완료된다. 이는 인허가에 소요되는 전체 기간을 획기적으로 단축시켜, 도시의 건설 및 개발 속도를 높이는 데 크게 기여한다.

소주제 07 머신 러닝의 서포트 벡터 머신(Support Vector Machine, SVM) : 최적의 경계선을 찾아내는 AI 도시경계 전문가

1. 머신 러닝의 서포트 벡터 머신(SVM)은 두 개의 그룹을 나누는 '최적의 경계선'을 찾는 데 특화된 지도 학습 모델이다.

서포트 벡터 머신(SVM)은 두 개의 그룹을 나누는 '최적의 경계선'을 찾는 데 특화된 지도 학습 모델이다. 이는 마치 서로 다른 두 나라 사이에 가장 넓은 비무장지대(DMZ)를 설정하는 것과 같다.

이 비무장지대의 정중앙을 가로지르는 선이 바로 두 그룹을 나누는 결정 경계(Decision Boundary)가 된다. 이때, 비무장지대의 양쪽 경계선에 가장 가깝게 위치하여 이 경계선을 결정하는 데 가장 중요한 역할을 하는 데이터 포인트들, 즉 '최전방의 병사들'을 바로 서포트 벡터(Support Vectors)라고 부른다. 이름 그대로, 이 벡터들이 경계선을 지지하고(support) 정의하는 셈이다.

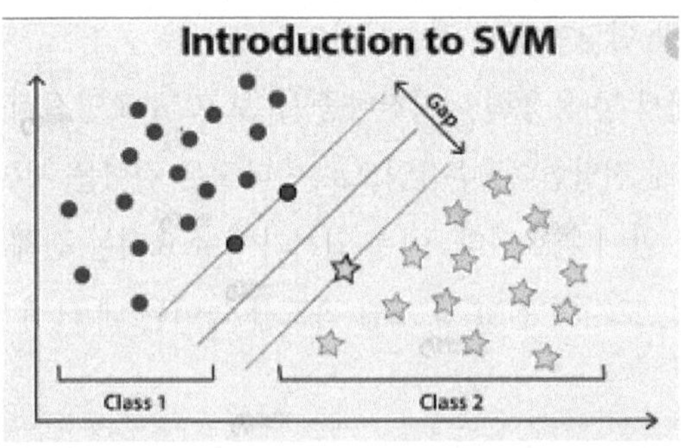

결정 경계란 위 그림에서 원과 별을 분류하기 위한 빨간 실선이며, 양옆의 검은 실선은 Margin이라 한다. SVM의 주 목적은 두 Margin의 거리를 최대화 시킬 수 있는 즉, GAP을 최대화 시킬 수 있는 지점을 찾는 것이다. (https://roytravel.tistory.com)

1.1. 머신 러닝의 서포트 벡터 머신(SVM)이 추구하는 목표(Goal)

SVM의 궁극적인 목표는 단순히 두 그룹을 나누는 경계선을 찾는 것을 넘어, 가장 안정적인 최적의 경계선을 찾는 것이다. 여기서 '최적'이란, 두 그룹 사이의 비무장지대, 즉 마진(Margin)의 폭을 최대로 만드는 것을 의미한다.

마진이 넓을수록 경계선은 양쪽 그룹으로부터 멀리 떨어져 있게 되므로, 약간 애매한 새로운 데이터가 나타나더라도 훨씬 더 자신 있게, 그리고 더 정확하게 분류할 수 있다. 즉, 마진 최대화를 통해 모델의 일반화 성능과 안정성을 극대화하는 것을 추구한다.

1.2. 머신 러닝의 서포트 벡터 머신(SVM) 적용기술의 유형 및 특징

SVM은 주로 분류(Classification) 문제에 사용되며, 다음과 같은 강력하고 독특한 특징을 가진다.

1.2.1. 마진 최대화(Margin Maximization):

SVM의 핵심 철학이다. 두 클래스를 구분하는 수많은 경계선 중에서, 각 클래스의 서포트 벡터와의 거리가 가장 먼 경계선을 선택하여 분류의 오류 가능성을 최소화한다.

1.2.2. 커널 트릭(The Kernel Trick)

SVM을 환상적인 기술로 만드는 비장의 무기이다. 현실의 데이터는 직선(평면) 하나로 명확히 나눌 수 없는 경우가 많다. '커널 트릭'은 이렇게 얽혀 있는 저차원(예: 2D 평면)의 데이터를 훨씬 더 높은 고차원 공간으로 '사영'시켜, 직선으로 나눌 수 있는 상태로 변환하는 마법과 같다.

예를 들어, 평면 위에서 뒤섞인 점들을 3차원 공간으로 들어 올리면, 그 아래로 평면 하나를 쓱 집어넣어 간단히 분리할 수 있게 되는 것이다. 이 트릭 덕분에 SVM은 실제로 고차원 연산을 하지 않으면서도 매우 복잡한 비선형 경계선을 만들어낼 수 있다.

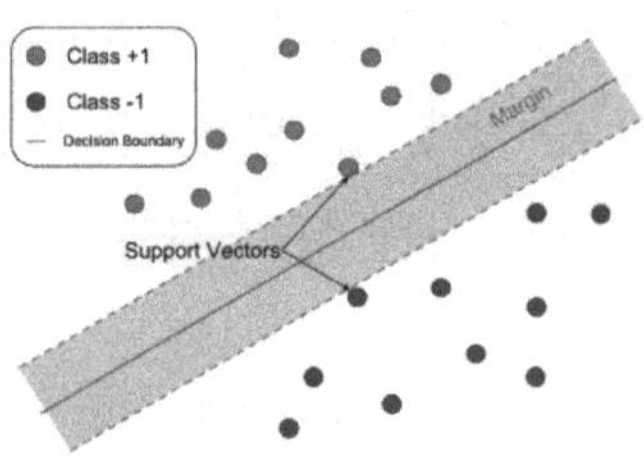

장점
로지스틱 회귀나 판별분석에 비해 비선형 데이터에서 높은 정확도를 보이며, 다른 모델 대비 과적합 되는 경향이 적어서 인기가 많음

단점
이진 분류에만 사용 가능함

1.3. 머신 러닝의 서포트 벡터 머신(SVM)기술의 역할과 기여도

도시에서 SVM은 '초정밀 분류 전문가'의 역할을 수행한다. 특히 두 클래스 간의 구분이 미묘하지만 그 결과가 매우 중요한 고차원 문제에서 탁월한 성능을 발휘한다.

예를 들어, 도시의 교량이나 터널 표면 이미지에서 정상 콘크리트와 미세 균열을 구별하거나, 복잡한 센서 데이터 패턴을 분석하여 기계의 정상 작동과 고장 전조 증상을 분류하는 등의 임무를 맡는다.

이처럼 명확하고 안정적인 경계선이 요구되는 고위험군 탐지 및 안전 진단 분야에서 도시의 안전성을 높이는 데 크게 기여한다.

1.4. 머신 러닝의 서포트 벡터 머신(SVM)의 장단점

■ 머신 러닝의 서포트 벡터 머신(SVM) 장단점

구분	내용
장점 (Pros)	높은 정확도: 특히 특성(차원)이 많은 복잡한 데이터에서 매우 높은 분류 정확도를 보인다. 적합 방지: 마진을 최대화하는 방식으로 학습하므로, 과적합에 강건한 모델을 만드는 경향이 있다. 비선형 분류: 커널 트릭을 통해 직선으로 나눌 수 없는 복잡한 데이터도 효과적으로 분류할 수 있다.
단점 (Cons)	느린 학습 속도: 데이터의 양이 매우 많아지면 학습 속도가 현저히 느려진다. 파라미터 및 커널 선택: 어떤 커널을 사용할지, 모델의 세부 파라미터를 어떻게 설정할지에 따라 성능이 크게 달라져, 전문가의 조정이 필요한 경우가 많다. 해석의 어려움: 커널을 통해 고차원으로 변환된 공간에서의 결정 경계는 인간이 직관적으로 이해하기 어렵다.

1.5. 머신 러닝의 서포트 벡터 머신(SVM) 활용 데이터

SVM은 분류 문제를 다루므로 [입력 데이터(특성 벡터)]와 [정답 레이블(범주)]로 구성된 데이터를 활용한다.

1.5.1. 이미지 분류 문제용 데이터:

- ㅁ 입력 데이터: [도로 표면 이미지의 각 픽셀값, 질감(texture) 정보, 경계선(edge) 정보 등을 변환한 고차원 벡터]

- ㅁ 정답 레이블: ['정상' 또는 '균열 발생']

1.5.2. 센서 데이터 분류 문제용 데이터:

- ㅁ 입력 데이터: [상수도관 센서의 압력, 유량, 진동 주파수 등을 변환한 고차원 벡터]
- ㅁ 정답 레이블: ['정상 상태' 또는 '누수 의심']

1.6. 머신 러닝의 서포트 벡터 머신(SVM)대표적인 활용 예시

1.6.1. 도시 기반시설 안전 진단 시스템 '스트럭처-가드(Structure-Guard)'

드론이 촬영한 수천 장의 고해상도 교량 사진에서 머리카락 굵기의 미세 균열을 찾아내는 것은 인간의 눈에는 매우 힘든 일이다. '스트럭처-가드'는 SVM을 이용해 이 임무를 자동으로 수행한다.

1.6.2. 환상적인 적용 사례:

시스템은 교량 사진을 수백만 개의 작은 이미지 조각으로 나눈다. 각 조각은 색상, 밝기, 질감 등 수천 개의 특성을 가진 하나의 '데이터 포인트'가 된다. 이 고차원 공간에서 '정상 콘크리트' 포인트와 '미세 균열' 포인트는 서로 복잡하게 뒤섞여 있다.

이때 SVM의 '커널 트릭' 마법이 시작된다. 시스템은 이 뒤섞인 데이터들을 훨씬 더 높은 차원의 가상 공간으로 순간 이동시킨다. 그러자 놀랍게도, 그 공간에서는 '정상' 그룹과 '균열' 그룹을 가르는 하나의 '평면(결정 경계)'을 명확하게 그을 수 있게 된다.

SVM은 여기서 멈추지 않고, 이 평면의 위치를 미세하게 조정하여 두 그룹 사이의 '안전 마진'을 최대로 확보한다. 이때 경계선에 가장 가까이 붙어있던 가장 애매한 데이터들, 즉 '정상처럼 보이는 균열'과 '균열처럼 보이는 정상' 조각들이 바로 **'서포트 벡터'**가 되어 이 최적의 경계선을 확정 짓는다.

이제 새로운 사진 조각이 입력되면, 시스템은 이 데이터가 가상 공간의 어느 쪽에 위치하는지를 보고 99.9%의 정확도로 미세 균열 여부를 판별해낸다. 이는 그림자나 오염에 쉽게 속지 않는 매우 안정적인 판별법으로, 도시의 안전을 지키는 보이지 않는 눈의 역할을 환상적으로 수행하는 것이다.

2. 머신 러닝의 서포트 벡터 머신, 도시 문제 해결을 위한 네 가지 최적의 경계선(가상 시나리오)

2.1. 도시계획: '젠트리피케이션 조기 경보 시스템'

젠트리피케이션 현상은 임대료 급등, 원주민 이탈 등 복잡한 사회 문제를 야기한다. 서포트 벡터 머신(SVM) 기반의 '커뮤니티-밸런스(Community-Balance)' 시스템은 젠트리피케이션 발생 가능성이 높은 지역을 사전에 식별하여 선제적 대응을 가능하게 한다.

2.1.1. SVM 적용 방식:

(1) **학습 과업:** 분류(Classification)

(2) **활용 데이터:** 특정 지역의 [소셜미디어 데이터('힙스터', '맛집' 등 키워드 변화), 임대료 상승 속도, 단기 임대(에어비앤비 등) 비율, 유동인구 구성 변화, 소상공인 업종 변경률] 등 수십 가지의 미묘한 특성을 [입력 데이터]로 사용한다. 과거 젠트리피케이션이 발생했거나 발생하지 않은 지역의 데이터를 [정답 레이블]('위험 지역', '안정 지역')로 하여 학습한다.

(3) **모델의 역할:** SVM은 이 고차원 데이터 공간에서 '위험 지역'과 '안정 지역'을 가장 확실하게 구분하는 최적의 경계선(결정 경계)을 찾아낸다. 특히 마진을 최대로 확보하는 특성 덕분에, 어설픈 징후에 쉽게 속지 않고 매우 안정적으로 위험도를 판단한다.

2.1.2. 환상적인 적용 사례:

'커뮤니티-밸런스'가 A 동 지역을 분석한 결과, 아직 가시적인 임대료 급등은 없지만 여러 데이터 특성 조합이 SVM의 결정 경계상 '위험 지역'으로 분류될 확률이 높다고 경고한다.

도시계획가는 이 조기 경보를 바탕으로, 해당 지역에 대해 소상공인 장기 임차 지원 조례를 제정하거나 공공상생상가를 미리 확보하는 등 젠트리피케이션의 부작용이 본격화되기 전에 연착륙을 유도하는 정책을 펼 수 있다. 이는 문제가 터진 뒤에 수습하는 것이 아닌, 문제의 발생 자체를 관리하는 한 차원 높은 도시계획을 실현시킨다.

2.2. 환경계획: '도시 생태통로' 최적 입지 선정

도시에 서식하는 야생동물의 이동을 돕는 생태통로는 단절된 녹지를 연결하는 중요한 역할을 한다. SVM 기반의 '바이오-커넥터(Bio-Connector)' 시스템은 야생동물의 이동 성공률을 최대로 높일 수 있는 생태통로의 최적 입지를 찾아낸다.

2.2.1. SVM 적용 방식:

(1) **학습 과업:** 분류(Classification)

(2) **활용 데이터:** [입력 데이터]로 [지역의 소음 수준, 야간 조명(빛 공해) 강도, 도로 폭 및 교통량, 녹지 간의 거리, 천적의 유무, 먹이

자원의 분포] 등 생존에 영향을 미치는 복합적인 환경 요인을 사용한다. [정답 레이블]은 과거 동물들의 실제 이동 경로 데이터에 기반한 ['이동 성공 구간', '이동 실패 구간']이 된다.

(3) **모델의 역할:** SVM은 비선형 커널 트릭을 이용하여, 동물의 이동 성공과 실패를 가르는 복잡하고 비선형적인 경계선을 찾아낸다. 이 경계선은 단순한 최단 거리가 아닌, 생태적 안전성이 최대로 확보되는 '가장 넓은 길'을 의미한다.

2.2.2. 환상적인 적용 사례:

도시의 A 녹지와 B 녹지를 연결하기 위해 여러 생태통로 후보 노선을 '바이오-커넥터'에 입력한다. 시스템은 각 노선이 SVM의 결정 경계상에서 '이동 성공' 영역에 얼마나 깊숙이 위치하는지를 평가한다. 분석 결과, "1번 후보 노선은 거리는 가장 짧지만, 야간 조명과 길고양이 출현 빈도가 높아 이동 성공률이 낮게 예측됩니다.

반면, 2번 노선은 약간 우회하지만 소음과 빛 공해가 적어 성공 경계선 내에서 가장 넓은 마진을 확보하므로 최적의 입지입니다." 라는 결론을 제시한다. 이를 통해 막대한 예산이 투입되는 생태통로가 동물들에게 외면받는 전시행정이 되는 것을 막고, 실질적인 생태적 효과를 극대화할 수 있다.

2.3. 교통 및 모빌리티 계획: '교통사고 위험 구간' 정밀 식별

단순히 사고가 많이 일어나는 곳뿐만 아니라, 잠재적 위험이 높은 구간을 미리 찾아내는 것이 중요하다. SVM 기반의 '세이프-로드(Safe-Road)' 시스템은 도로의 물리적, 환경적 특성을 종합 분석하여 사고 위험 구간을 정밀하게 식별한다.

2.3.1. SVM 적용 방식:

(1) **학습 과업:** 분류(Classification)

(2) **활용 데이터:** 도로의 각 100미터 구간별로 [도로의 곡률, 경사도, 차선 폭, 교차로 유무, 포장 상태, 가로등 조도, 평균 교통량 및 속도] 등을 [입력 데이터]로 사용한다. 과거 3년간의 사고 데이터를 바탕으로 [정답 레이블]을 ['사고 다발 구간', '안전 구간']으로 부여하여 학습한다.

(3) **모델의 역할:** SVM은 수십 가지의 특성이 결합된 고차원 공간에서 '사고 다발'과 '안전'을 가장 명확하게 구분하는 경계선을 찾는다. 커널 트릭을 통해 "평상시에는 안전하지만, 비가 오고 교통량이 특정 수준을 넘으면 위험해지는 구간"과 같은 복합적인 조건까지 감지해낸다.

2.3.2. 환상적인 적용 사례:

'세이프-로드' 시스템이 도시 전체 도로를 스캔한 후, 특정 교차로를 '잠재적 위험 구간'으로 분류한다. 사고 통계상으로는 아직 문제가 드러나지 않은 곳이다.

시스템의 분석 결과, "해당 교차로는 좌회전 차선의 길이가 짧고, 신호등의 녹색 점멸 시간이 짧으며, 보행자 무단횡단이 잦다는 세 가지 특성의 조합이 SVM의 위험 경계선을 아슬아슬하게 넘어서고 있습니다." 라는 구체적인 진단을 내린다.

교통 당국은 이 정밀한 진단을 바탕으로 사고가 발생하기 전에 미리 좌회전 차선을 연장하고 신호 주기를 조정하는 등, '핀셋' 같은 미세 조정을 통해 잠재적 위험을 제거하고 도시의 교통 안전을 한 단계 끌어올린다.

2.4. 도시건축설계: '건축 자재 결함' 비파괴 검사 시스템

건물의 안전은 자재의 품질에서 시작된다. SVM 기반의 '메테리얼-가드(Material-Guard)'는 초음파나 X-레이 검사 장비와 결합하여, 눈에 보이지 않는 건축 자재의 미세 결함을 찾아내는 역할을 한다.

2.4.1. SVM 적용 방식:

(1) **학습 과업**: 분류(Classification)

(2) **활용 데이터**: [입력 데이터]는 강철 빔이나 콘크리트 샘플을 초음파로 스캔했을 때 반사되는 복잡한 파형(waveform) 데이터 전체가 된다. 이는 수천, 수만 차원의 벡터로 표현된다. [정답 레이블]은 사전에 파괴 검사를 통해 확인된 ['정상 자재', '미세 균열 자재']이다.

(3) **모델의 역할**: SVM은 인간이 패턴을 인지하기 불가능한 고차원 파형 데이터 공간에서 '정상'과 '결함'을 구분하는 최적의 초 평면(Hyper-plane) 경계선을 학습한다. 마진 최대화 원칙 덕분에, 측정 시의 미세한 노이즈에도 강건하게 반응하며 오진율을 최소화한다.

2.4.2. 환상적인 적용 사례:

새로 건설되는 초고층 빌딩의 공사 현장. 현장에 도착한 H빔들을 '메테리얼-가드' 장비로 스캔한다. 한 H빔의 스캔 결과, 초음파 파형 데이터가 SVM 결정 경계의 '결함' 영역으로 분류된다.

경고등이 켜지며 "경고: 내부 미세 균열 의심. 서포트 벡터와의 거리 0.85. 신뢰도 99.8%." 라는 메시지가 뜬다. 겉보기에는 아무런 문제가 없는 이 H빔은 즉시 폐기된다.

이 작은 판단 하나가 수십 년 후 발생할 수도 있었을 끔찍한 구조 붕괴 사고를 예방한다. 이는 도시의 안전을 가장 근본적인 단계에서부터 지키는, SVM의 환상적인 적용 사례라 할 수 있다.

소주제 08 머신 러닝의 회귀분석(Regression Analysis): 도시의 인구, 교통량, 소득수준(독립 변수)을 바탕으로 미래의 주택가격(종속 변수)을 예측한다.

1. 머신 러닝의 회귀분석: 하나 이상의 독립 변수(원인)가 종속 변수(결과)에 미치는 영향을 파악하고, 이를 통해 예측을 하게 된다.

회귀분석(Regression Analysis)은 인공지능(AI)의 한 분야인 머신 러닝에서 가장 기본적이면서도 강력한 예측 모델이다. 하나 이상의 독립 변수(원인)가 종속 변수(결과)에 미치는 영향을 파악하고, 이를 통해 연속적인 숫자 값을 예측하는 데 사용된다.

예를 들어, 도시의 인구, 교통량, 소득 수준(독립 변수)을 바탕으로 미래의 주택 가격(종속 변수)을 예측하는 것과 같다. 회귀분석은 변수들 사이의 상관관계를 수학적 모델로 표현하여 미래의 결과를 예측하는 통계적 기법이라고 할 수 있다.

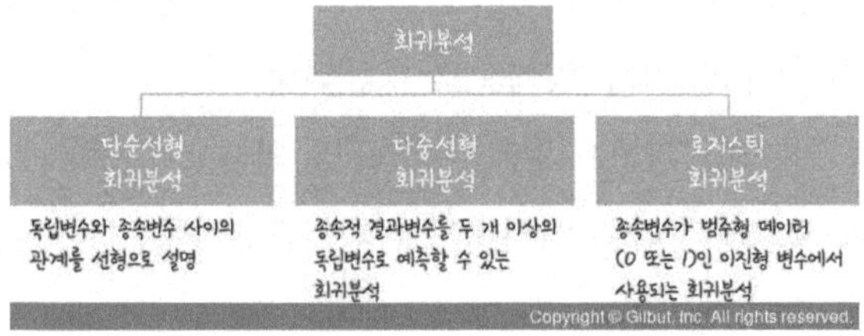

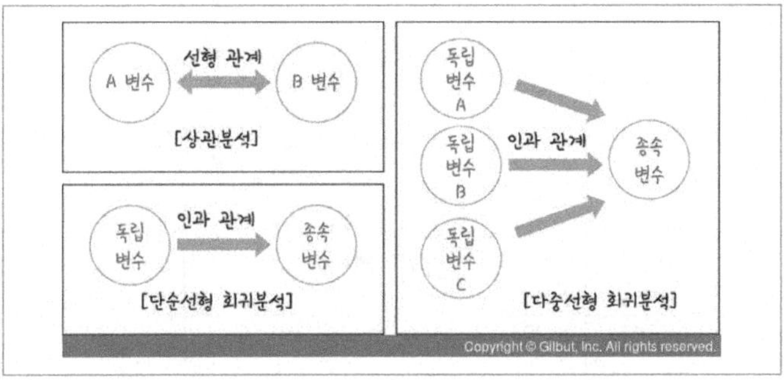

https://thebook.io/080246/0429/

1.1. 머신 러닝의 회귀분석이 추구하는 목표

회귀분석의 핵심 목표는 독립 변수와 종속 변수 간의 관계를 가장 잘 설명하는 최적의 함수(선 또는 곡선)를 찾는 것이다. 이 함수를 '회귀선' 또는 '회귀 모델'이라고 부른다. 실제 데이터 값들과 모델이 예측한 값 사이의 오차(잔차, Residual)를 최소화하는 것이 관건이다. 즉, 예측의 정확도를 최대한 높여 실제 값에 가장 근접한 예측을 하는 것이 회귀분석이 추구하는 궁극적인 목표이다.

1.2. 머신 러닝의 회귀분석의 적용 기술의 유형 및 특징

회귀분석은 데이터의 특성과 분석 목적에 따라 다양한 유형으로 나뉜다.

1.2.1. 선형 회귀(Linear Regression):

가장 기본적이고 널리 사용되는 유형이다. 독립 변수와 종속 변수 사이에 직선적인 관계가 있다고 가정하고, 데이터를 가장 잘 설명하는 직선을 찾는다. 예를 들어, 공부 시간이 늘어날수록 시험 성적이 직선적으로 증가한다고 가정하는 것과 같다. 모델이 단순하여 해석이 쉽고 계산 속도가 빠르다는 장점이 있다.

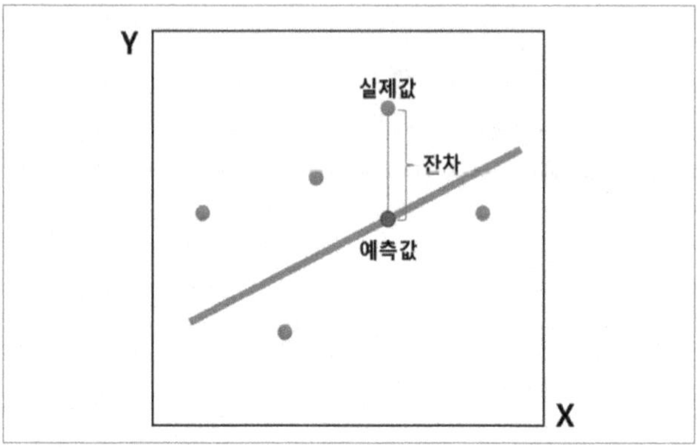

https://wikidocs.net/

1.2.2. 다항 회귀(Polynomial Regression):

변수 간의 관계가 직선이 아닌 곡선 형태일 때 사용된다. 독립 변수의 거듭제곱을 새로운 변수로 추가하여 비선형 관계를 표현한다. 예를 들어, 도시의 공원 크기와 시민 만족도의 관계가 처음에는 급격히 증가하다가 특정 크기 이상부터는 완만해지는 곡선 형태를 띨 때 적합하다.

1.2.3. 릿지 회귀(Ridge Regression) & 라쏘 회귀(Lasso Regression):

모델이 너무 복잡해 져서 훈련 데이터에만 과도하게 최적화되는 '과적합(Overfitting)' 문제를 해결하기 위해 사용된다.

두 기법 모두 모델의 복잡도에 페널티를 부과하여 과적합을 방지하는데, 라쏘 회귀분석은 중요하지 않은 변수의 영향력을 0으로 만들어 변수 선택의 효과까지 가진다는 특징이 있다.

1.2.4. 로지스틱 회귀(Logistic Regression):

이름에 '회귀'가 들어가지만, 실제로는 분류(Classification) 문제에 사용된다. 결과값이 특정 카테고리에 속할 확률(0과 1 사이의 값)을 예측한다.

예를 들어, 특정 도시 데이터를 바탕으로 어떤 시민이 공공 자전거를 이용할지 안 할지(이용 확률)를 예측하는 데 활용될 수 있다.

1.2.5. 머신 러닝의 회귀분석 기술의 역할과 기여도

회귀분석은 도시 계획, 관리, 운영의 다양한 측면에서 중요한 역할을 수행하며 도시의 효율성과 시민의 삶의 질을 높이는 데 기여한다.

(1) **미래 예측 및 선제적 대응:** 교통량, 전력 수요, 부동산 가격 등 도시의 주요 지표를 예측하여 사전에 문제를 예방하고 자원을 효율적으로 배분할 수 있도록 돕는다. 예를 들어, 특정 시간대의 교통량을 예측하여 신호 체계를 최적화하거나, 전력 수요 예측을 통해 안정적인 에너지 공급 계획을 수립할 수 있다.

(2) **정책 결정의 과학적 근거 제시:** 다양한 도시 정책의 잠재적 효과를 데이터 기반으로 분석하고 예측함으로써, 정책 결정 과정에서 객관적이고 과학적인 근거를 제공한다. 예를 들어, 새로운 공원 조성이 주변 부동산 가격과 주민 건강에 미치는 영향을 예측하여 정책의 타당성을 검증할 수 있다.

(3) **인과관계 추론 및 이해 증진:** 어떤 요인이 도시 문제에 더 큰 영향을 미치는지 파악하여 문제의 근본적인 원인을 이해하는 데 도움을 준다. 이는 단기적인 해결책이 아닌 장기적이고 지속 가능한 도시 발전을 위한 전략 수립에 기여한다.

1.3. 머신 러닝의 회귀분석의 장단점

■ 머신 러닝의 회귀분석의 장단점

장점	단점
모델 해석 용이: 결과가 직관적이고 이해하기 쉬워 정책 결정자나 일반 대중에게 설명하기 좋다.	선형성 가정의 한계: 변수 간의 관계가 복잡한 비선형일 경우 정확도가 떨어질 수 있다.
빠른 계산 속도: 모델이 비교적 단순하여 대용량 데이터에서도 빠르게 학습하고 예측할 수 있다.	이상치(Outlier)에 민감: 극단적인 값에 모델이 크게 영향을 받아 왜곡될 수 있다.
다양한 분야에 적용 가능: 도시 계획, 경제, 사회, 환경 등 폭넓은 분야에서 활용될 수 있다.	과적합 위험: 변수가 많거나 모델이 복잡해지면 훈련 데이터에만 잘 맞는 모델이 될 수 있다.
예측력과 설명력을 동시에 제공: 미래 값을 예측할 뿐만 아니라, 변수 간의 영향력을 설명해 준다.	상관관계를 인과관계로 오해할 소지: 통계적 관계가 반드시 인과관계를 의미하지는 않는다.

1.4. 머신 러닝 회귀분석의 활용 데이터

회귀분석은 그 목적에 따라 매우 다양한 종류의 데이터를 활용한다. 도시에서 활용되는 대표적인 데이터는 다음과 같다.

(1) **인구 통계 데이터**: 연령, 성별, 소득 수준, 가구 구성 등

(2) **부동산 데이터**: 주택 가격, 임대료, 건축 연도, 면적 등

(3) **교통 데이터**: 교통량, 속도, 대중교통 이용객 수, 사고 발생 건수 등

(4) **환경 데이터**: 미세먼지 농도, 기온, 강수량, 소음 수준 등

(5) **경제 데이터**: 지역 내 총생산(GRDP), 고용률, 소비 지수 등

이러한 수치 형태의 정형 데이터를 독립 변수와 종속 변수로 설정하여 모델을 학습시킨다. 데이터의 품질과 양이 회귀 모델의 성능을 결정하는 중요한 요소이다.

1.5. 머신 러닝 회귀분석의 대표적인 활용 예시

1.5.1. 부동산 가격 예측:

아파트의 위치(지하철역과의 거리), 면적, 층수, 건축 연도, 주변 학군 및 편의시설 정보 등을 활용하여 미래의 매매가나 전세가를 예측한다. 이는 시민들의 합리적인 내 집 마련을 돕고, 정부의 부동산 정책 수립에 중요한 기초 자료로 활용된다.

1.5.2. 공공자전거 수요 예측:

날씨(기온, 강수 확률), 요일, 시간대, 특정 지역의 이벤트 정보 등을 바탕으로 시간대별, 지역별 공공자전거(예: 따릉이) 수요량을 예측한다. 이를 통해 필요한 만큼 자전거를 효율적으로 재배치하여 시민들의 이용 편의성을 극대화할 수 있다.

1.5.3. 전력 수요 예측:

기온, 습도, 요일, 공휴일 여부 등 다양한 변수를 고려하여 도시의 시간대별 전력 사용량을 예측한다. 발전소는 이를 바탕으로 전력 생산량을 조절하여 불필요한 에너지 낭비를 줄이고 안정적인 전력 공급을 가능하게 한다.

1.5.4. 쓰레기 발생량 예측:

지역별 인구 밀도, 상업 시설 분포, 요일 등의 데이터를 활용하여 쓰레기 발생량을 예측한다. 예측 결과를 바탕으로 쓰레기 수거 차량의 운행 경로와 횟수를 최적화하여 쾌적한 도시 환경을 유지하고 행정 비용을 절감할 수 있다.

2. AI 머신 러닝 "회귀분석"의 도시 분야별 가상 적용 사례

회귀분석은 변수 간의 수학적 관계를 모델링하여 특정 결과를 수치로 예측하는 강력한 도구이다. 이 기술을 도시계획, 환경, 교통, 건축 등 다양한 분야에 적용하면, 과거의 데이터로부터 미래를 예측하고 과학적 근거에 기반한 최적의 의사결정을 내릴 수 있다. 다음은 회귀분석이 각 분야에서 활용되는 환상적인 가상 시나리오이다.

2.1. 도시계획: '미래 활력도' 예측으로 살아있는 도시 만들기

도시계획가는 새로운 주거단지나 상업지구를 조성할 때, 해당 공간이 미래에 활기 넘치는 곳이 될지, 아니면 유령도시가 될지 예측하고 싶어 한다. 이때 회귀분석을 '미래 커뮤니티 활력 지수 예측 모델'로 활용할 수 있다.

(1) **목표:** 신규 개발 지역의 5년 후 '커뮤니티 활력 지수'(1~100점)를 예측한다.

(2) **독립 변수**(입력 데이터):

- ㅁ 녹지 공간 비율(%)
- ㅁ 상업시설과 주거시설의 혼합 정도를 나타내는 '용도 혼합 지수'
- ㅁ 가장 가까운 지하철역까지의 도보 거리(m)
- ㅁ 공공 도서관, 커뮤니티 센터 등 공공시설의 수
- ㅁ 계획 단계의 소셜 미디어 버즈량 및 긍정/부정 언급 비율

(3) **종속 변수**(예측값): 5년 후 커뮤니티 활력 지수(유동인구, 지역 상점 매출, 주민 만족도 설문조사 등을 종합하여 산출)

(4) **가상 시나리오:** 도시계획가는 A, B, C 세 가지 개발 계획안을 두고 고민한다. A안은 녹지가 넓고, B안은 상업시설이 많으며, C안은

공공시설이 잘 갖춰져 있다. 각 계획안의 변수들을 '미래 활력 지수 예측 모델'에 입력한다. 모델은 과거 수많은 도시 개발 사례를 학습한 결과를 바탕으로, A안은 75점, B안은 60점, C안은 85점으로 예측 결과를 제시한다.

나아가 모델은 "녹지 비율을 5% 줄이고, 그 자리에 용도 혼합 지수를 10포인트 높일 수 있는 소규모 상점과 카페를 배치하면 활력 지수가 92점까지 상승할 수 있다"라는 구체적인 제안까지 내놓는다. 이를 통해 계획가는 단순히 감에 의존하는 것이 아니라, 데이터가 예측하는 최적의 활력 도시를 설계하게 된다.

2.2. 환경계획: '도시의 숨길'을 여는 그린 인프라 효과 예측

도시의 환경계획가는 미세먼지와 열섬 현상을 완화하기 위해 '그린 인프라'를 조성하고자 한다. 하지만 한정된 예산으로 어떤 시설을 어디에 얼마나 설치해야 최대의 효과를 볼 수 있을지 결정하기 어렵다. 이때 '그린 인프라 환경 개선 효과 예측 모델'이 해결책이 된다.

(1) **목표:** 그린 인프라 조성에 따른 '평균 기온 저감 효과(℃)'와 '미세먼지 저감률(%)'을 예측한다.

(2) **독립 변수(입력 데이터):**

- 조성할 옥상 녹화의 총면적(m2)
- 도로에 설치할 투수성 포장(빗물이 스며드는 포장)의 비율
- 새로 심을 가로수의 수와 품종
- 도시 바람길 확보를 위한 건물 간 이격 거리
- 인공 실개천 등 수변 공간의 면적

(3) **종속 변수(예측값):** 여름철 평균 기온 저감 값 및 연평균 미세먼지 농도 저감률

(4) **가상 시나리오:** 도심의 한 구역에 100억 원의 환경 개선 예산이 배정되었다. 환경계획가는 회귀 모델을 통해 여러 시나리오를 시뮬레이션한다.

'100억 전체를 옥상 녹화에 투자하는 경우', '가로수와 투수성 포장을 5:5로 조합하는 경우' 등을 모델에 입력한다. 모델은 "가로수 500그루와 투수성 포장 2,000m2를 조합할 경우, 여름철 기온을 평균 1.8℃ 낮추고 미세먼지를 12% 저감하여 예산 대비 최고의 효율을 보인다"라고 예측한다.

이 예측 덕분에 도시는 한정된 자원으로 시민들이 체감할 수 있는 가장 효과적인 '도시의 숨길'을 만들 수 있게 된다.

2.3. 교통 및 모빌리티 계획: 실시간 수요에 반응하는 자율주행 셔틀

미래 도시는 고정된 노선 없이, 시민들의 실시간 수요에 따라 움직이는 자율주행 셔틀이 핵심적인 교통수단이 된다. '자율주행 셔틀 수요 예측 모델'은 이러한 시스템의 두뇌 역할을 한다.

(1) **목표:** 특정 지역, 특정 시간대에 필요한 '최적의 자율주행 셔틀 운행 대수'를 예측한다.

(2) **독립 변수(입력 데이터):**

- 현재 시간, 요일, 공휴일 여부
- 현재 날씨(기온, 강수량, 강설량)
- 주변 지역의 대규모 행사 정보(콘서트, 스포츠 경기 등)
- 인근 지하철 및 버스의 실시간 혼잡도 데이터

□ 실시간 모빌리티 앱의 목적지 검색 데이터

(3) **종속 변수(예측값):** 향후 30분 내 필요한 자율주행 셔틀 운행 대수

(4) **가상 시나리오:** 금요일 오후 5시, 갑자기 강남역 일대에 폭우가 쏟아지기 시작한다. 회귀 모델은 과거 데이터를 통해 '금요일 퇴근 시간'과 '갑작스러운 폭우'라는 두 변수가 결합될 때 단거리 이동을 위한 셔틀 수요가 40% 급증한다는 패턴을 학습했다.

시스템은 이 예측에 따라 즉시 유휴 상태의 자율주행 셔틀 15대를 강남역 인근으로 선제적으로 배치한다. 시민들은 비를 맞으며 하염없이 교통수단을 기다릴 필요 없이, 앱을 켜는 즉시 호출에 응하는 셔틀을 타고 쾌적하게 이동한다. 이처럼 회귀분석은 도시 모빌리티를 공급 중심에서 완벽한 수요 대응형으로 진화 시킨다.

2.4. 도시건축설계: '에너지 효율'과 '사용자 만족'을 모두 잡는 건축물 설계

건축가는 아름다운 디자인 뿐만 아니라 에너지 효율이 높고 사용자가 행복을 느끼는 건물을 설계해야 하는 과제를 안고 있다. '건축 성능 예측 회귀 모델'은 설계 단계에서부터 이 두 마리 토끼를 모두 잡을 수 있도록 돕는다.

(1) **목표:** 설계안의 '연간 에너지 사용량(kWh/m2)'과 '예상 사용자 만족도 점수'를 예측한다.

(2) **독립 변수(입력 데이터):**

□ 건축물의 남향/동향 등 배치 방향(향)

□ 전체 벽면 대비 창문의 면적 비율

□ 사용될 단열재와 유리의 성능 값

□ 내부 공간의 층고와 개방성 지수

□ 자연 채광 시뮬레이션 결과 값

(3) **종속 변수(예측값):** 연간 단위 면적당 에너지 사용량 및 예상 사용자 만족도 점수

(4) **가상 시나리오:** 건축가가 새로운 도서관 설계안을 3D 모델링 프로그램에서 디자인하고 있다. 이 프로그램에는 '건축 성능 예측 모델'이 플러그인으로 탑재되어 있다. 건축가가 서쪽 창문의 크기를 키우자, 모델은 실시간으로 '예상 에너지 사용량' 게이지를 높이며 경고하고, 대신 '예상 사용자 만족도(채광 및 개방 감)' 게이지는 소폭 상승시키는 것을 보여준다.

건축가는 이 두 예측 값을 보면서 창의 크기, 단열재 등급, 건물 방향 등을 미세하게 조절하여 에너지 사용량은 법적 기준치 이하로 최소화하면서도, 사용자들이 가장 쾌적하다고 느낄 '최적의 설계 조합'을 찾아낸다. 이는 건축가의 창의적 영감을 데이터가 뒷받침하는 환상적인 협업 과정이다.

소주제 09 머신 러닝의 클러스터링(Clustering): 비슷한 것들끼리 '끼리끼리' 모아주는 방법이다.

1. 클러스터링: 데이터들의 특성을 분석하여, 유사한 속성을 가진 데이터들을 하나의 그룹(군집: Cluster)으로 묶는 기술이다.

클러스터링(Clustering, 군집 분석)은 머신 러닝의 비지도 학습(Unsupervised Learning)의 대표적인 방법론이다. 비지도 학습이란, 정답이 없는 데이터 안에서 스스로 패턴이나 구조를 찾아내는 방식을 의미한다.

클러스터링은 주어진 데이터들의 특성을 분석하여, 유사한 속성을 가진 데이터들을 하나의 그룹(Cluster, 군집)으로 묶는 기술이다. 즉, 특별한 기준 없이 흩어져 있는 도시의 다양한 데이터 속에서 숨겨진 질서를 발견하고, 비슷한 것들끼리 '끼리끼리' 모아주는 과정이라고 할 수 있다.

1.1. 머신 러닝의 클러스터링이 추구하는 목표

클러스터링의 핵심 목표는 '군집 내 유사도(Intra-cluster similarity)는 최대화하고, 군집 간 유사도(Inter-cluster similarity)는 최소화하는 것'이다. 쉽게 말해, 같은 그룹에 속한 데이터들은 서로 최대한 비슷해야 하고, 다른 그룹에 속한 데이터들과는 최대한 달라야 한다는 의미이다.

이를 통해 데이터 전체의 구조를 파악하고, 각 그룹의 고유한 특성을 발견하여 데이터에 대한 새로운 통찰력을 얻는 것을 추구한다.

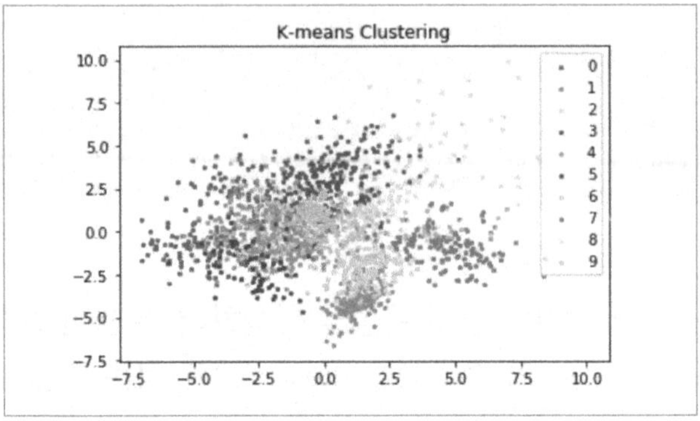

https://www.iworldtoday.com

1.2. 머신 러닝의 클러스터링 적용기술의 유형 및 특징

클러스터링은 그룹을 나누는 방식에 따라 여러 유형으로 구분된다.

1.2.1. 분할 기반 클러스터링(Partitioning-based Clustering):

전체 데이터를 미리 정해진 K개의 군집으로 나누는 방식이다.

가장 널리 알려진 알고리즘으로, 각 군집의 중심점(Centroid)을 기준으로 가장 가까운 데이터들을 하나의 군집으로 묶는다. 계산이 빠르고 이해하기 쉽지만, 군집의 개수(K)를 사용자가 직접 지정해야 하고, 동그란 형태의 군집이 아닐 경우 잘 동작하지 않을 수 있다.

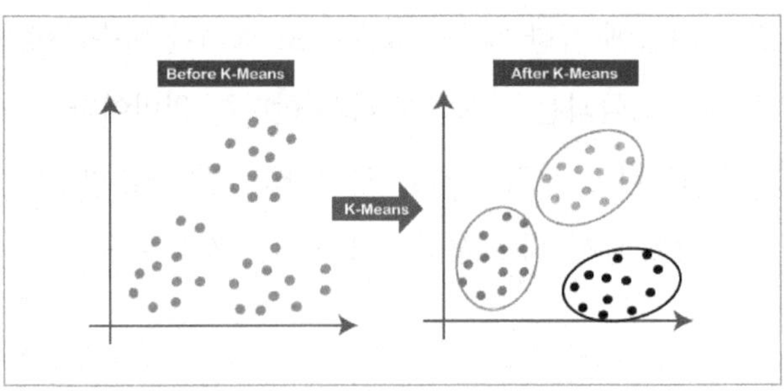

https://brunch.co.kr

1.2.2. 계층적 클러스터링(Hierarchical Clustering):

데이터들을 나무(tree) 형태의 계층 구조로 묶어 나가는 방식이다. 개별 데이터에서 시작하여 점차 큰 군집으로 묶어가는 병합적(Agglomerative) 방식과, 전체 데이터에서 시작하여 작은 군집으로 쪼개 나가는 분할적(Divisive) 방식이 있다. 군집의 개수를 미리 정하지 않아도 되는 장점이 있다.

1.2.3. 밀도 기반 클러스터링(Density-based Clustering):

데이터가 밀집된 정도를 기준으로 군집을 형성한다.

- DBSCAN: 데이터가 빽빽하게 모여 있는 영역을 하나의 군집으로 정의하고, 어떤 군집에도 속하지 않는 데이터는 잡음(Noise)으로 처리한다. K-평균과 달리 복잡한 모양의 군집도 잘 찾아내지만, 데이터 밀도가 균일하지 않으면 성능이 저하될 수 있다.

1.3. 머신 러닝의 클러스터링 기술의 역할과 기여도

클러스터링은 도시의 숨겨진 패턴을 발견하고, 이를 통해 맞춤형 서비스를 제공하며 도시 운영의 효율성을 높이는 데 크게 기여한다.

(1) **이질적인 집단의 특성 파악**: 복잡한 도시 인구 속에서 비슷한 라이프스타일이나 소비 패턴을 가진 그룹들을 발견하여, 이들의 특성을 이해하고 잠재적 수요를 파악하는 데 도움을 준다.

(2) **맞춤형 정책 및 서비스 제공의 기반**: 유사한 특성을 가진 지역이나 시민 그룹을 식별하여, 각 그룹의 필요에 맞는 맞춤형 도시 정책이나 상업 서비스를 기획할 수 있는 근거를 마련한다. 예를 들어, 특정 지역의 주민 특성에 맞는 공공시설을 건립하는 데 활용된다.

(3) **이상 탐지(Anomaly Detection):** 대부분의 데이터가 속한 정상적인 군집에서 벗어난 데이터를 '이상치(Outlier)'로 탐지해낸다. 이는 도시의 시설 고장, 교통사고 발생, 범죄 발생 등 이례적인 사건을 조기에 발견하고 대응하는 데 중요한 역할을 한다.

1.4. 머신 러닝의 클러스터링 기술의 장단점

■ 머신 러닝의 클러스터링 기술의 장단점

장점	단점
정답 없는 데이터 활용 가능: 데이터에 대한 사전 지식 없이도 숨겨진 구조와 인사이트를 발견할 수 있다.	결과 해석의 어려움: 왜 특정 데이터들이 하나의 군집으로 묶였는지 그 이유를 명확히 설명하기 어려울 수 있다.
데이터 압축 및 요약: 복잡하고 방대한 데이터를 소수의 군집으로 요약하여 전체적인 특성을 쉽게 파악할 수 있다.	알고리즘 및 파라미터 의존성: 어떤 알고리즘을 사용하고, 파라미터(예: 군집 개수 K)를 어떻게 설정하는가에 따라 결과가 크게 달라진다.
새로운 가설 생성: 데이터 그룹화를 통해 기존에는 생각하지 못했던 새로운 관계나 패턴을 발견하고 연구 가설을 세우는 데 도움을 준다.	평가의 어려움: 정답이 없기 때문에, 생성된 군집이 얼마나 '좋은' 군집인지 객관적으로 평가하기가 까다롭다.

1.5. 클러스터링 기술의 활용데이터

클러스터링은 특정 유형에 국한되지 않고 다양한 형태의 데이터를 활용할 수 있다.

(1) **지리 공간 데이터:** 건물의 위치, 인구 분포, 상점의 위치 등 GPS 좌표를 포함하는 데이터

(2) **소비/거래 데이터:** 시민들의 신용카드 사용 내역, 온라인 쇼핑 기록, 특정 상점 방문 기록 등

(3) **소셜 미디어 데이터:** 특정 장소나 주제에 대한 사람들의 생각이나 감정이 담긴 텍스트 데이터

(4) **교통카드 데이터:** 시민들의 대중교통 이용 패턴, 출발 및 도착지 정보

(5) **유동인구 데이터:** 통신사 기지국 정보를 바탕으로 한 시간대별, 지역별 인구 이동 데이터

1.6. 클러스터링 기술의 대표적인 활용예시

(1) **상권 분석 및 입지 선정:** 특정 지역의 유동인구 특성, 소셜미디어 언급량, 주변 상점 정보를 클러스터링하여 '대학생 중심 상권', '직장인 유흥 상권', '가족 외식 상권' 등으로 구분한다. 예비 창업자는 이 분석 결과를 바탕으로 자신의 아이템에 가장 적합한 입지를 선정할 수 있다.

(2) **범죄 다발 지역 유형화:** 도시의 범죄 데이터를 발생 시간, 장소, 범죄 유형 등의 속성을 기준으로 클러스터링한다. 이를 통해 '심야 시간 유흥가 주변 폭력 범죄 군집', '주간 주택가 절도 범죄 군집' 등을 도출하고, 각 군집의 특성에 맞는 맞춤형 순찰 경로를 설정하거나 CCTV를 집중적으로 설치하여 범죄 예방 효과를 높일 수 있다.

(3) **교통 허브 및 환승센터 최적화:** 시민들의 대중교통 이용 데이터를 클러스터링하여 주요 출발지와 도착지 그룹을 파악한다. 이 그룹들의 이동 패턴을 분석하여 새로운 버스 노선을 설계하거나, 환승 수요가 많은 지역에 스마트 환승센터를 구축하여 대중교통 이용의 편의성을 증진시킨다.

(4) **공유 모빌리티 서비스 지역화:** 공유 자전거나 전동 킥보드 이용 데이터를 클러스터링하여 이용 패턴이 유사한 지역들을 그룹으로 묶는다. '출퇴근 시간에만 이용이 집중되는 그룹', '주말 관광지에 이용이 많은 그룹' 등으로 나누어, 각 그룹의 특성에 맞춰 기기 재배치 전략을 수립하고 요금제를 다양화하는 등 맞춤형 운영이 가능하다.

2. AI 머신 러닝 "클러스터링"의 도시 분야별 가상 적용 사례

클러스터링(군집 분석)은 정해진 답 없이 데이터의 내재된 속성을 기반으로 유사한 집단을 묶어내는 비지도 학습 기법이다. 이 기술은 도시의 복잡다단한 현상 속에서 숨겨진 질서와 패턴을 발견하여, 기존의 행정구역이나 용도지역 구분만으로는 파악할 수 없었던 새로운 인사이트를 제공한다.

2.1. 도시계획: '도시 DNA' 분석으로 맞춤형 생활권 조성

도시계획가는 행정동과 같은 인위적인 경계를 넘어, 시민들의 실제 활동 패턴에 기반한 '실생활권(Real-life Activity Zone)'을 발견하고 싶어 한다. 클러스터링은 도시의 숨겨진 DNA 지도를 그려내는 역할을 수행한다.

(1) **목표:** 시민들의 실제 활동 데이터를 기반으로 도시 공간을 기능적으로 유사한 '생활권 군집'으로 재편성한다.

(2) **활용 데이터:**

- ㅁ 지역별 신용카드 사용 내역(업종별 소비 패턴)
- ㅁ 소셜 미디어 위치 기반 게시물(관심사 및 활동 종류)
- ㅁ 대중교통 및 공유 모빌리티 이용 데이터(이동 패턴)

- ㅁ 시간대별 유동인구 데이터

(3) **결과(도출되는 군집):**

- ㅁ **'2030 직장인 주경야독형 군집'**: 낮에는 오피스 소비, 저녁에는 학원 및 피트니스 소비가 집중되는 지역.
- ㅁ **'실버세대 건강·커뮤니티 중심형 군집'**: 오전에는 병원, 공원, 오후에는 복지관, 재래시장 이용이 두드러지는 지역.
- ㅁ **'대학생 문화·유흥 소비형 군집'**: 저렴한 맛집, 카페, 스터디룸, 저녁 시간 유흥시설 이용이 밀집된 지역.

(4) **가상 시나리오:** A시는 클러스터링 분석을 통해 '실버세대 건강·커뮤니티 중심형 군집'으로 분류된 낙후 지역을 발견한다. 기존 계획대로라면 청년들을 위한 창업 지원 센터를 건립할 예정이었으나, 시는 데이터 분석 결과를 바탕으로 계획을 전면 수정한다.

대신 해당 지역에 물리치료실을 갖춘 '스마트 시니어 복지관'과 저속 전동카트 셰어링 서비스를 집중적으로 도입한다. 그 결과, 지역 어르신들의 삶의 만족도가 크게 향상되고, 인위적 경계를 넘어서는 진정한 '데이터 기반 맞춤형 도시계획'이 실현된다.

2.2. 환경계획: '도시 소음·공해' 유형화로 고요한 도시설계

도시의 환경 문제는 지역마다 다른 원인과 패턴을 가진다. 환경계획가는 도시 전역의 환경 스트레스 요인을 유형별로 그룹화하여, 각기 다른 '환경 처방'을 내리고자 한다.

(1) **목표:** 도시 내 공간들을 소음, 대기오염 등 환경 유해 요인의 발생 패턴에 따라 군집화 한다.

(2) 활용 데이터:

- IoT 센서를 통해 수집된 소음(dB), 미세먼지(PM2.5), 이산화질소(NO_2) 농도
- 실시간 교통량 및 대형차량 통행 비율
- 주변 건물의 용도(공장, 학교, 주거, 상업)
- 공사장 위치 및 기간 정보

(3) 결과(도출되는 군집):

- '만성적 교통소음·매연 복합오염 군집': 대로변에 위치하며, 출퇴근 시간에 소음과 대기오염 수치가 최고조에 달하는 지역.
- '공사장 비산먼지·간헐적 소음 군집': 재개발 지역 주변으로, 특정 시간대에 소음과 먼지가 급증하는 패턴을 보이는 지역.
- '생활소음 밀집형 군집': 학교나 상업시설이 주거지와 인접하여, 특정 시간대 사람들의 활동으로 인한 소음이 주를 이루는 지역.

(4) 가상 시나리오: 한 주거지역 주민들로부터 소음 민원이 빗발친다. 기존 방식이라면 일률적으로 방음벽 설치를 검토했겠 지만, 클러스터링 분석 결과 이 지역은 '생활소음 밀집형 군집'으로 분류되었다. 주된 소음원이 차량이 아닌 등 하교 시간의 학생들과 저녁 시간 상가 이용객임이 밝혀진 것이다.

따라서 시는 방음벽이라는 거대하고 비효율적인 해결책 대신, '특정 시간대 교내 소음 저감 캠페인', '상가 방음 창 설치 지원 사업' 등 훨씬 정교하고 비용 효과적인 맞춤형 환경 정책을 추진하여 문제의 근원을 해결한다.

2.3. 교통 및 모빌리티 계획: '모빌리티 페르소나' 발견으로 초개인화 이동 서비스

모든 시민의 이동 패턴은 동일하지 않다. 교통계획가는 시민들의 이동 행태를 분석하여 몇 가지 대표적인 '모빌리티 페르소나(Mobility Persona)'를 정의하고, 각 페르소나에 최적화된 서비스를 제공하고자 한다.

(1) **목표:** 시민들의 대중교통 및 공유 모빌리티 이용 패턴을 군집화하여, 대표적인 '이동 그룹'을 찾아낸다.

(2) **활용 데이터:**

- ㅁ 익명화된 교통카드 데이터(이용 시간, 경로, 환승 패턴)
- ㅁ 공유 자전거, 전동 킥보드 이용 로그(이동 거리, 시간, 장소)
- ㅁ 앱 기반 택시 및 공유 차량 호출 데이터

(3) **결과(도출되는 군집):**

- ㅁ **'최단거리·효율 중시형 통근자'**: 아침저녁으로 거의 동일한 지하철 노선을 이용하며 환승을 최소화하는 그룹.
- ㅁ **'다양한 교통수단 환승형 탐험가'**: 지하철, 버스, 공유 자전거를 적극적으로 환승하며 도시 곳곳을 이동하는 그룹.
- ㅁ **'심야시간·단거리 이동형 나이트 아울(Night Owl)'**: 주로 심야 시간에 택시나 공유 킥보드를 이용해 짧은 거리를 이동하는 그룹.

(4) **가상 시나리오:** 도시 교통 앱이 클러스터링 기술을 통해 사용자가 '환승형 탐험가' 페르소나에 속한다는 것을 자동으로 인식한다. 이후 앱은 사용자에게 단순히 경로만 안내하는 것을 넘어, "지하철역에서 내려서 공유 자전거로 환승하면 500원 할인 쿠폰을 드려요!"와 같은 초개인화된 모빌리티 패키지를 실시간으로 제안한다.

이를 통해 시민들은 더 저렴하고 재미있게 이동할 수 있고, 도시는 대중교통과 공유 모빌리티 간의 연계를 강화하여 전반적인 교통 시스템의 효율을 극대화한다.

2.4. 도시건축설계: '공간 사용 패턴' 분석으로 살아있는 건축물

위대한 건축물은 사람들의 활동에 반응하고 그들의 필요를 충족시킨다. 건축가는 데이터 분석을 통해 건물이 실제로 어떻게 사용되는지를 파악하고, 그 패턴을 차기 설계에 반영하고자 한다.

(1) **목표:** 도서관, 박물관 등 공공건축물 내부 공간을 사람들의 실제 이용 행태에 따라 군집화 한다.

(2) **활용 데이터:**

- ▫ 내부 Wi-Fi 접속 로그를 통한 사용자 위치 데이터
- ▫ 열화상 센서를 통한 공간별 체류 시간 및 이동 경로 데이터
- ▫ 좌석 및 스터디룸 예약 시스템 데이터

(3) **결과(도출되는 군집):**

- ▫ **'단기 체류·통과형 공간 군집'**: 로비, 복도 등 사람들이 머무르지 않고 스쳐 지나가는 공간.
- ▫ **'장기 체류·집중형 공간 군집'**: 열람실, 자료실 등 사용자들이 오랜 시간 집중하며 머무르는 공간.
- ▫ **'소셜·협업형 공간 군집'**: 카페, 그룹 스터디룸, 휴게 라운지 등 두 명 이상이 함께 교류하며 이용하는 공간.

(4) **가상 시나리오:** 한 건축가가 신축 시립 도서관 설계를 의뢰 받았다. 그는 기존 도서관들의 공간 사용 패턴을 클러스터링으로 분석한 결과, 예상과 달리 '소셜·협업형 공간 군집'이 항상 포화 상태이

며, '장기 체류·집중형 공간 군집'은 이용률이 점점 감소하고 있음을 발견했다.

이 데이터에 기반하여 건축가는 고정관념을 깬다. 그는 조용한 열람실의 면적을 과감히 줄이는 대신, 개방적이고 편안한 카페형 라운지와 다양한 크기의 토론 공간을 도서관의 중심부에 배치한다.

이렇게 탄생한 도서관은 책만 읽는 정적인 공간을 넘어, 시민들이 만나고 교류하며 새로운 지식을 창출하는 '살아있는 커뮤니티 허브'로 재탄생한다.

Chapter

03

딥 러닝(Deep Learning):

심층적이고 다면적인 눈으로 도시의 미래를 읽다

소주제 01

퍼셉트론(Perceptron) : 데이터를 두 개의 그룹으로 나누는 최적의 경계선을 찾는다

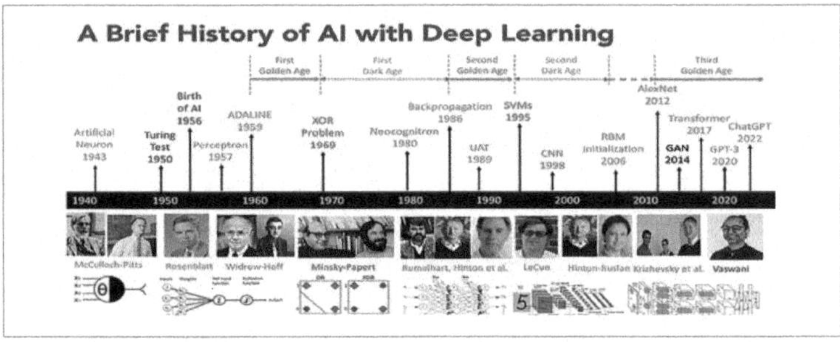

https://underdocs.ai/blog/ai-dibreoningyi-ganryaghan-yeogsa-peoom

1. 뉴런(Neuron)의 원리를 모방한 인공신경망의 가장 초기 모델인 퍼셉트론

퍼셉트론(Perceptron)은 인간의 뇌를 구성하는 가장 기본적인 신경세포인 뉴런(Neuron)의 작동 원리를 모방한 인공신경망(Artificial Neural Network)의 가장 초기 모델이다.

이는 딥러닝이라는 거대한 구조물을 떠받치는 가장 작은 벽돌 한 장에 비유될 수 있다. 퍼셉트론은 여러 개의 입력 신호를 받아 각각의 신호에 고유한 가중치(weight)를 곱하고, 그 합이 특정 임계값(threshold)을 넘으면 활성화되어 1이라는 출력 신호를 내보내고, 넘지 않으면 비활성화되어 0(또는 -1)을 출력하는 단순한 구조를 가진다

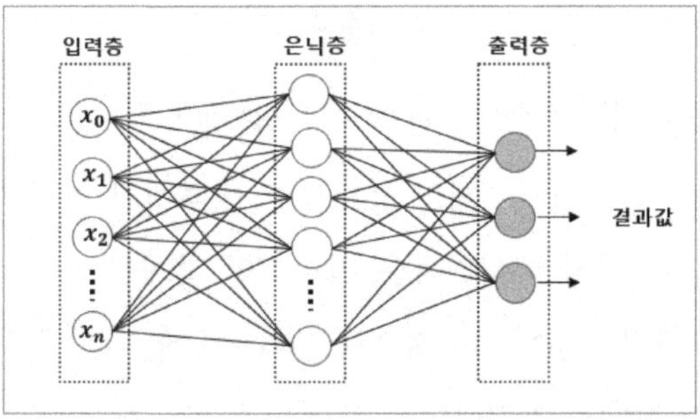

Multilayer Perceptron(MLP) https://smartstuartkim.wordpress.com/

1.1. 딥 러닝의 퍼셉트론이 추구하는 목표

퍼셉트론의 근본적인 목표는 주어진 데이터를 두 개의 그룹으로 완벽하게 나누는 최적의 경계선(결정 경계, Decision Boundary)을 찾는 것이다.

예를 들어, 특정 데이터들이 'A 그룹'인지 'B 그룹'인지를 분류하는 문제를 해결하고자 한다. 퍼셉트론은 입력된 데이터의 특성을 보고 이 데이터가 A에 속하는지, B에 속하는지를 구분하는 하나의 직선(2차원)이나 평면(3차원)을 긋는 것을 목표로 한다.

이 과정을 통해 새로운 데이터가 주어졌을 때, 이 경계선의 어느 쪽에 위치하는지를 보고 이진 분류(Binary Classification)를 수행하게 된다.

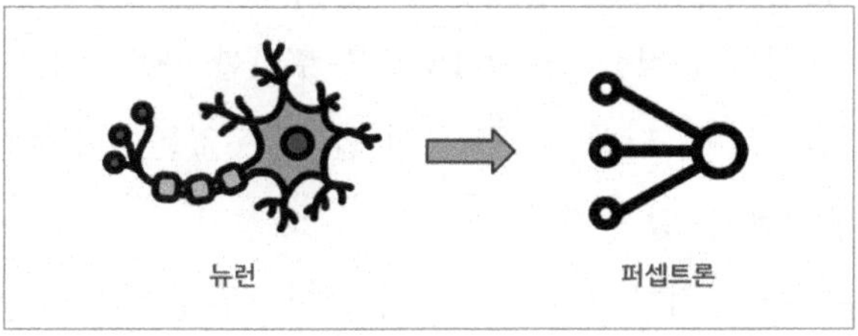

https://www.wanted.co.kr

1.2. 딥 러닝의 퍼셉트론 적용 기술의 유형 및 특징

1.2.1. 단층 퍼셉트론(Single-layer Perceptron):

입력층과 출력층 단 두 개의 층으로만 이루어진 가장 단순한 형태의 퍼셉트론이다. 입력된 데이터들을 직선적인 경계선 하나로만 분류할 수 있다. 따라서 데이터들이 선형적으로 분리 가능할 때만 문제를 해결할 수 있다는 명확한 한계를 가진다.

예를 들어, AND나 OR 게이트처럼 직선 하나로 참과 거짓을 나눌 수 있는 문제는 풀 수 있지만, XOR 게이트처럼 직선 하나로는 도저히 나눌 수 없는 문제는 해결하지 못한다.

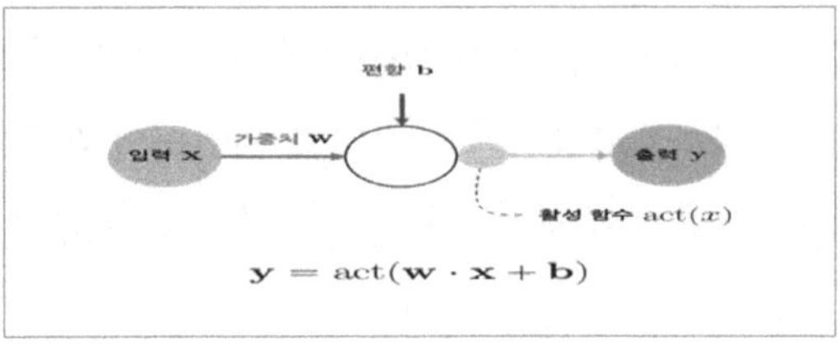

https://magmatart.dev/series

1.2.2. 다층 퍼셉트론(Multi-layer Perceptron, MLP):

단층 퍼셉트론의 한계를 극복하기 위해 등장했다. 입력층과 출력층 사이에 하나 이상의 은닉층(hidden layer)을 추가한 구조이다. 이렇게 층을 여러 개 쌓음으로써, 단층 퍼셉트론이 만들 수 없는 비선형적인(휘어진) 경계선을 생성할 수 있게 된다.

이는 훨씬 더 복잡한 패턴을 학습하고 어려운 문제를 해결할 수 있게 함을 의미한다. 오늘날 우리가 이야기하는 딥러닝은 사실상 이러한 다층 퍼셉트론을 매우 깊게 쌓아 올린 모델이라고 할 수 있다.

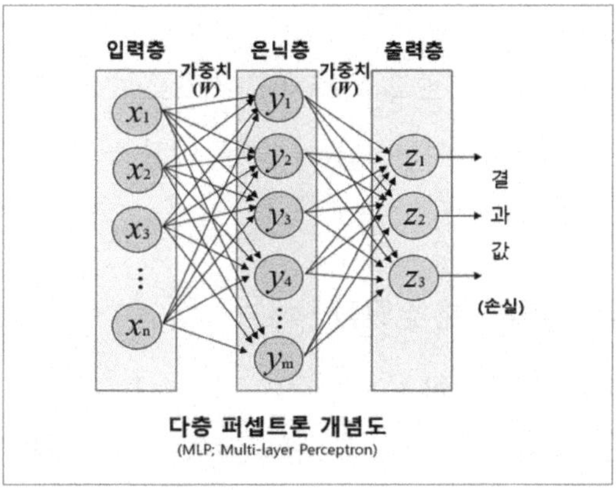

https://wiki1.kr/index

1.3. 딥 러닝의 퍼셉트론 기술의 역할과 기여도

퍼셉트론은 그 자체로 현대의 복잡한 도시 문제를 해결하는 데 직접적으로 쓰이는 경우는 드물다. 하지만 딥러닝의 역사와 발전에 있어 그 역할과 기여도는 지대하다.

(1) **딥러닝의 시초 및 기본 단위:** 퍼셉트론은 인공지능이 인간의 뇌를 모방하여 학습할 수 있다는 가능성을 최초로 보여준 모델이다. 수많은 퍼셉트론이 모여 다층 퍼셉트론을 이루고, 이것이 곧 딥러닝의 기본 구조가 되므로, 딥러닝의 근본적인 개념을 이해하는 데 필수적인 출발점 역할을 한다.

(2) **분류 문제의 기본 원리 제공:** 도시 데이터(예: 정상/비정상 시설물, 보행자 있음/없음)를 두 그룹으로 나누는 모든 이진 분류 문제의 가장 기초적인 해결 원리를 제공한다. 복잡한 딥러닝 모델들도 결국은 수많은 퍼셉트론이 협력하여 정교한 경계선을 찾는 과정으로 이해할 수 있다.

(3) **가중치와 학습의 개념 도입**: 입력 신호의 중요도를 조절하는 '가중치'와, 정답을 맞히도록 가중치를 스스로 조정해 나가는 '학습'의 개념을 도입했다. 이는 오늘날 모든 머신 러닝 및 딥러닝 모델이 작동하는 핵심 원리이다.

1.4. 딥 러닝의 퍼셉트론 장단점

■ 딥 러닝의 퍼셉트론 장단점

장점	단점
직관적이고 단순한 구조: 모델의 작동 원리를 이해하기 매우 쉽다.	선형 분리 문제만 해결 가능(단층): 직선으로 나눌 수 없는 데이터는 분류하지 못한다.
빠른 계산 속도: 구조가 간단하여 계산 비용이 매우 적고 속도가 빠르다.	XOR 문제 미해결(단층): 기본적인 논리 연산조차 해결 못 하는 한계를 보였다.
딥 러닝의 기초 개념 이해에 필수적: 딥 러닝의 기본 단위로서 교육적 가치가 높다.	현대적 문제 해결에 단독 사용 불가: 복잡한 현실 문제 해결에는 성능이 턱없이 부족하다.

1.5. 딥 러닝의 퍼셉트론 활용 데이터

퍼셉트론은 기본적으로 선형적으로 분리 가능한 이진 분류 문제의 데이터를 활용한다. 입력 데이터는 수치형 벡터(numerical vector) 형태여야 하며, 각 데이터에 대한 정답(레이블)은 0 또는 1(혹은 -1 또는 1)과 같이 두 가지 범주로 주어져야 한다.

(1) **도시 시설물 데이터**: CCTV 이미지에서 추출한 특정 시설물의 크기, 형태 등의 특징 벡터와 해당 시설물이 '정상'인지 '고장'인지에 대한 레이블.

(2) **교통 센서 데이터**: 특정 도로의 차량 속도, 점유율 데이터와 해당 도로가 '원활'한지 '정체'인지에 대한 레이블.

1.6. 딥 러닝 퍼셉트론의 대표적인 활용 예시(개념 이해를 위한 가상 시나리오)

퍼셉트론 자체의 현대적 도시 적용 사례는 거의 없으므로, 그 기본 원리를 이해하기 위한 가상 예시는 다음과 같다.

1.6.1. 스마트 가로등의 보행자 감지 시스템:

한 도시가 야간에 에너지를 절약하기 위해 보행자가 있을 때만 불이 켜지는 스마트 가로등을 설치한다고 가정하자. 가로등의 센서가 두 가지 정보, 즉 '움직임의 크기'와 '물체의 온도'를 수집한다. 퍼셉트론은 이 두 데이터를 입력 받아 '사람(1)'인지 '사람 아님(0)'인지를 분류하는 역할을 한다.

(1) **입력 데이터:** 움직임 크기, 물체 온도

(2) **가중치:** 퍼셉트론은 학습을 통해 '움직임 크기'와 '물체 온도' 중 어떤 것이 사람을 판단하는 데 더 중요한지를 나타내는 가중치를 스스로 찾는다.(아마도 온도보다는 움직임에 더 높은 가중치가 부여될 것이다.)

(3) **결정 경계:** 학습이 완료되면 퍼셉트론은 '움직임 크기'와 '물체 온도'를 축으로 하는 2차원 평면에 "이 선을 넘으면 사람이라고 판단해!"라는 직선의 결정 경계를 만들게 된다.

(4) **작동:** 새로운 움직임이 감지되면,(움직임 크기, 물체 온도) 값이 결정 경계의 '사람' 영역에 찍히면 가로등의 불이 켜지고, '사람 아님' 영역(예: 바람에 날리는 비닐봉지, 고양이 등)에 찍히면 불이 꺼진 상태를 유지한다.

이 예시는 퍼셉트론이 어떻게 간단한 분류 문제를 해결하는 지의 원리를 보여주며, 현대의 정교한 딥러닝 기반 보행자 감지 시스템은 바로 이러한 수백, 수천 개의 퍼셉트론이 다층으로 결합하여 훨씬 더 복잡하고 정확한 비선형적 결정 경계를 만들어내는 방식으로 작동하는 것이다.

2. AI 딥러닝 “퍼셉트론”의 도시 분야별 가상 적용 사례

퍼셉트론은 딥러닝이라는 거대한 인공지능 성채를 이루는 가장 기본적인 벽돌과 같은 존재이다. 비록 단 하나의 퍼셉트론만으로는 현대 도시의 복잡한 문제를 해결할 수 없지만, 그 작동 원리를 이해하는 것은 딥러닝 시스템이 어떻게 가장 기초적인 판단을 내리는지 엿볼 수 있는 환상적인 경험을 제공한다. 다음은 퍼셉트론의 핵심 개념인 ‘이진 분류’가 각 도시 분야에서 어떻게 작동할 수 있는지 보여주는 가상 시나리오이다.

2.1. 도시계획: ‘개발 적합성’을 판별하는 꼬마 심사위원

도시계획가는 새로운 개발 부지를 선정할 때, 수많은 후보지 중에서 가장 기본적인 조건을 만족하는 곳을 빠르게 걸러내야 한다. 이때 ‘개발 적합성 판별 퍼셉트론’을 꼬마 심사위원으로 활용할 수 있다.

(1) **목표**: 특정 토지가 ‘주거지 개발에 적합한가(1)’ 혹은 ‘부적합한가(0)’를 이진 분류한다.

(2) **독립 변수(입력 데이터)**:

- ▫ 가장 가까운 학교까지의 거리(m)
- ▫ 인근 공원 면적(m2)
- ▫ 소음 발생 시설(공장, 대로 등)과의 이격 거리(m)

(3) **종속 변수(예측값)**: 개발 적합/부적합(1 또는 0)

(4) **가상 시나리오**: 도시계획가가 후보지의 세 가지 데이터(학교와의 거리, 공원 면적, 소음원과의 거리)를 퍼셉트론 심사위원에게 제출한다. 퍼셉트론은 학습된 가중치에 따라 각 변수에 점수를 매긴다. 예를 들어, ‘학교와의 거리’가 가까울수록 높은 양의 점수를, ‘소음원과의 거리’가 멀수록 더 높은 양의 점수를 부여한다.

반대로 학교가 너무 멀면 음의 점수를 준다. 모든 점수를 합산한 총점이 미리 설정된 합격선(임계값)을 넘으면, 퍼셉트론은 초록 깃발(1)을 들어 '적합' 판정을 내린다. 만약 점수가 미달되면 빨간 깃발(0)을 들어 '부적합'을 알린다. 이 단순한 심사위원이 1차로 걸러낸 후보지들을 대상으로, 비로소 복잡한 딥러닝 모델이 투입되어 종합적인 사업성 분석을 시작하게 된다.

2.2. 환경계획: '하천 오염'을 감시하는 전자 파수꾼

환경계획가는 도시의 하천이 오염되었는지 실시간으로 감시하여 재난을 예방하고자 한다. 이때 하천 곳곳에 설치된 센서의 데이터를 즉각적으로 판단하는 '수질 오염 경보 퍼셉트론'을 최전방 파수꾼으로 세울 수 있다.

(1) **목표:** 현재 수질 데이터가 '오염 경보 발령(1)' 상태인지, '정상(0)' 상태인지를 판단한다.

(2) **독립 변수(입력 데이터):**

- 화학적 산소 요구량(COD) 수치
- 부유물질(SS) 농도

(3) **종속 변수(예측값):** 경보 발령/정상(1 또는 0)

(4) **가상 시나리오:** 밤사이 한 공장에서 몰래 폐수를 방류했다. 하류에 설치된 IoT 센서가 측정한 COD와 SS 수치가 급격히 치솟아 '수질 오염 경보 퍼셉트론'으로 전송된다. 퍼셉트론 파수꾼은 두 데이터에 각각의 위험 가중치를 곱하여 더한다.

그 합이 위험 임계값을 넘어서자, 퍼셉트론은 한 치의 망설임도 없이 즉시 경보 시스템에 '1' 신호를 보낸다. 중앙 관제실의 스크린에 해당 하천 구역이 붉게 점등되고, 즉시 환경 감시단이 출동하여 오염 확산을 막는 골든타임을 확보하게 된다.

이처럼 퍼셉트론은 복잡한 분석 이전에 가장 빠르고 직관적인 'Yes/No' 판단을 내리는 파수꾼 역할을 환상적으로 수행한다.

2.3. 교통 및 모빌리티 계획: '스마트 횡단보도'의 눈동자 횡단보도'의 눈동자

미래의 스마트 횡단보도는 보행자가 있을 때만 보행 신호를 활성화하여 차량 흐름을 최적화해야 한다. '보행자 감지 퍼셉트론'은 이 시스템의 가장 기본이 되는 눈동자 역할을 한다.

(1) **목표**: 횡단보도 대기 영역에 '보행자가 있는가(1)' 혹은 '없는가(0)'를 결정한다.

(2) **독립 변수**(입력 데이터):

- ㅁ 적외선 센서의 움직임 감지 신호 강도
- ㅁ 바닥 압력 센서의 무게 감지 값

(3) **종속 변수**(예측값): 보행자 유/무(1 또는 0)

(4) **가상 시나리오**: 한 시민이 횡단보도 앞에서 신호를 기다리기 시작하자, 바닥의 압력 센서가 무게를 감지하고 적외선 센서가 움직임을 포착하여 두 신호를 퍼셉트론에게 보낸다. 퍼셉트론의 뇌 속에는 '압력 센서의 신호는 보행자일 확률이 높으므로 가중치를 0.7로, 움직임 신호는 동물이거나 다른 물체일 수도 있으니 가중치를 0.3으로 설정하라'는 규칙이 학습되어 있다.

두 신호의 가중 합이 임계값을 넘자, 퍼셉트론은 '보행자 있음(1)'이라고 판단하고 교통 신호 제어기에 신호를 보낸다. 잠시 후, 보행자가 길을 건너가고 압력과 움직임 신호가 사라지자, 퍼셉트론은 즉시 '보행자 없음(0)' 신호를 보내 불필요한 보행 신호가 켜지는 것을 막는다.

2.4. 도시건축설계: '쾌적 지수'를 판단하는 인공지능 창문

지능형 건물(Intelligent Building)의 창문은 실내외 환경을 스스로 판단하여 최적의 상태를 유지해야 한다. 이때 '자동 개폐 결정 퍼셉트론'이 창문의 두뇌 역할을 할 수 있다.

(1) **목표:** 현재 상태에서 창문을 '여는 것이 좋은가(1)' 혹은 '닫는 것이 좋은가(0)'를 결정한다.

(2) **독립 변수(입력 데이터):**

- 실내 이산화탄소(CO_2) 농도
- 외부 미세먼지(PM2.5) 농도

(3) **종속 변수(예측값):** 창문 개방/폐쇄(1 또는 0)

(4) **가상 시나리오:** 실내에 사람들이 많아져 CO_2 농도가 높아지자, 퍼셉트론은 '창문을 열어야 한다'는 긍정(+) 신호를 받는다. 하지만 동시에 외부 미세먼지 농도가 '나쁨' 수준이어서, '창문을 열면 안 된다'는 매우 강한 부정(-) 신호를 함께 받는다. 퍼셉트론은 학습된 가중치에 따라 두 신호를 계산한다.

'미세먼지로 인한 건강 위험'의 가중치가 'CO_2로 인한 답답함'의 가중치보다 훨씬 크기 때문에, 최종 합산 값은 음수가 되어 임계값을 넘지 못한다. 결국 퍼셉트론은 '폐쇄(0)' 결정을 내리고, 대신 실내 공기청정기를 가동하라는 신호를 보낸다. 이처럼 퍼셉트론은 상반된 조건 속에서 가장 합리적인 이진 결정을 내리는 건축물의 작은 신경세포가 된다.

소주제 02 심층신경망(DNN) : 다층 퍼셉트론(MLP)에서 은닉층의 개수를 2개 이상으로 깊게 쌓아 올린 형태이다

1. 심층신경망(DNN): 데이터가 은닉층을 거치면서, 원석이 여러 단계의 정교한 세공을 거쳐 보석으로 가공된다

심층신경망(Deep Neural Network, DNN)은 인간의 뇌가 수많은 신경세포(뉴런)를 통해 복잡한 정보를 처리하는 방식을 모방한 인공지능 모델이다. 앞서 설명한 다층 퍼셉트론(MLP)에서 은닉층(hidden layer)의 개수를 2개 이상으로 깊게(deep) 쌓아 올린 형태를 말한다.

입력된 데이터는 여러 개의 은닉층을 순차적으로 거치면서, 마치 원석이 여러 단계의 정교한 세공을 거쳐 보석이 되듯, 점점 더 높은 수준의 추상적인 특징으로 가공된다. 이 깊은 구조 덕분에 DNN은 단순한 패턴 인식을 넘어, 이미지, 음성, 텍스트와 같은 매우 복잡하고 미묘한 데이터 속에서 핵심적인 의미를 추출해내는 능력을 갖게 된다.

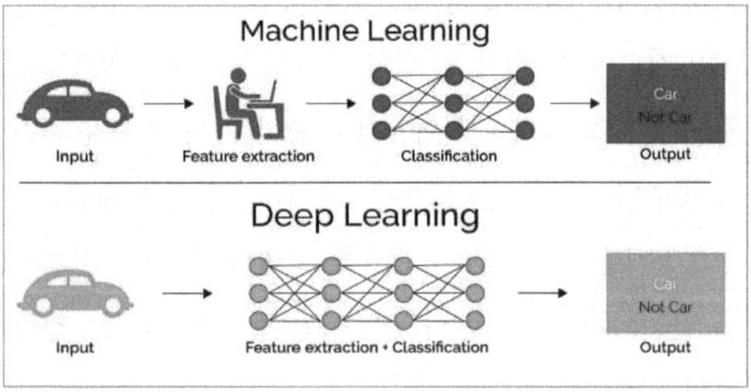

https://velog.io/@softwarerbfl

1.1. 딥 러닝의 심층신경망(DNN)이 추구하는 목표

심층신경망의 궁극적인 목표는 데이터에 내재된 복잡하고 비선형적인 관계 및 패턴을 스스로 학습하여, 높은 정확도로 특정 과업(분류, 예측, 생성 등)을 수행하는 것이다.

얕은 신경망이 데이터의 표면적인 특징밖에 보지 못한다면, 심층신경망은 깊은 층을 통과하며 데이터의 저차원적인 특징(예: 이미지의 선, 점, 색상)을 조합하여 고차원적인 특징(예: 눈, 코, 입)을 만들고, 이를 다시 조합하여 최종적으로 '사람의 얼굴'과 같은 매우 추상적인 개념을 인식하게 된다.

즉, 데이터의 위계적인(hierarchical) 특징 표현을 학습하여 인간의 인식 능력에 근접하는 것을 목표로 한다.

1.2. 딥 러닝의 심층신경망(DNN) 적용 기술의 유형 및 특징

심층신경망은 처리하는 데이터의 종류와 해결하려는 문제에 따라 다양한 구조로 발전해왔다.

1.2.1. 합성곱 신경망(Convolutional Neural Network, CNN):

주로 이미지 데이터 처리에 특화된 심층신경망이다. 마치 돋보기를 들고 이미지를 훑어보듯, 필터(filter)를 이용해 이미지의 지역적인 특징(선의 방향, 색의 대비 등)을 추출하고 이를 조합하여 전체 이미지를 이해한다. 이 방식은 이미지 내 객체의 위치가 바뀌어도 동일하게 인식하는 데 매우 효율적이다.

1.2.2. 순환 신경망(Recurrent Neural Network, RNN):

순서가 있는 데이터(시계열 데이터), 즉 텍스트나 음성 처리에 주로 사용된다. RNN은 이전 단계의 출력 값을 현재 단계의 입력 값으로 다시 사용하는 '순환' 구조를 통해, 마치 우리가 앞서 읽은 단어를 기억하며 문맥을 파악하듯 데이터의 시간적 연속성과 맥락을 학습한다.

1.2.3. 생성적 적대 신경망(Generative Adversarial Network, GAN):

세상에 없는 새로운 데이터를 '창조'하는 데 사용되는 독특한 구조이다. 진짜 같은 가짜 데이터를 만들어내는 '생성자(Generator)'와 이를 감별하는 '판별자(Discriminator)'가 서로 경쟁하며 학습한다. 이 과정을 통해 생성자는 판별자를 속일 수 있을 만큼 정교한 가짜 이미지나 텍스트를 만들어낼 수 있게 된다.

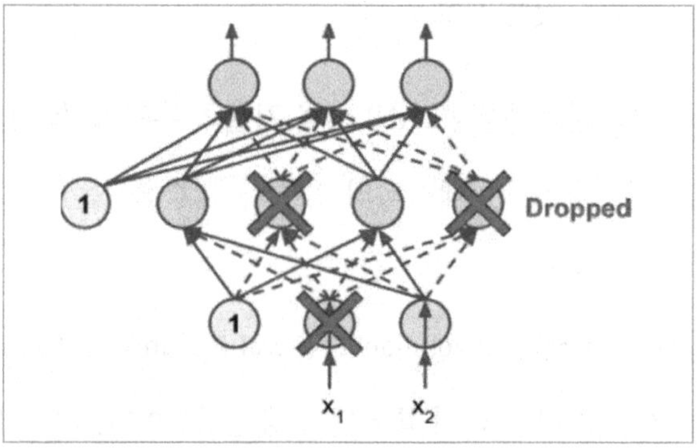

[딥러닝] 심층 신경망(DNN) 훈련하기 https://blog.naver.com/bnormal16

1.3. 딥 러닝의 심층신경망(DNN) 기술의 역할과 기여도

심층신경망은 현대 AI 기술의 혁명을 이끈 주역으로, 도시의 다양한 영역에서 인간의 능력을 뛰어넘는 역할을 수행하며 기여하고 있다.

(1) **초인간적 인식 및 분류 능력:** CCTV 영상 속에서 특정 인물이나 차량을 찾아내고, 도시의 노후 시설물의 미세한 균열을 감지하며, 위

성 이미지를 분석하여 불법 건축물을 식별하는 등 인간의 눈보다 더 빠르고 정확한 인식 능력을 제공한다.

(2) **복잡한 미래 예측**: 과거의 교통량, 날씨, 행사 데이터를 종합적으로 학습하여 미래의 교통 체증을 예측하고, 도시의 에너지 소비 패턴을 분석하여 전력 수요를 정밀하게 예측하는 등 복잡한 변수들 사이의 관계를 파악하여 미래를 예측한다.

(3) **새로운 콘텐츠 및 디자인 생성**: 도시 경관 데이터를 학습하여 새로운 건축 디자인이나 공원 설계안을 생성하고, 도시 데이터를 기반으로 가상의 도시 시뮬레이션 환경을 구축하는 등 창의적인 영역에서도 활용된다.

1.4. 딥 러닝의 심층신경망(DNN)의 장단점

■ 딥 러닝의 심층신경망(DNN)의 장단점

장점	단점
높은 정확도와 성능: 복잡하고 방대한 데이터에서 뛰어난 예측 및 분류 성능을 보인다.	많은 데이터 필요: 모델을 충분히 학습시키기 위해 대량의 데이터가 필수적이다.
특징 자동 추출: 데이터의 어떤 특징을 봐야 할지 사람이 알려주지 않아도 스스로 학습한다.	긴 학습 시간 및 높은 컴퓨팅 자원: 모델이 깊고 복잡할수록 학습에 많은 시간과 고사양의 하드웨어(GPU 등)가 필요하다.
다양한 분야 적용 가능: 이미지, 음성, 텍스트, 시계열 데이터 등 거의 모든 유형의 데이터에 적용할 수 있다.	'블랙박스' 문제: 왜 그런 결정을 내렸는지 그 과정과 이유를 설명하기 어렵다.(해석 가능성 부족)

1.5. 딥 러닝의 심층신경망(DNN)의 활용 데이터

심층신경망은 사실상 현대에 존재하는 거의 모든 형태의 데이터를 활용할 수 있다.

(1) **이미지/영상 데이터:** CCTV 영상, 위성사진, 항공사진, 드론 촬영 이미지, 의료 영상(X-ray, MRI)

(2) **음성 데이터:** 민원 상담 콜센터 녹음 파일, 도시 소음 데이터, 재난 경보 방송

(3) **텍스트 데이터:** 소셜 미디어 게시글, 뉴스 기사, 민원 접수 내용, 각종 보고서 및 문서

(4) **정형 데이터:** 교통량, 기온, 습도, 전력 사용량 등 수치로 이루어진 센서 데이터 및 시계열 데이터

1.6. 대표적인 활용 예시

1.6.1. 지능형 CCTV 관제 시스템:

CNN 기반의 심층신경망이 도시의 수천 대 CCTV 영상을 실시간으로 분석한다. 폭행, 쓰러짐, 화재, 불법 주정차 등 이상 행동이나 사건을 자동으로 감지하여 즉시 관제 센터에 경보를 보낸다. 이를 통해 관제 요원 몇 명이 모든 화면을 지켜봐야 했던 비효율을 극복하고, 사건 발생 초기에 신속하게 대응하여 시민의 안전을 지킨다.

1.6.2. 도시 교통 최적화 및 수요 예측:

RNN 모델이 과거 수년간의 요일별, 시간대별, 날씨별 교통량 데이터를 학습한다. 이를 바탕으로 "3시간 뒤 강변북로의 예상 통행 속도는 시속 20km이며, 정체가 최고조에 달할 것"이라고 예측한다. 도시는 이 정

보를 시민들에게 미리 알리고, 일부 신호 주기를 자동으로 조절하거나 대중교통 운행을 늘리는 등 선제적인 조치를 취하여 교통대란을 완화한다.

1.6.3. 도시 노후 시설물 자동 진단:

드론이 촬영한 교량, 터널, 고가도로의 고해상도 이미지를 CNN 모델이 분석한다. 모델은 수십만 장의 정상 및 손상 이미지 데이터를 학습하여, 사람의 눈으로는 식별하기 어려운 0.1mm 단위의 미세 균열이나 부식, 변형 등을 자동으로 찾아내고 위험도를 등급별로 분류한다. 이는 붕괴 사고를 예방하고 도시 인프라의 유지보수 효율을 극대화하는 데 기여한다.

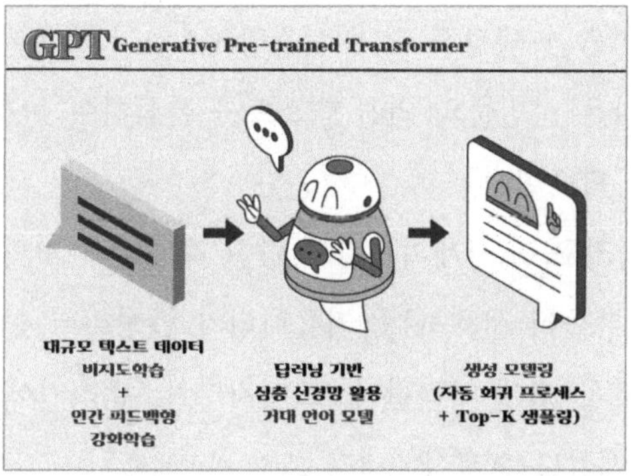

https://www.inkium.com

2. AI 심층신경망(DNN)의 도시분야별 가상 적용 사례

심층신경망(DNN)은 여러 개의 은닉층을 통해 데이터의 복잡하고 추상적인 특징을 학습함으로써, 인간의 인식 능력을 뛰어넘는 성능을 발휘한다. 이 기술을 도시의 각 전문 분야에 적용하면, 과거에는 상상조차 할 수 없었던 환상적인 해결책을 제시할 수 있다. 다음은 심층신경망이 도시를 무대로 펼쳐내는 미래지향적 가상 시나리오이다.

2.1. 도시계획: 시민의 꿈을 그리는 '도시 경관 생성 AI'

도시계획가는 새로운 도시 개발 계획을 세울 때, 여러 설계안을 두고 시민들과 소통해야 한다. 이때 생성적 적대 신경망(GAN) 기반의 '도시 경관 생성 AI'는 텍스트와 스케치만으로 미래 도시의 모습을 생생하게 그려내는 마법사 역할을 한다.

(1) **목표:** 특정 개발 계획의 핵심 키워드(예: '자연 친화적', '아이들이 뛰어 놀기 좋은', '첨단 기술이 결합된')와 기본 구획도를 입력받아, 사실적인 미래 도시 경관 이미지를 수백 가지 버전으로 생성한다.

(2) **활용 기술 및 데이터:** 전 세계 수백만 장의 도시, 공원, 건축물 이미지를 학습한 생성적 적대 신경망(GAN)이 활용된다. 또한, 공청회에서 나온 시민들의 의견 텍스트를 분석하여 선호하는 스타일과 분위기를 학습한다.

(3) **가상 시나리오:** 도시계획가가 황량한 재개발 부지의 구획도와 함께 "젊은 부부들이 선호하는, 커뮤니티가 활성화된 친환경 주거단지"라는 목표를 AI에 입력한다. 그러자 AI는 순식간에 다양한 스타일의 미래 예상도를 생성해낸다.

어떤 안은 북유럽 스타일의 저층 주택과 실개천이 어우러져 있고, 다른 안은 건물 옥상 전체가 녹지 공원으로 연결된 첨단 디자인을 선보인다. 시민들은 딱딱한 도면이 아닌, 실제 사진 같은 미래의 모습을 보며 직관적으로 의견을 제시할 수 있다.

이는 계획가와 시민 사이의 간극을 획기적으로 줄여, 모두가 꿈꾸는 도시의 모습을 함께 그려 나가는 환상적인 소통의 장을 열게 된다.

2.2. 환경계획: 도시의 숨길을 여는 '생태 네트워크 최적화 AI'

환경계획가는 미세먼지와 열섬 현상을 완화하기 위해 어디에, 어떤 형태로, 얼마나 큰 공원을 만들어야 할지 결정해야 한다. 이때 합성곱 신경망(CNN)은 도시 전체의 환경 데이터를 종합적으로 분석하여 최적의 녹지 네트워크를 찾아내는 '도시의 명의(名醫)'가 된다.

(1) **목표:** 위성사진, 대기오염 지도, 열 분포도, 인구밀도 등 복잡한 공간 데이터를 중첩하여 분석하고, 도시 전체의 공기 순환과 열섬 완화에 가장 크게 기여할 수 있는 '최적 녹지 조성 입지 및 형태'를 도출한다.

(2) **활용 기술 및 데이터:** 이미지의 공간적 특징 추출에 뛰어난 합성곱 신경망(CNN)이 여러 겹의 지도 데이터를 동시에 분석한다.

(3) **가상 시나리오:** 환경계획가가 도시의 각종 환경 지도 데이터를 AI에 입력한다. AI는 각 지역의 특성을 분석하더니, 단순히 가장 더운 곳에 큰 공원 하나를 만드는 것이 비효율적임을 지적한다.

대신, 도시 외곽의 찬 공기를 도심으로 끌어들일 수 있는 '바람길'을 따라 여러 개의 작은 선형 공원을 뱀처럼 연결하고, 특정 지역에는 건물 옥상과 벽면을 집중적으로 녹화하는 '그린 네트워크' 설계안을 제시한다. 이 설계안은 같은 예산으로 도시 평균 기온을 1.5℃, 미세먼지 농도를 10% 더 낮출 수 있다고 예측한다.

이처럼 AI는 인간의 직관을 넘어, 도시 전체를 하나의 유기체로 보고 최적의 '생태 혈관'을 설계하는 역할을 수행한다.

2.3. 교통 및 모빌리티 계획: 도시의 모든 움직임을 지휘하는 '교통 오케스트라 AI'

미래 도시의 교통 시스템은 버스, 지하철, 공유 자전거, 자율주행차가 각자 움직이는 것이 아니라, 하나의 거대한 오케스트라처럼 조화롭게 연주되어야 한다.

순환 신경망(RNN) 기반의 '교통 오케스트라 AI'는 이 모든 움직임을 실시간으로 지휘하는 마에스트로가 된다.

(1) **목표:** 도시의 모든 교통수단(버스, 지하철, 공유 모빌리티, 신호등)의 실시간 데이터와 미래 수요(날씨, 행사 정보 등)를 예측하여, 끊김 없는(seamless) 최적의 이동 경험을 제공한다.

(2) **활용 기술 및 데이터:** 시간의 흐름에 따른 데이터 패턴 학습에 강한 순환 신경망(RNN)과 그래프 신경망(GNN)이 활용된다.

(3) **가상 시나리오:** 금요일 저녁, 잠실 야구장에서 경기가 끝나기 30분 전. AI 지휘자는 경기가 끝난 후 수만 명의 인파가 귀가할 것을 예측한다. 동시에 강수 확률이 높다는 기상 데이터에 기반하여 단거리 이동 수요가 급증할 것을 파악한다.

AI는 즉시 오케스트라를 지휘하기 시작한다. ① 인근 지역의 빈 택시와 공유차량을 야구장 주변으로 미리 재배치하고, ② 잠실역을 통과하는 지하철 배차 간격을 자동으로 단축시키며, ③ 야구장을 빠져나오는 도로의 신호 주기를 일시적으로 변경하여 차량 흐름을 원활하게 만든다.

시민들은 교통대란을 전혀 체감하지 못한 채, 마치 물 흐르듯 각자의 목적지로 이동한다. 이는 단순한 예측을 넘어, 도시의 모든 모빌리티를 실시간으로 제어하고 최적화하는 궁극의 교통 시스템이다.

2.4. 도시건축설계: 사용자의 감정에 반응하는 '공감 건축 AI'

미래의 건축물은 차가운 콘크리트 덩어리가 아니라, 그 안의 사람들과 교감하고 반응하는 살아있는 공간이 되어야 한다. 심층신경망은 건물이 사용자의 감정을 읽고 스스로 환경을 바꾸는 '공감 능력'을 부여한다.

(1) **목표**: 건물 내 센서 데이터를 실시간으로 분석하여 사용자들의 전반적인 감정 상태(활기참, 차분함, 스트레스 등)를 파악하고, 그에 맞춰 조명, 온도, 음향, 향기 등을 자동으로 조절한다.

(2) **활용 기술 및 데이터**: 익명화된 CCTV 영상을 분석하여 사람들의 움직임 패턴과 밀도를 파악하는 CNN과, 공간의 소음 레벨 및 종류를 분석하는 RNN이 결합된다.

(3) **가상 시나리오**: AI가 설계한 시립 도서관의 열람실. 시험 기간이 되자 AI는 CCTV 영상을 통해 평소보다 사람들의 움직임이 적고, 미세한 표정 변화에서 스트레스 수준이 높다는 것을 감지한다.

그러자 도서관은 스스로 반응하기 시작한다. 조명의 색온도를 집중력 향상에 도움이 되는 푸른빛으로 미세하게 바꾸고, 백색소음 시스템을 가동하여 주변의 작은 소음을 상쇄시킨다.

또한, 공조 시스템을 통해 뇌 활동에 좋다는 로즈메리 향을 은은하게 퍼뜨린다. 그 결과, 사용자들은 자신도 모르는 사이에 훨씬 더 쾌적하고 편안한 환경에서 학습에 몰입하게 된다.

건축물이 스스로 인간을 위로하고 격려하는, 진정한 '공감 건축'의 시대가 열리는 것이다.

소주제 03 역전파(Backpropagation): 목표 과녁을 맞히지 못한 화살의 궤적을 거꾸로 되짚어보며 활의 각도, 힘, 바람을 읽는 눈 등의 문제점을 찾아내 교정한다

1. 딥 러닝의 역전파의 목표는 신경망이 내놓은 예측값과 실제 정답 사이의 오차를 거꾸로, 즉 출력층에서부터 입력층 방향으로 전파시키며 각 연결선(시냅스)의 가중치를 조정한다.

역전파(Backpropagation)는 심층신경망(Deep Neural Network)을 학습시키는 핵심적인 알고리즘이다. 이는 신경망이 내놓은 예측값과 실제 정답 사이의 오차(error)를 거꾸로, 즉 출력층(output layer)에서부터 입력층(input layer) 방향으로 전파시키며 각 연결선(시냅스)의 가중치(weight)를 조정하는 방식이다.

비유하자면, 목표 과녁을 맞히지 못한 화살의 궤적을 거꾸로 되짚어보며 활을 쥔 손의 각도, 힘, 바람을 읽는 눈 등 각 요소의 문제점을 찾아내 조금씩 교정하는 과정과 같다. 이 '오차 신호'를 거슬러 올라가며 "너는

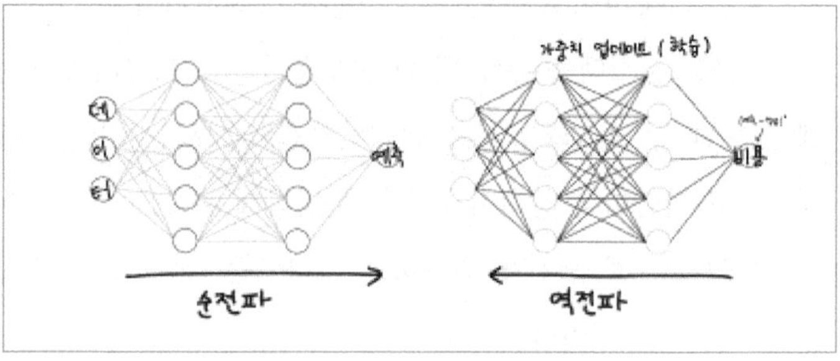

https://www.philgineer.com

이만큼 잘못했으니 이쪽으로 조금 움직여"라고 각 가중치에게 책임을 묻고 수정하는 것이 역전파의 본질이다.

순전파 단계에서는 가중치가 고정되어 있으며, 이전 층의 노드(동그라미)와 가중치(연결선)의 가중합을 통해 다음 층의 노드가 계산된다. 역전파 단계에서는 계산된 비용을 거꾸로 전파시키는데, 가중치들을 올바른 방향으로 업데이트시키는 것을 목적으로 한다. 올바른 방향이란 비용을 낮추는 방향을 말하며, 이는 각 가중치별 기울기(각 가중치가 변할 때 비용이 변하는 정도) 계산을 통해 알 수 있다.

1.1. 딥 러닝의 역전파가 추구하는 목표

역전파의 단 하나의 목표는 신경망의 최종적인 오차를 최소화(minimize the error)하는 것이다. 신경망 모델이 더 정확한 예측을 하도록, 예측 값과 실제 정답의 차이를 줄여 나가는 것이 목표이다.

이를 위해 '손실 함수(Loss Function)'라는 척도를 사용하여 오차의 크기를 계산하고, 이 오차를 가장 가파르게 줄일 수 있는 방향으로 각 가중치를 아주 조금씩, 반복적으로 업데이트한다. 이 과정을 수없이 반복하여, 신경망 전체가 정답을 가장 잘 맞힐 수 있는 최적의 가중치 조합을 찾아내는 것이 역전파가 추구하는 궁극적인 지향점이다.

1.2. 딥 러닝의 역전파 적용기술의 유형 및 특징

역전파는 그 자체로 단일 알고리즘이지만, 어떤 방식으로 오차를 계산하고 가중치를 업데이트 하는가에 따라 몇 가지 변형된 학습 방식이 존재한다.

1) 역전파 학습 방식

(1) **배치 경사 하강법**(Batch Gradient Descent): 전체 훈련 데이터를 한 번에 모두 신경망에 입력하고, 거기서 발생한 총오차를 계산하여 가중치를 단 한 번 업데이트한다. 전체 데이터의 경향을 반영하므로 안정적으로 최적해를 찾아가지만, 데이터가 매우 클 경우 메모리 부족 문제가 발생하고 학습 속도가 느리다.

(2) **확률적 경사 하강법**(Stochastic Gradient Descent, SGD): 전체 데이터 중 단 하나의 데이터만 무작위로 뽑아 신경망에 입력하고, 그 오차를 계산하여 즉시 가중치를 업데이트한다. 계산 속도가 매우 빠르고, 때로는 국소 최적 점(local minimum)을 탈출하는 데 도움이 되지만, 학습 과정이 매우 불안정하고 시끄럽다(noisy).

(3) **미니배치 경사 하강법**(Mini-batch Gradient Descent): 위 두 방식의 절충안으로, 전체 데이터를 적절한 크기(미니배치)로 나누어 학습시킨다. 예를 들어, 1만 개의 데이터가 있다면 100개씩 묶어 한 묶음(미니배치)의 오차를 계산하고 가중치를 업데이트하는 과정을 100번 반복한다. 이는 현재 가장 널리 사용되는 방식으로, 학습 속도와 안정성 두 마리 토끼를 모두 잡는 효과적인 방법이다.

2) 핵심 특징: 연쇄 법칙(Chain Rule)

역전파의 수학적 심장이다. 출력층의 오차에 각 층의 가중치가 얼마나 기여했는지를 계산하기 위해, 미분의 연쇄 법칙을 사용한다. 이는 마치 '내 오차의 원인의 원인의 원인…'을 수학적으로 추적해 나가는 과정과 같으며, 이를 통해 복잡하고 깊은 신경망의 모든 가중치를 효율적으로 업데이트할 수 있게 된다.

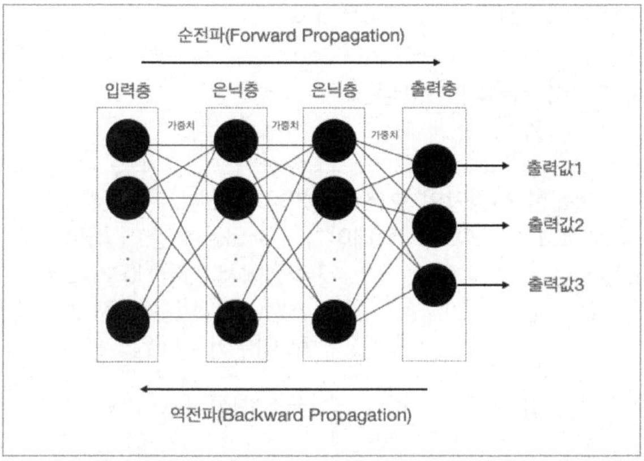

https://jalynne-kim.medium.com

1.3. 딥 러닝의 역전파 기술의 역할과 기여도

역전파는 현대 딥러닝 시대를 가능하게 한 일등 공신이라고 할 수 있다. 그 역할과 기여도는 다음과 같다.

(1) **딥러닝 모델의 학습 실현**: 역전파가 없었다면, 수십, 수백 개 층으로 이루어진 깊은 신경망의 수백만, 수십억 개에 달하는 가중치를 어떻게 업데이트해야 할지 알 수 없었을 것이다. 역전파는 이 복잡한 문제에 대한 효율적인 해법을 제시하여 딥러닝 모델의 '학습'을 실제로 가능하게 만들었다.

(2) **AI 성능의 비약적 향상**: 역전파를 통해 효과적인 학습이 가능해지면서, 이미지 인식, 자연어 처리, 음성 인식 등 다양한 분야에서 인공지능의 성능이 인간의 수준을 뛰어넘는 비약적인 발전을 이루었다.

(3) **AI 연구의 대중화**: 계산적으로 효율적인 역전파 알고리즘 덕분에 더 많은 연구자와 개발자들이 복잡한 딥러닝 모델을 실험하고 발전시킬 수 있는 기반이 마련되었다.

1.4. 딥 러닝의 역전파 기술의 장단점

■ 딥 러닝의 역전파 기술의 장단점

장점	단점
계산적 효율성: 복잡한 신경망의 모든 가중치를 비교적 빠르고 효율적으로 업데이트할 수 있다.	기울기 소실/폭주 문제(Vanishing/Exploding Gradient): 층이 매우 깊어지면, 역전파 과정에서 기울기(오차 신호)가 너무 작아지거나(소실) 너무 커져서(폭주) 학습이 제대로 이루어지지 않을 수 있다.
범용성: 심층신경망, CNN, RNN 등 거의 모든 종류의 신경망 모델 학습에 적용할 수 있다.	국소 최적점(Local Minimum) 문제: 전체 문제의 최적해가 아닌, 주변보다만 살짝 좋은 지점(국소 최적점)에 빠져 학습이 멈출 수 있다.
개념적 명확성: 오차를 기반으로 가중치를 수정한다는 개념이 비교적 명확하고 구현이 용이하다.	생물학적 비유사성: 실제 뇌가 역전파와 같은 방식으로 학습한다는 직접적인 증거는 없어, 생물학적 뇌의 작동 방식과는 거리가 있다.

1.5. 딥 러닝의 역전파 활용 데이터

역전파 알고리즘 자체는 데이터를 직접 다루지 않는다. 대신, 신경망 모델(DNN, CNN, RNN 등)이 처리하는 모든 종류의 '정답이 있는(labeled)' 데이터의 학습 과정에 관여한다. 즉, 모델의 예측 값과 비교할 실제 정답(레이블)이 존재하는 지도 학습(Supervised Learning) 환경에서 필수적으로 사용된다.

(1) 이미지 데이터와 그 레이블(예: 고양이 사진 - '고양이' 레이블)

(2) 텍스트 데이터와 그 레이블(예: 긍정적인 영화 리뷰 - '긍정' 레이블)

(3) 도시 센서 데이터와 그 레이블(예: 교통량, 날씨 데이터 - '30분 후 교통 정체 수준' 레이블)

1.6. 딥 러닝의 역전파의 대표적인 활용 예시(개념 이해를 위한 가상 시나리오)

1.6.1. AI 쓰레기 분리수거 로봇의 학습 과정:

한 도시가 재활용률을 높이기 위해, 컨베이어 벨트 위 쓰레기를 보고 종류별(플라스틱, 캔, 유리)로 분류하는 AI 로봇을 개발한다고 가정하자. 이 로봇의 '눈'은 카메라(입력)이고 '뇌'는 심층 신경망이며, '손'은 분류기(출력)이다.

(1) **순전파(Forward Propagation)**: 로봇의 카메라에 플라스틱병 이미지가 입1력된다. 신경망은 현재의(아직 엉터리인) 가중치들을 기반으로 계산하여 "이것은 70% 확률로 '유리'다"라고 잘못된 예측을 내놓는다.

(2) **오차 계산**: 로봇은 "정답은 '플라스틱'인데, 너는 '유리'라고 했구나. 오차가 엄청나게 크네!"라며 예측 값과 실제 정답 사이의 큰 오차를 계산한다.

(3) **역전파(Backpropagation)**: 바로 이 순간, 역전파 알고리즘이 작동한다. 이 거대한 오차 신호가 출력층에서부터 거꾸로 전파되기 시작한다.

- 출력층 바로 전 은닉층의 뉴런들에게 "너희들 때문에 '유리'라는 엉뚱한 결과가 나왔어! 특히 너, '유리'라고 강하게 주장한 뉴런은 책임을 크게 져야 해!"라며 오차의 책임을 분배한다.
- 책임을 할당받은 뉴런들은 자신에게 신호를 보낸 더 앞선 층의 뉴런들에게 "우리에게 이런 신호를 보낸 너희 탓이야!"라며 오차를 다시 거슬러 전파한다.

(4) **가중치 업데이트**: 이 과정이 입력층까지 계속되며, 모든 연결선의 가중치들은 '플라스틱병 이미지가 들어왔을 때, '유리'가 아닌 '플라스틱'이라는 결과가 나오도록' 아주 조금씩 수정된다.

(5) **반복**: 로봇은 수십만 개의 쓰레기 이미지를 보며 이 과정을 밤낮없이 반복한다. 잘못 예측하고(순전파), 오차를 계산하고, 책임을 거슬러 물어(역전파), 가중치를 수정하는 과정을 통해, 결국 로봇은 99.9%의 정확도로 쓰레기를 완벽하게 분류하는 전문가로 거듭나게 된다.

2. AI 딥러닝 "역전파"의 도시 분야별 가상 적용 사례

역전파는 인공지능이 '실수로부터 배우는' 과정을 구현한 알고리즘이다. AI 모델이 내놓은 섣부른 예측과 냉정한 현실 사이의 격차(오차)를 거꾸로 추적하여, 스스로를 교정하고 성장하게 만드는 동력이다. 다음은 이 환상적인 '자기 성찰의 과정'이 도시의 각 분야에서 어떻게 AI 전문가를 탄생시키는지 보여주는 가상 시나리오이다.

2.1. 도시계획: '주민 만족도 예측 모델'의 성장 일기

신참 도시계획 AI가 있다. 이 AI의 임무는 새로운 도시 개발 계획이 주어졌을 때, 5년 후의 '주민 만족도 점수'를 예측하는 것이다.

1) 목표:

개발 계획의 여러 요소(공원 면적, 상업시설 수, 교통 접근성 등)를 바탕으로 미래의 주민 만족도를 정확히 예측하도록 스스로를 훈련시킨다.

2) 학습 과정(역전파의 마법):

(1) **섣부른 예측**(순전파): AI가 'A 신도시'의 화려한 계획안(첨단 스마트 기술 다수, 넓은 도로)을 보고 "5년 후 주민 만족도는 95점일 것이다!"라고 자신만만하게 예측한다.

(2) **냉정한 현실(오차 계산)**: 5년 후, 실제 'A 신도시'의 주민 만족도 점수는 65점에 불과했다. 예측과 현실의 차이, 즉 '30점'이라는 거대한 오차가 발생했다.

(3) **뼈아픈 자기 성찰(역전파)**: '30점'이라는 오차는 AI 신경망을 거꾸로 거슬러 올라간다. AI는 "내가 무엇을 잘못 판단했을까?"라며 원인을 분석한다. 그 결과, 자신은 '첨단 기술'과 '넓은 도로'의 가중치를 너무 높게 평가했고, '보도블록의 편안함'이나 '동네 빵집까지의 거리' 같은 사소하지만 중요한 요소의 가중치는 너무 낮게 설정했다는 것을 깨닫는다.

(4) **겸허한 수정(가중치 업데이트)**: AI는 자신의 오판을 인정하고, '첨단 기술'의 가중치를 낮추고 '보행 편의성' 관련 가중치를 높이는 방향으로 내부 파라미터를 수정한다.

3) 환상적인 결과:

이 과정을 전 세계 수백 개의 도시 개발 사례에 대해 밤낮없이 반복한 AI는, 마침내 어떤 요소가 주민 만족도에 진짜 영향을 미치는지 통달한 '도시계획의 현자'로 거듭난다.

이제 이 AI는 단순한 예측을 넘어 "이 계획안은 겉만 번지르르합니다. 대신 이 위치에 작은 도서관과 벤치를 놓으면 만족도가 15점 더 오를 것입니다."와 같은 현명한 조언까지 할 수 있게 된다.

2.2. 환경계획: '도시 열섬 예측 AI'의 담금질

한 환경 AI의 임무는 특정 지역에 나무를 심거나 '쿨루프(cool roof)'를 설치했을 때, 여름철 온도가 얼마나 내려갈지 예측하는 것이다.

1) 목표:

다양한 친환경 공법이 적용되었을 때의 '온도 저감 효과'를 정확하게 예측하도록 스스로를 단련시킨다.

2) 학습 과정(역전파의 마법):

(1) 이론적인 예측(순전파): AI가 "B 구역에 나무 100그루를 심으면 주변 온도가 3℃ 내려갈 것이다"라고 교과서적인 예측을 한다.

(2) 현실의 벽(오차 계산): 실제로 나무를 심고 다음 해 여름, 위성과 IoT 센서로 측정한 실제 온도 저감 효과는 1.8℃에 그쳤다. '1.2℃'의 오차가 발생했다.

(3) 원인 분석(역전파): 오차 신호가 신경망을 역행하며 AI에게 질문을 던진다. "왜 예측이 빗나갔지?" AI는 데이터를 깊게 파고든 끝에, 자신이 '나무의 품종'과 '주변 빌딩의 그림자 효과'라는 변수를 간과했음을 발견한다. 키가 작은 나무는 생각보다 그늘을 적게 만들었고, 오후에는 높은 빌딩에 가려 효과가 반감된 것이다.

(4) 정교한 보정(가중치 업데이트): AI는 '나무의 수'라는 단순한 변수의 가중치를 낮추고, '나무 품종', '건물 그림자', '바람길' 등 복합적인 변수들의 가중치를 높여 예측 모델을 정교하게 수정한다.

(5) 환상적인 결과: 수천 번의 예측 실패와 역전파를 통한 담금질을 거친 AI는, 이제 도시 열역학의 대가가 된다. "이 블록에는 키 큰 활엽수 70그루와 반사율이 높은 페인트를 사용한 쿨루프 500m²를 조합하는 것이 비용 대비 가장 효율적으로 온도를 2.5℃ 낮추는 방법입니다."와 같이, 마치 도시를 위한 맞춤형 환경 처방전을 내리는 수준에 이르게 된다.

2.3. 교통 및 모빌리티 계획: 'AI 교통경찰'의 좌충우돌 훈련기

갓 임용된 AI 교통경찰이 도시 전체의 신호등을 제어하여 교통 체증을 최소화하는 임무를 맡았다.

1) 목표:

실시간 교통 상황에 맞춰 최적의 신호 제어 패턴을 학습하여 도시 전체의 '평균 차량 이동 시간'을 단축시킨다.

2) 학습 과정(역전파의 마법):

(1) 단순한 판단(순전파/행동): AI가 C 교차로에서 한쪽 방향의 차량이 많아지자, 해당 방향의 녹색 신호를 10초 늘리는 단순한 조치를 취한다.

(2) 예상치 못한 결과(오차 계산): 그 결과, 해당 방향의 차량은 잠시 해소되었지만, 그와 연결된 다른 교차로 들에서 사상 최악의 꼬리 물기가 발생하며 도시 전체의 '평균 이동 시간'이 오히려 5분이나 증가했다. '-5분'이라는 최악의 오차 성적표를 받는다.

(3) 반성과 학습(역전파): 이 끔찍한 오차는 AI 신경망에 강력한 전기 충격처럼 역전패 된다. AI는 "하나의 교차로만 보는 것이 얼마나 어리석은 짓이었는가!"를 뼈저리게 깨닫는다. 특정 신호등 제어가 도시 전체 네트워크에 미치는 나비효과를 학습하며 관련 가중치들을 대대적으로 수정한다.

(4) 전략적 판단(가중치 업데이트): 이제 AI는 '한 교차로의 효율'보다 '네트워크 전체의 균형'이라는 변수에 훨씬 높은 가중치를 부여하게 된다.

3) 환상적인 결과:

수백만 번의 시뮬레이션과 실제 도로에서의 좌충우돌 훈련을 거친 AI는, 더 이상 풋내기 순경이 아니다. 마치 도시의 혈관을 모두 꿰뚫어 보는 베테랑 지휘관처럼, 각 신호등을 유기적으로 조율하여 교통 흐름을 최적화하는 '교통 마에스트로'가 된다.

2.4. 도시건축설계: '에너지 제로 빌딩 설계 AI'의 자기 성찰

한 건축 AI의 꿈은 인간에게 쾌적하면서도 스스로 에너지를 생산하여 최종 에너지 소비량이 '0'이 되는 '에너지 제로 빌딩'을 설계하는 것이다.

1) 목표:

건물의 형태, 자재, 창문 크기 등을 조합하여 '연간 에너지 소비량'이 0에 가장 가까워지도록 설계 능력을 학습한다.

2) 학습 과정(역전파의 마법):

(1) **이상적인 설계(순전파)**: AI가 아름다운 통 유리 건물을 설계하고, 최첨단 단열재와 태양광 패널을 적용하며 "이 건물의 연간 에너지 소비량은 완벽한 0이 될 것이다"라고 예측한다.

(2) **가혹한 시뮬레이션(오차 계산)**: 이 설계안을 정밀한 물리 엔진 시뮬레이터(현실 세계의 대리인)에 넣어 돌려본다. 결과는 처참했다. 여름철 냉방에 엄청난 에너지가 소모되어, 최종 소비량은 '+50,000kWh'로 예측되었다.

(3) **설계 원칙의 재검토(역전파)**: '+50,000kWh'라는 오차는 설계 AI에게 "너의 미적 감각이 에너지 효율의 중요성을 무시했다"는 강력한 메시지로 역 전파된다. AI는 '통유리의 면적'과 '여름철 냉방 부하' 사

이의 가중치가 잘못 설정되었음을 깨닫는다.

(4) **현실과의 타협(가중치 업데이트)**: AI는 미적 가중치를 일부 포기하고, '창문의 방향(남향/북향)', '차양(처마)의 길이', '자연 환기 효율' 등 에너지 효율과 직결되는 변수들의 가중치를 대폭 상향 조정한다.

3) 환상적인 결과:

이상과 현실의 괴리를 수만 번의 역전파로 극복한 AI는, 이제 미학과 공학을 완벽히 조화시키는 경지에 오른다.

AI는 인간 건축가에게 단순히 아름다운 디자인을 넘어, 그 자체로 지속가능한 환경을 구현하는 '에너지 제로 빌딩'의 구체적이고 실현 가능한 청사진을 제시하는 최고의 파트너가 된다.

소주제 04 합성곱 신경망(CNN): 이미지 데이터의 공간적 계층구조를 학습하여, 이미지 내 객체를 분류, 탐지, 분할한다

1. 합성곱 신경망(CNN: Convolutional Neural Network)은 인간의 시각인지 과정을 모방하여 이미지와 영상 데이터를 처리하는 데 특화된 딥러닝 모델

합성곱 신경망(Convolutional Neural Network, CNN)은 인간의 시각 인지 과정을 모방하여 이미지와 영상 데이터를 처리하는 데 특화된 딥러닝 모델이다.

인간이 사물을 볼 때 전체를 한 번에 인식하는 것이 아니라, 여러 부분의 특징(선, 형태, 색상 등)을 파악하고 이를 조합하여 '고양이'나 '자동차'로 인지하는 방식과 유사하다.

CNN은 필터(Filter) 또는 커널(Kernel)이라는 작은 돋보기를 이미지 위를 이동시키며 특정 패턴(수직선, 곡선, 특정 색상 조합 등)을 찾아내는 합성곱(Convolution) 연산을 수행한다.

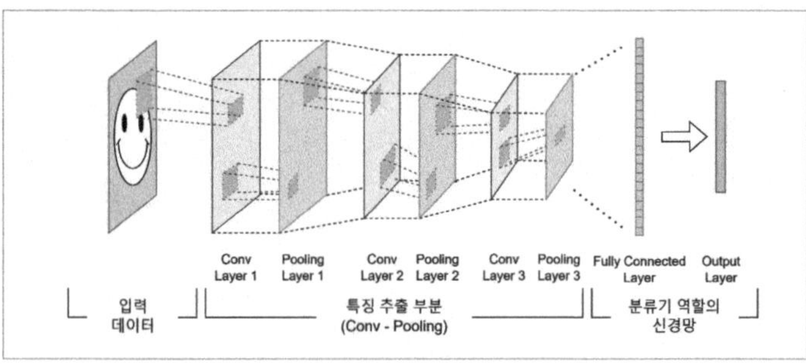

https://seahahn.tistory.com

이 과정을 여러 계층에 걸쳐 반복하며, 단순한 특징에서 점차 복잡하고 추상적인 특징을 학습해 나가는 것이 핵심이다.

1.1. 딥 러닝의 합성곱 신경망(CNN)이 추구하는 목표

CNN의 핵심 목표는 이미지 데이터의 공간적 계층 구조(spatial hierarchy)를 효과적으로 학습하여, 이미지 내 객체를 성공적으로 분류(classification), 탐지(detection), 분할(segmentation)하는 것이다.

즉, 이미지의 픽셀(pixel) 수준의 저차원 정보로부터 시작하여, 점차 고양이의 귀, 눈, 코와 같은 고차원적인 특징 표현(feature representation)을 스스로 학습하고 추출해내는 것을 목표로 한다.

이를 통해 사진 속에 있는 것이 '개'인지 '고양이'인지 구분하고, '개'가 사진의 어느 위치에 있는지 찾아내며, 나아가 이미지의 어떤 픽셀들이 '개'에 해당하는지를 정확히 구분해내는 과업을 수행한다.

1.2. 딥 러닝의 합성곱 신경망(CNN) 적용기술의 유형 및 특징

CNN은 주로 다음과 같은 핵심적인 층(Layer)들을 조합하여 구성된다.

1.2.1. 합성곱 층(Convolutional Layer):

CNN의 심장부이다. 필터가 이미지의 특정 영역을 훑으며 내적(dot product) 연산을 통해 특징 맵(Feature Map)을 생성한다. 하나의 필터는 하나의 특정 특징(예: 수직선)을 감지하는 역할을 하며, 여러 개의 필터를 사용함으로써 다양한 특징을 동시에 추출할 수 있다.

1.2.2. 풀링 층(Pooling Layer):

추출된 특징 맵의 크기를 의도적으로 줄여 계산량을 감소시키고, 중요한 특징만을 남기는 역할을 한다. 예를 들어, 최대 풀링(Max Pooling)은 특정 구역에서 가장 중요한 신호(가장 큰 값)만 남기고 나머지는 버려서, 이미지 내 객체의 위치가 조금 변하더라도 동일하게 인식할 수 있도록 돕는다.(이동 불변성, translation invariance)

1.2.3. 완전 연결 층(Fully-Connected Layer):

여러 합성곱 및 풀링 층을 거쳐 추출된 최종 특징들을 바탕으로, 이미지를 특정 카테고리(예: '자동차', '자전거', '사람')로 분류하는 최종적인 판단을 내리는 역할을 한다. 일반적인 심층신경망(DNN)과 동일한 구조를 가진다.

이러한 층들을 깊게 쌓아올린 LeNet, AlexNet, VGG, ResNet, EfficientNet 등 다양한 아키텍처들이 이미지 인식 분야의 발전을 이끌어왔다.

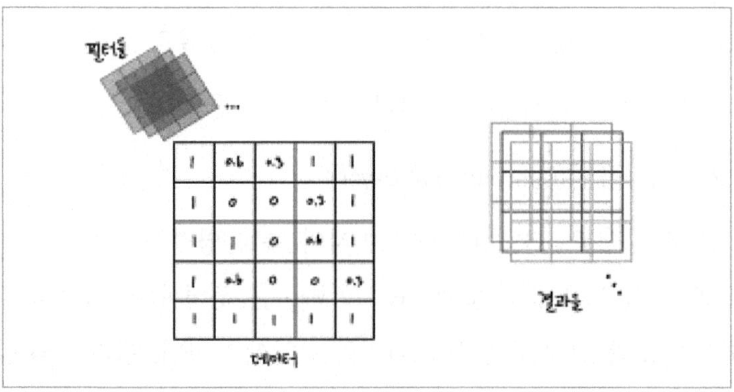

https://www.philgineer.com

1.3. 딥 러닝의 합성곱 신경망(CNN) 기술의 역할과 기여도

CNN은 컴퓨터가 '눈'을 갖게 한 혁명적인 기술로, 도시의 다양한 분야에서 인간의 시각적 인지 능력을 보완하고 뛰어넘는 데 크게 기여한다.

(1) **대규모 시각 데이터의 자동 분석:** 수천 대의 CCTV, 위성 이미지, 드론 영상을 24시간 자동으로 분석하여 인간이 물리적으로 확인할 수 없는 규모의 시각 정보를 처리하고 유의미한 패턴을 찾아낸다.

(2) **객관적이고 정량적인 판단 기준 제시:** 도시 시설물의 노후도나 도로 파손 상태 등을 정량적인 수치로 판단하여, 담당자의 주관적 경험에 의존하던 유지보수 업무를 데이터 기반의 객관적인 의사결정으로 전환시킨다.

(3) **실시간 이상 상황 감지 및 예방:** 교통사고, 화재, 불법 쓰레기 투기 등 도시의 이상 상황을 실시간으로 감지하고 즉시 경보를 울려, 사고의 확산을 막고 신속한 대응을 가능하게 한다.

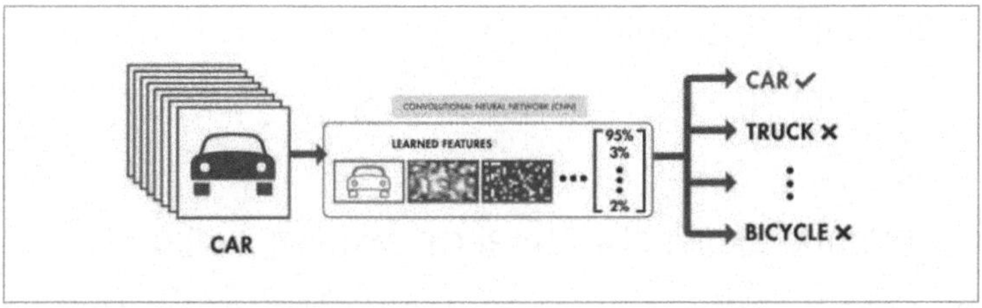

computing.or.k

1.4. 딥 러닝의 합성곱 신경망(CNN)의 장단점

■ 딥 러닝의 합성곱 신경망(CNN)의 장단점

장점	단점
이미지 인식에 대한 높은 성능: 이미지의 공간적 특징을 효과적으로 학습하여 분류 및 탐지 정확도가 매우 높다.	대규모 학습 데이터 필요: 높은 성능을 위해서는 수많은 레이블링된 이미지 데이터가 필수적이다.
파라미터 공유로 인한 효율성: 하나의 필터를 이미지 전체에 공유하므로, 일반 DNN에 비해 학습할 파라미터 수가 적어 효율적이다.	많은 컴퓨팅 자원 요구: 모델이 깊어지고 데이터가 커질수록 학습과 추론에 많은 계산 능력(GPU 등)이 필요하다.
이동 불변성: 풀링 층 덕분에 이미지 내 객체의 위치나 크기가 조금 변해도 강건하게 인식한다.	회전 및 규모 변화에 상대적으로 취약: 객체의 회전 각도가 크거나 크기 변화가 심할 경우 인식률이 저하될 수 있다.(데이터 증강 기법으로 일부 보완)

1.5. 딥 러닝의 합성곱 신경망(CNN)의 활용 데이터

CNN은 기본적으로 이미지 또는 이미지를 모사(imitate)할 수 있는 그리드(grid) 형태의 데이터를 주된 입력으로 사용한다.

(1) **2D 이미지/영상 데이터**: 도시 CCTV 영상, 항공 및 위성사진, 드론 촬영 이미지, 건축 도면, 도로 노면 사진, 시설물 안전 진단 이미지 등.

(2) **3D 이미지 데이터**: 의료 분야의 CT, MRI 스캔 이미지 등.

(3) **스펙트로그램(Spectrogram)**: 음성이나 시계열 센서 데이터를 시간-주파수 평면의 2D 이미지 형태로 변환하여 CNN으로 분석하기도 한다.

1.6. 딥 러닝의 합성곱 신경망(CNN)의 대표적인 활용 예시

(1) **도로 파손 자동 탐지 시스템(Pothole Detection)**: 관리 차량에 장착된 카메라가 도로를 촬영하며 주행한다. CNN 기반의 AI가 실시간으로 영상 속에서 포트홀, 균열 등 도로 파손 부위를 정확히 탐지해 낸다. 탐지된 정보는 GPS 좌표, 파손 심각도와 함께 즉시 중앙 관제 시스템으로 전송되어, 신속한 보수 계획 수립과 예산 배정을 가능하게 한다.

(2) **지능형 선별 관제 시스템**: 도시 관제 센터의 AI가 수백 대의 CCTV 영상을 동시에 분석한다. CNN 모델은 폭행, 쓰러짐, 화재 등 이상 행동 패턴을 학습하여, 위급 상황 발생 시 해당 화면을 관제 요원에게 즉시 팝업으로 띄워주고 경보를 울린다. 이를 통해 관제 요원의 피로도를 줄이고 골든 타임을 확보하여 시민의 안전을 지킨다.

(3) **위성 이미지를 이용한 불법 건축물 단속**: AI가 정기적으로 촬영되는 도시의 위성 이미지를 비교 분석한다. 기존에 학습된 건물 데이터와 현재 이미지를 비교하여, 허가 없이 새로 지어진 건물이나 불법으로 증축된 부분을 자동으로 식별해낸다. 단속 공무원은 현장에 일일이 나가지 않고도 의심 지역을 효율적으로 파악하고 행정 조치를 취할 수 있다.

(4) **건설 현장 안전 관리 AI**: CNN 모델이 건설 현장의 CCTV 영상을 분석하여, 작업자들이 안전모나 안전 조끼를 착용했는지, 위험 구역에 접근하는지, 중장비와 작업자 간의 충돌 위험이 있는지 등을 실시간으로 감지한다. 위험 상황 발생 시 현장 스피커를 통해 즉시 경고 방송을 내보내 산업 재해를 예방한다.

2. AI 딥러닝 "CNN"의 도시 분야별 가상 적용 사례

합성곱 신경망(CNN)은 인간의 시각처럼 이미지 속에서 패턴과 특징을 찾아내는 데 탁월한 능력을 지닌 딥러닝 모델이다. 이 '인공지능의 눈'을 도시의 각 분야에 적용하면, 기존에는 불가능했던 정교하고 효율적인 분석과 계획이 가능해진다. 다음은 CNN이 도시를 무대로 펼쳐내는 환상적인 가상 시나리오이다.

2.1. 도시계획: 도시의 숨겨진 활력을 찾아내는 '경관 DNA 분석기'

도시계획가는 특정 거리나 동네가 활기찬 이유를 객관적인 데이터로 분석하고 싶어 한다. 이때 CNN 기반의 '경관 DNA 분석기'는 거리의 이미지만 보고 그 공간의 활력 수준을 정량적으로 측정하는 역할을 한다.

(1) **목표**: 거리의 시각적 요소들을 분석하여 '공간 활력 지수'를 예측하고, 어떤 요소가 활력에 기여하는지 파악한다.

(2) **활용 데이터**: 도시 곳곳을 촬영한 수백만 장의 스트리트 뷰 이미지 및 항공사진.

(3) **CNN의 역할**: CNN은 수많은 이미지를 학습하며, 도시의 활력과 관련된 시각적 패턴을 스스로 터득한다. 예를 들어, '잘 가꿔진 가게 앞 화분', '야외 테라스의 의자', '그래피티 아트', '자전거 거치대', '보행자의 수' 등 긍정적 요소와 '깨진 유리창', '무단 투기된 쓰레기', '낡고 벗겨진 페인트' 등 부정적 요소를 식별하고 그 정도를 수치화한다.

(4) **환상적인 결과**: 분석기는 도시 전체의 '활력 지도'를 생성한다. 이 지도를 통해 계획가는 그동안 주목받지 못했지만 실제로는 활력이 넘치는 '숨은 핫플레이스'를 발견하고, 반대로 유동인구는 많지

만 시각적 활력 요소가 부족하여 만족도가 낮은 지역을 찾아낸다. 이를 바탕으로 "A 지역은 벤치와 가로수만 추가해도 활력 지수가 20% 상승할 것입니다"와 같은 데이터 기반의 정교한 도시재생 전략을 수립할 수 있게 된다.

2.2. 환경계획: 나무의 건강을 진단하는 '도시 숲 AI 닥터'

환경계획가는 도시의 수많은 가로수와 공원 나무들의 건강 상태를 일일이 점검하는 데 한계를 느낀다. 이때 CNN을 탑재한 드론은 하늘을 날아다니며 나무의 건강을 진단하는 '인공지능 나무 의사'가 된다.

(1) **목표:** 고해상도 항공 및 드론 이미지 분석을 통해 개별 나무의 병충해 감염 여부나 영양 상태를 조기에 진단한다.

(2) **활용 데이터:** 건강한 나무와 병든 나무의 수만 장에 달하는 분광(multispectral) 이미지.(분광 이미지는 인간의 눈에 보이지 않는 빛의 파장까지 기록하여 식물의 건강 상태를 더 잘 보여준다.)

(3) **CNN의 역할:** CNN은 정상적인 나뭇잎의 색상 및 적외선 파장 패턴과, 병충해에 감염되었을 때 나타나는 미세한 색상 변화나 잎의 밀도 감소 패턴을 학습한다.

(4) **환상적인 결과:** 'AI 닥터' 드론이 도시 전체를 스캔한 후, 며칠 안에 도시의 모든 나무에 대한 '건강 차트'를 생성한다. "B 공원 3번 구역의 느티나무 군락에서 초기 '흰말병' 감염이 의심됩니다" 와 같이, 병이 확산되기 전에 특정 나무들을 정확히 지목하여 알려준다. 이를 통해 시는 병든 나무를 조기에 치료하거나 제거하여 다른 나무로의 확산을 막고, 태풍 시 쓰러질 위험이 큰 고사목을 미리 관리하여 시민의 안전을 지키는 '예방적 녹지 관리'를 실현한다.

2.3. 교통 및 모빌리티 계획: 교차로의 모든 것을 꿰뚫어 보는 'AI 교통의 눈'

교통계획가는 복잡한 교차로에서 자동차, 버스, 자전거, 보행자의 움직임을 종합적으로 파악하여 최적의 신호 체계를 만들고 싶어 한다. CNN은 CCTV 영상을 단순한 화면이 아닌, 모든 교통 객체의 종류와 상호작용을 이해하는 정보의 보고로 탈바꿈 시킨다.

(1) **목표:** 교차로의 CCTV 영상을 실시간으로 분석하여 모든 교통 객체(차량, 이륜차, 자전거, 보행자, 킥 보드 등)를 종류별로 식별하고, 그들의 경로와 상호작용을 예측한다.

(2) **활용 데이터:** 수만 시간 분량의 교차로 CCTV 영상과 각 영상에 주석(annotation) 처리된 객체 정보.

(3) **CNN의 역할:** CNN은 영상 속에서 각 객체를 탐지(detection)하고, 나아가 "무단 횡단하는 보행자", "갑자기 차선을 변경하는 차량", "자전거 도로를 달리는 자전거" 등 그들의 구체적인 행동 패턴까지 분류하도록 학습된다.

(4) **환상적인 결과:** 'AI 교통의 눈'은 교차로의 상황을 인간보다 훨씬 더 빠르고 정확하게 인지한다. 만약 횡단보도 앞에 유모차를 끈 보행자와 노약자가 평소보다 많이 대기하고 있음을 감지하면, 차량 신호를 조금 줄이더라도 보행 신호 시간을 자동으로 5초 연장해준다. 또한, 좌회전하려는 구급차가 접근하는 것을 포착하면 다른 모든 신호를 통제하여 구급차의 골든 타임을 확보해준다. 이는 모든 교통 약자를 배려하는, 살아 움직이는 듯한 '지능형 신호 운영'을 가능하게 한다.

2.4. 도시건축설계: 건축 도면의 숨은 오류를 찾아내는 '설계도면 AI 감리사'

건축가는 수백 장에 달하는 복잡한 건축 도면 속에서 잠재적인 설계 오류나 법규 위반 사항을 찾아내야 하는 큰 부담을 안고 있다. CNN 기반의 'AI 감리사'는 도면을 '읽고' 이해하여 숨어있는 문제점을 찾아내는 역할을 한다.

(1) **목표**: 건축 설계 도면(CAD) 이미지를 분석하여, 건축 법규 위반 사항이나 설계상의 논리적 오류, 비효율적인 공간 구조 등을 자동으로 검출한다.

(2) **활용 데이터**: 과거의 수만 건의 건축 도면과, 각 도면의 법규 준수 및 오류 내역 데이터.

(3) **CNN의 역할**: CNN은 도면 속의 선과 기호들을 학습하여, 그것이 '벽'인지, '문'인지, '창문'인지, '계단'인지를 이해한다. 나아가 "피난 계단의 폭이 최소 법규 기준보다 좁다"거나, "장애인 화장실의 회전 반경이 확보되지 않았다" 와 같은 복잡한 공간 관계와 법규 위반 패턴을 학습한다.

(4) **환상적인 결과**: 건축가가 설계를 마치고 'AI 감리사'에게 검토를 맡긴다. AI는 단 몇 분 만에 도면 전체를 스캔하더니, "3층 복도의 폭이 소방법 기준에 20cm 미달합니다", "북쪽 창문의 단열재 성능으로는 에너지 효율 기준을 만족할 수 없습니다" 등 수십 개의 잠재적 문제점 리스트와 그 근거 조항을 담은 보고서를 제출한다.

덕분에 건축가는 시공 단계에서 발생할 수 있는 치명적인 오류와 막대한 재시공 비용을 사전에 방지하고, 더 안전하고 완성도 높은 건물을 설계하는 데 집중할 수 있게 된다.

소주제 05 순환 신경망(RNN): 시간의 흐름이나 순서에 따라 의미가 달라지는 데이터를 처리하기 위해 고안된 AI이다

1. 순환 신경망(RNN)은 과거의 정보를 기억하고 현재의 입력데이터 해석에 반영하는 특징을 가진다.

순환 신경망(Recurrent Neural Network, RNN)은 순서가 있는 데이터(Sequential Data), 즉 시간의 흐름이나 순서에 따라 의미가 달라지는 데이터를 처리하기 위해 고안된 인공신경망이다.

마치 우리가 문장을 읽을 때 앞에서 읽은 단어를 기억하며 다음 단어의 의미를 파악하는 것처럼, RNN은 과거의 정보를 기억하고 현재의 입력 데이터 해석에 반영하는 독특한 특징을 가진다.

이는 모델 내부에 정보를 기억하는 '기억 세포(Hidden State)'를 두어, 이전 단계의 계산 결과를 현재 단계의 입력으로 다시 사용하는 '순환(recurrent)' 구조를 통해 구현된다.

즉, RNN은 시간의 연속성 속에서 맥락을 파악할 줄 아는, 기억력을 가진 신경망이라고 할 수 있다.

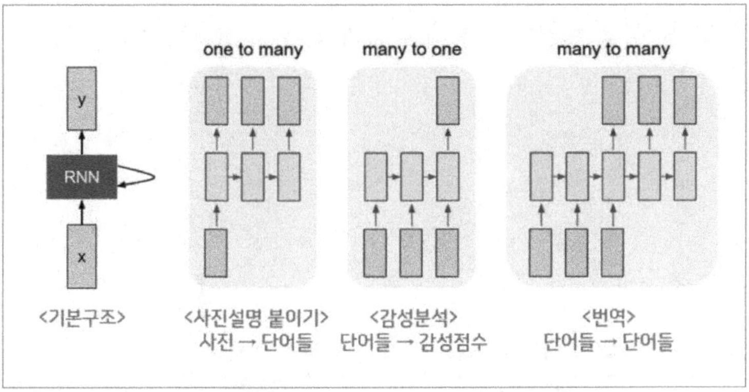

RNN 기본구조, https://huidea.tistory.com

1.1. 딥 러닝의 순환 신경망(RNN)이 추구하는 목표

RNN의 핵심 목표는 시간적 순서나 연속성 속에 숨어있는 패턴과 규칙을 학습하는 것이다.

이는 과거의 데이터가 미래의 데이터에 어떻게 영향을 미치는지 이해하고, 이를 바탕으로 다음에 등장할 데이터를 예측(prediction)하거나, 전체 시퀀스의 의미를 분류(classification)하거나, 새로운 시퀀스를 생성(generation)하는 과업을 수행하는 것을 목표로 한다.

예를 들어, '나는 오늘 학교에'라는 단어 시퀀스가 주어졌을 때 '간다'라는 단어를 예측하고, '오늘 날씨 정말 좋다'라는 문장 전체의 감성이 '긍정'임을 분류하는 것이 RNN이 추구하는 바이다.

1.2. 딥 러닝의 순환 신경망(RNN) 적용 기술의 유형 및 특징

전통적인 RNN은 과거의 정보가 여러 단계를 거치며 희미해지는 '장기 의존성 문제(Long-term Dependency Problem)'라는 치명적인 단점을 가지고 있었다. 이를 해결하기 위해 다음과 같은 발전된 형태의 RNN이 등장했다.

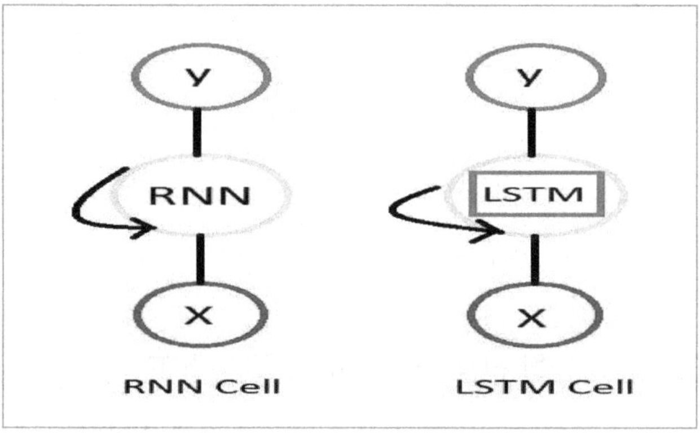

https://wikidocs.net

1.2.1. LSTM(Long Short-Term Memory):

'장단기 기억'이라는 이름처럼, 불필요한 정보는 잊고 중요한 정보는 오래 기억하도록 설계된 RNN 모델이다.

이를 위해 '입력 게이트', '망각 게이트', '출력 게이트'라는 3개의 정교한 관문(gate)을 두어, 기억 세포에 어떤 정보를 새로 쓰고, 어떤 정보를 지우고, 어떤 정보를 출력할지를 효과적으로 제어한다. 복잡한 구조 덕분에 긴 시퀀스 데이터에서 뛰어난 성능을 보인다.

1.2.2. GRU(Gated Recurrent Unit):

LSTM의 복잡한 구조를 간소화한 모델이다. 3개의 게이트를 '업데이트 게이트'와 '리셋 게이트' 2개로 줄여, LSTM과 유사한 성능을 내면서도 계산 량은 적고 학습 속도는 더 빠르다는 장점이 있다. 많은 경우에 LSTM을 대체하여 좋은 성능을 보여준다.

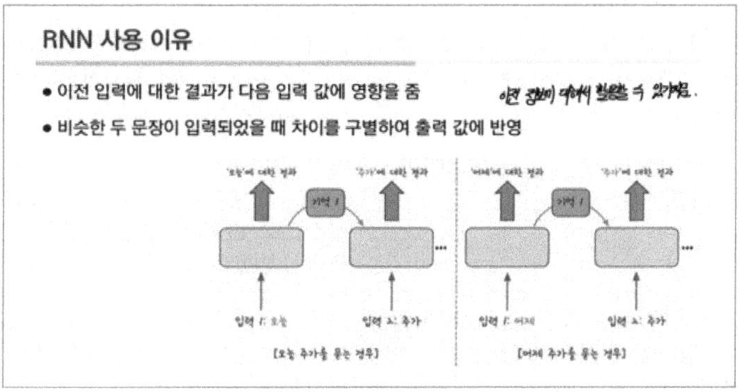

https://velog.io

1.3. 딥 러닝의 순환 신경망(RNN) 기술의 역할과 기여도

RNN은 컴퓨터가 시간의 흐름과 문맥을 이해하게 만든 획기적인 기술로, 다음과 같은 중요한 역할을 수행한다.

(1) **자연어 처리(NLP)의 기반 마련:** 기계 번역, 텍스트 요약, 챗봇, 감성 분석 등 컴퓨터가 인간의 언어를 이해하고 생성하는 대부분의 자연어 처리 기술의 초기 발전을 이끌었다.

(2) **시계열 데이터 분석의 혁신:** 주가, 날씨, 교통량, 센서 데이터 등 시간에 따라 변화하는 모든 종류의 데이터를 분석하고 미래를 예측하는 능력의 정확도를 비약적으로 향상시켰다.

(3) **연속적인 데이터 생성:** 단순히 데이터를 이해하는 것을 넘어, 학습한 내용을 바탕으로 새로운 음악을 작곡하거나 소설을 쓰는 등 창의적인 결과물을 생성하는 길을 열었다.

1.4. 딥 러닝의 순환 신경망(RNN)의 장단점

■ 딥 러닝의 순환 신경망(RNN)의 장단점

장점	단점
순차적 데이터 처리 능력: 데이터의 순서와 시간적 맥락을 모델링하는 데 매우 효과적이다.	장기 의존성 문제: 기본적인 RNN은 시퀀스가 길어지면 과거의 중요한 정보를 잊어버리는 경향이 있다.(LSTM, GRU로 대부분 해결)
가변 길이 시퀀스 처리: 입력 데이터의 길이에 유연하게 대응할 수 있다.	병렬 처리의 어려움: 이전 단계의 계산이 끝나야 다음 단계 계산이 가능하므로, 본질적으로 순차적 계산이 필요해 GPU를 활용한 병렬 처리에 한계가 있다.
파라미터 공유: 모든 타임스텝에서 동일한 가중치(파라미터)를 공유하므로, 모델이 비교적 간결하다.	기울기 소실/폭주 문제: 역전파 과정에서 기울기가 너무 작아지거나 커져 학습이 불안정해질 수 있다.

1.5. 딥 러닝의 순환 신경망(RNN)의 활용 데이터

RNN은 순서가 중요한 모든 시퀀스(Sequence) 데이터를 입력으로 사용한다.

(1) **자연어 텍스트:** 책, 뉴스 기사, 소셜 미디어 게시글, 민원 상담 텍스트 등.

(2) **시계열 데이터:** 도시의 시간대별 교통량, 전력 사용량, 미세먼지 농도, 기온, 강수량 등 각종 센서 데이터.

(3) **음성 데이터:** 사람의 말소리를 시간의 흐름에 따른 파형(waveform) 데이터로 간주하여 처리.

(4) **금융 데이터:** 일별, 분별 주가 데이터 등.

1.6. 딥 러닝의 순환 신경망(RNN)의 대표적인 활용 예시

(1) **AI 민원 상담 챗봇:** 시민이 도시의 행정 서비스에 대해 질문하면, RNN 기반 챗봇이 질문의 맥락을 이해하고 답변한다. 예를 들어, "주차 단속에 대해 알려줘"라고 물은 뒤 "그럼 과태료는 얼마야?"라고 다시 물으면, 챗봇은 '그럼'이라는 단어를 통해 질문이 앞선 '주차 단속'과 관련 있음을 기억하고, 주차 단속 과태료 정보를 정확하게 안내한다.

(2) **실시간 교통량 예측 시스템:** RNN 모델(주로 LSTM 또는 GRU)이 과거 수년간의 요일별, 시간대별, 날씨별 교통량 데이터를 학습한다. 이를 바탕으로 현재의 교통 흐름을 분석하여 "30분 후 강남대로 A지점의 차량 통행 속도는 시속 15km로 떨어질 것"이라고 예측한다. 이 정보는 내비게이션 앱에 반영되어 운전자에게 우회 경로를 안내함으로써 교통 체증을 완화하는 데 기여한다.

(3) **도시 에너지 수요 예측:** 도시의 시간대별 전력 사용량, 기온, 습도, 공휴일 정보 등을 학습한 RNN 모델이 다음 날의 전력 수요를 시간대별로 정밀하게 예측한다. 발전소는 이 예측 결과를 바탕으로 발전량을 조절하여, 불필요한 에너지 생산을 줄이고 안정적인 전력 공급을 가능하게 한다.

(4) **도시 소음 지도 제작:** 도시 곳곳의 소음 측정 센서에서 수집된 시계열 데이터를 RNN이 분석한다. 이를 통해 특정 지역의 소음이 주로 '공사장 소음'인지, '차량 소음'인지, '생활 소음'인지 그 패턴을 파악하고, 시간대별 소음 지도를 생성하여 환경 정책 수립의 기초 자료로 활용한다.

2. AI 딥러닝 "RNN"의 도시 분야별 가상 적용 사례

순환 신경망(RNN)은 시간의 흐름 속에서 데이터의 맥락과 스토리를 기억하고 이해하는 특별한 능력을 가졌다. 이 '기억하는 인공지능'을 도시의 각 분야에 적용하면, 과거의 데이터를 바탕으로 미래를 예측하고, 시민의 다음 행동을 미리 읽어내는 등 환상적인 일들을 현실로 만들 수 있다.

2.1. 도시계획: 도시의 미래 시나리오를 쓰는 'AI 예언가'

도시계획가는 하나의 정책이 미래에 어떤 나비효과를 불러올지 예측하고 싶어 한다. RNN 기반의 '도시 미래 시뮬레이터'는 과거의 도시 변화 패턴을 학습하여, 새로운 정책이 만들어낼 미래의 연대기를 미리 써주는 예언가 역할을 한다.

(1) **목표**: 특정 지역에 새로운 정책(예: 지하철역 신설, 대규모 공원 조성, 기술 기업 본사 유치)이 순차적으로 도입될 때, 향후 10년간의 인구, 지가, 상권 변화 시나리오를 예측한다.

(2) **활용 데이터**: 과거 수십 년간의 도시 변화 시계열 데이터(연도별 인구, 지가, 상업 시설 종류, 민원 데이터 등)와 당시의 정책 기록.

(3) **RNN의 역할**: RNN은 '지하철역 신설'이라는 사건이 1~3년 차에 유동인구를 늘리고, 3~5년 차에 저가형 카페와 식당을 증가시키며, 5~7년 차에 젠트리피케이션 현상을 유발하는 등의 순차적인 인과관계를 학습한다. 즉, 각 정책이 시간의 흐름에 따라 도시를 어떻게 변화시키는지 그 '스토리'를 기억하는 것이다.

(4) **환상적인 결과**: 계획가가 "A 지역에 3년 후 지하철역을 개통하고, 5년 후 대기업을 유치한다"라는 시나리오를 입력한다. 그러자 AI 예

언가는 "해당 시나리오대로라면, 7년 차에 기존 소상공인의 40%가 비싼 임대료를 감당하지 못하고 떠날 것으로 예측됩니다. 이를 방지하려면 4년 차에 '상생 협약 및 공공 임대 상가' 정책을 도입해야 합니다"와 같이, 미래의 문제점을 구체적으로 예측하고 그에 대한 해결책까지 제안한다. 이는 더 지속가능하고 포용적인 도시계획을 가능하게 한다.

2.2. 환경계획: 도시 대기질의 흐름을 읽는 '오염물질 추적 AI'

환경계획가는 특정 지역에서 발생한 미세먼지가 도시 전체로 어떻게 퍼져 나가는지 실시간으로 추적하고 예측하고자 한다. RNN은 도시의 바람과 대기의 흐름을 기억하는 '인공지능 기상 관측관'이 된다.

(1) **목표:** 도시 전역의 대기오염 센서 데이터와 기상 데이터(풍향, 풍속)의 시간적 흐름을 학습하여, 특정 지역의 오염물질이 몇 시간 후에 어느 지역에 도달할지 예측한다.

(2) **활용 데이터:** 도시 내 수백 개 측정소의 분 단위 미세먼지, 오존 농도 데이터와 기상청의 실시간 풍향/풍속 데이터 시퀀스

(3) **RNN의 역할:** RNN은 현재 상태만 보는 것이 아니라, '오전 9시 서쪽 공단 지역에서 발생한 오염물질이 북서풍을 타고 2시간 동안 동쪽으로 이동하여, 오전 11시에는 B 주거 지역의 상공에 도달한다'는 시공간적 패턴을 학습한다.

(4) **환상적인 결과:** 어느 날 아침, AI 관측관이 서쪽 지역의 미세먼지 농도 급증을 포착한다. RNN은 즉시 바람의 흐름을 계산하여, "약 1시간 30분 후, C 초등학교 일대의 미세먼지 농도가 '매우 나쁨' 수준에 도달할 것으로 예측됩니다. 해당 학교는 실외 활동을 자제해

야 합니다"라는 구체적인 경보를 교육청과 시민들에게 발송한다. 이는 도시 전체에 대한 획일적인 경보가 아닌, 동네마다 다른 상황에 맞춘 '초정밀 동네 예보'를 실현하여 시민의 건강을 지킨다.

2.3. 교통 및 모빌리티 계획: 시민의 이동 의도를 파악하는 'AI 모빌리티 비서'

교통계획가는 시민들이 단순히 A에서 B로 이동하는 것을 넘어, 그들의 하루 전체의 이동 맥락, 즉 '이동의 이야기'를 이해하고 최적의 서비스를 제공하고 싶어 한다. RNN은 시민의 하루 여정을 기억하고 다음 행선지를 예측하는 개인 비서가 된다.

(1) **목표:** 한 개인의 연속적인 이동 패턴(Trip Chain)을 학습하여, 다음 이동 목적지와 선호 교통수단을 예측하고 선제적으로 제안한다.

(2) **활용 데이터:** 익명화된 개인의 연속적인 모빌리티 데이터 시퀀스(예: '오전 7시 집에서 출발(버스) → 8시 회사 도착 → 오후 6시 회사 출발(공유 자전거) → 6시 30분 헬스장 도착').

(3) **RNN의 역할:** RNN은 '집-회사-헬스장-집'으로 이어지는 반복적인 이동 패턴을 기억한다. 또한 날씨에 따른 교통수단 선택의 변화(비 오는 날에는 자전거 대신 택시를 타는 경향)도 학습한다.

(4) **환상적인 결과:** 사용자가 평소처럼 회사에서 퇴근할 준비를 하는 오후 5시 50분, 개인화된 모빌리티 앱에서 알림이 온다. "헬스장에 가실 시간인가요? 30분 뒤에 비 예보가 있으니, 평소처럼 자전거를 이용하는 것보다 회사 앞에 대기 중인 공유차량을 예약하는 것은 어떠세요?"

이처럼 AI는 사용자의 다음 행동을 미리 예측하고, 날씨라는 변수까지 고려하여 최적의 이동 솔루션을 제안하는, 말 그대로 '나를 아는 모빌리티 비서'가 된다.

2.4. 도시건축설계: 건물의 생활 리듬을 학습하는 '살아있는 건물 관리인'

미래의 스마트 빌딩은 주어진 설정값대로만 움직이는 기계가 아니라, 그 안에서 생활하는 사람들의 리듬을 스스로 학습하여 에너지를 최적화해야 한다. RNN은 건물의 '생활 패턴'을 학습하는 지능적인 관리인 역할을 한다.

(1) **목표:** 건물 내 각종 센서 데이터를 시간의 흐름에 따라 학습하여, 요일별/시간대별 공간 사용 패턴을 예측하고 냉난방 및 조명 시스템을 선제적으로 제어한다.

(2) **활용 데이터:** 실내 재실 인원 센서, CO_2 농도, 온도, 조명 사용량 등의 분 단위 시계열 데이터.

(3) **RNN의 역할:** RNN 관리인은 "월요일 오전 10시에는 3층 대회의실이 항상 가득 차고, 금요일 오후 4시 이후에는 대부분의 직원이 퇴근하여 건물 전체가 비어간다"는 요일과 시간에 따른 건물의 고유한 '리듬'을 학습한다.

(4) **환상적인 결과:** 월요일 오전 9시 45분이 되자, RNN 관리인은 사람들이 몰려오기 전에 미리 3층 대회의실의 공조 시스템을 최적으로 가동하여 쾌적한 환경을 만들어 놓는다.

반대로 금요일 오후 4시 15분이 되면, 사람들이 떠나기 시작할 것을 예측하고 사무실의 조명과 냉난방을 점진적으로 줄여나간다. 이처럼 건물은 더 이상 수동적으로 반응하는 존재가 아니라, 사용자의 행동 패턴을 미리 읽고 움직여 에너지 낭비는 최소화하면서도 쾌적함은 극대화하는 '살아있는 유기체'가 된다.

소주제 06 오토인코더(Autoencoder): 방대한 양의 책을 읽고 그 핵심 내용만을 요약했다가, 그 요약본을 보고 다시 원래 책의 내용을 상세하게 복원한다

1. 딥 러닝의 오토인코더는 데이터의 핵심을 압축했다가 다시 원본과 비슷하게 복원한다.

오토인코더(Autoencoder)는 데이터의 핵심 특징만을 효율적으로 압축했다가 다시 원본과 최대한 비슷하게 복원하도록 학습하는 독특한 구조의 비지도 학습(Unsupervised Learning) 신경망이다.

이는 마치 우리가 방대한 양의 책을 읽고 그 핵심 내용만을 몇 문장으로 요약했다가, 그 요약본을 보고 다시 원래 책의 내용을 상세하게 복원하려는 노력과 유사하다.

이 과정은 두 부분으로 나뉜다. 입력 데이터를 저차원의 핵심 정보(잠재 변수, latent variable)로 압축하는 인코더(Encoder)와, 이 압축된 정보만을 가지고 원본 데이터를 복원하는 디코더(Decoder)로 구성된다.

중요한 점은, 이 과정에서 정답(label)이 필요 없이 데이터 그 자체의 특징을 학습한다는 것이다.

이미 잘 훈련된 AE(오토 인코더)가 있다고 하면, 압축된 낮은 차원의 벡터 공간에서 임의의 점을 선정해 다시 압축해제를 시키면 지금껏 보지 못한 데이터가 생성될 수 있다. 왜냐하면 AE는 낮은 차원에 표현되어 있는 데이터를 다시 높은 차원으로 압축 해제하는 방법을 잘 배웠을 것이기 때문이다. 이러한 두 가지 이유에 해당하는 일을 수행하는 것을 인코딩과

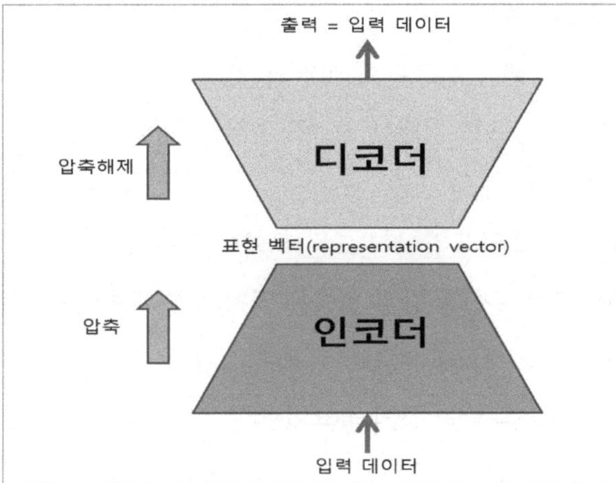

https://angeloyeo.github.io

디코딩이라고 말한다. 즉, 압축 과정을 인코딩, 압축 해제 과정을 디코딩이라고 부른다. 그리고 이러한 일들을 수행하는 파트들을 각각 인코더, 디코더라고 부른다.

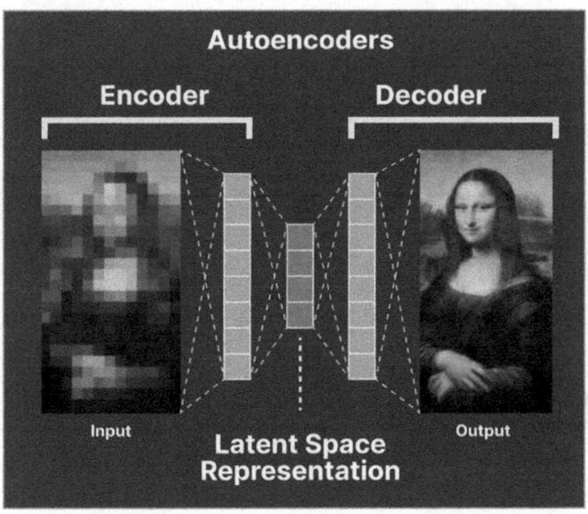

https://velog.io

1.1. 딥 러닝의 오토인코더가 추구하는 목표

오토인코더의 핵심 목표는 데이터의 가장 중요한 핵심 특징(feature)만을 추출하여, 정보를 최대한 보존하면서도 차원을 축소(dimensionality reduction)하는 것이다.

즉, 입력과 출력을 똑같이 만드는 무의미한 복사가 아니라, '병목(bottleneck)'이라 불리는 좁은 잠재 공간을 억지로 통과하게 함으로써 데이터의 군더더기(noise, redundancy)는 걷어내고 가장 본질적인 표현(representation)만을 남기도록 하는 것이 목표이다.

이 과정에서 학습된 인코더는 고차원의 복잡한 데이터를 저차원의 의미 있는 데이터로 변환하는 훌륭한 '특징 추출기'가 되고, 디코더는 이 핵심 정보로 새로운 데이터를 생성하는 '생성 모델'의 역할을 할 수 있다.

1.2. 딥 러닝의 오토인코더 적용기술의 유형 및 특징

기본적인 오토인코더를 넘어, 다양한 목적에 맞게 변형된 유형들이 존재한다.

1.2.1. 잡음 제거 오토인코더(Denoising Autoencoder):

의도적으로 약간의 노이즈(잡음)를 추가한 손상된 이미지를 입력 받아, 깨끗한 원본 이미지를 복원하도록 학습한다. 이 과정을 통해 모델은 데이터의 본질적인 특징에 더 집중하게 되어, 불완전한 데이터가 주어져도 원본을 잘 복원하는 강건한(robust) 특징 추출 능력을 갖게 된다.

1.2.2. 변이형 오토인코더(Variational Autoencoder, VAE):

단순히 데이터를 압축하는 것을 넘어, 데이터가 생성되는 확률 분포 자체를 학습한다. 인코더는 데이터의 특징을 하나의 점이 아닌, 평균과 분산을 갖는 확률 분포로 압축한다. 디코더는 이 분포에서 샘플링한 값을 바탕으로 원본과 비슷하면서도 세상에 없던 새로운 데이터를 '생성'할 수 있다. 이는 이미지 생성 모델의 중요한 한 축을 담당한다.

1.2.3. 합성곱 오토인코더(Convolutional Autoencoder):

인코더와 디코더 부분에 일반적인 신경망 대신 CNN(합성곱 신경망) 구조를 사용한 오토인코더이다. 이미지 데이터의 공간적 특징을 효과적으로 학습할 수 있어, 이미지의 압축, 복원, 잡음 제거 등에서 뛰어난 성능을 보인다.

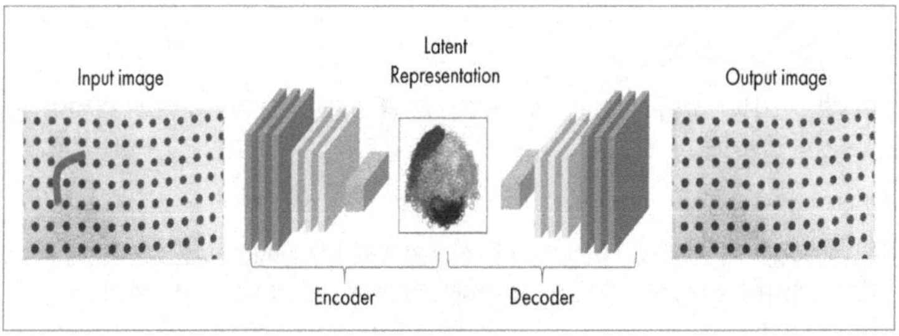

영상에서 잡음제거 https://kr.mathworks.com

1.3. 딥 러닝의 오토인코더 기술의 역할과 기여도

오토인코더는 데이터의 숨겨진 구조를 파악하고 활용하는 데 중요한 역할을 한다.

(1) 차원 축소 및 특징 추출: 고차원의 복잡한 데이터를 시각화하거나 다른 머신러닝 모델의 입력으로 사용하기 좋게, 저차원의 핵심 특징으로 변환한다. 이는 저장 공간을 절약하고 계산 효율을 높이는 데 기여한다.

(2) **이상 탐지**(Anomaly Detection): 모델이 정상적인 데이터의 패턴만을 학습했기 때문에, 이전에 보지 못했던 비정상적인(anomalous) 데이터가 입력되면 원본으로 제대로 복원하지 못한다. 이 '복원 오차(reconstruction error)'가 큰 데이터를 이상 신호로 탐지해낼 수 있다.

(3) **생성 모델**(Generative Model): 특히 VAE와 같은 모델은 학습된 데이터의 잠재 공간에서 새로운 데이터를 생성하여, 이미지 생성, 디자인 시안 생성 등 창의적인 작업에 활용될 수 있는 길을 열었다.

1.4. 딥 러닝의 오토인코더의 장단점

■ 딥 러닝의 오토인코더의 장단점

장점	단점
비지도 학습 가능: 정답이 없는 데이터에서도 스스로 데이터의 특징을 학습할 수 있다.	복원 품질의 한계: 입력과 출력이 완전히 똑같을 수는 없으므로, 정보 손실이 필연적으로 발생한다.
다양한 활용성: 차원 축소, 이상 탐지, 잡음 제거, 데이터 생성 등 폭넓은 분야에 적용할 수 있다.	선명도 문제(VAE): VAE로 생성된 이미지는 GAN에 비해 다소 흐릿하게(blurry) 보이는 경향이 있다.
효율적인 특징 표현 학습: 데이터의 군더더기를 제거하고 본질적인 구조를 파악하는 데 효과적이다.	잠재 공간의 해석 어려움: 압축된 잠재 변수가 정확히 어떤 인간적인 의미를 갖는지 해석하기 어려울 수 있다.

1.5. 딥 러닝의 오토인코더 활용 데이터

오토인코더는 비지도 학습 모델이므로, 정답(label)이 없는 대량의 데이터를 활용할 수 있다.

(1) **이미지 데이터**: 도시의 CCTV 영상 프레임, 위성사진, 시설물 사진, 건축물 이미지 등.

(2) **시계열 데이터:** 도시의 각종 센서(교통량, 환경, 에너지 등)에서 수집된 시계열 데이터.

(3) **음성 데이터:** 도시 소음, 민원 상담 음성 등.

(4) **금융 거래 데이터:** 정상적인 금융 거래 패턴 데이터.

1.6. 딥 러닝의 오토인코더의 대표적인 활용 예시

(1) **도시 기반 시설의 이상 징후 탐지:** 오토인코더가 수만 장의 '정상 상태'의 교량, 터널, 맨홀 뚜껑 이미지를 학습한다. 이 AI는 정상적인 모습이 무엇인지 완벽하게 이해하고, 이를 잘 복원할 수 있게 된다. 어느 날, 드론이 촬영한 교량 이미지에서 미세한 균열이 발생했다. 이 이미지를 AI에 입력하자, AI는 이전에 본 적 없는 '균열' 패턴을 제대로 복원하지 못하고 큰 복원 오차를 발생시킨다. 시스템은 이 오차를 '이상 징후'로 판단하고 즉시 안전 관리팀에 경보를 보낸다.

(2) **CCTV 영상 압축 및 스마트 검색:** 도시의 수천 대 CCTV가 쏟아내는 엄청난 양의 영상 데이터를 저장하는 것은 큰 부담이다. 오토인코더의 인코더는 영상의 각 프레임을 핵심 정보만을 담은 저용량의 잠재 변수로 압축하여 저장 공간을 획기적으로 줄인다. 이후 특정 사건(예: '빨간색 자동차가 지나간 영상')을 검색할 때, 원본 영상을 모두 디코딩할 필요 없이 압축된 잠재 공간에서 유사한 특징을 가진 영상들을 빠르게 찾아낼 수 있다.

(3) **가상 도시 생성 및 도시 계획 시뮬레이션:** 변이형 오토인코더(VAE)가 도시의 수많은 구역(주거, 상업, 공원 등)의 특징 데이터를 학습한다. 도시 계획가는 이 AI를 이용해 "녹지가 풍부한 주거지역"과

"첨단 상업지구"의 특징을 잠재 공간에서 조합하여, 세상에 없던 새로운 도시 구역의 조감도나 설계안을 생성해볼 수 있다. 이는 계획 초기 단계에서 다양한 디자인 대안을 탐색하는 데 창의적인 영감을 제공한다.

(4) **교통 흐름의 비정상 패턴 탐지:** 오토인코더가 평상시의 도시 교통 흐름 데이터(속도, 점유율 등)의 시계열 패턴을 학습한다. 갑자기 대형 교통사고가 발생하여 전례 없는 정체 패턴이 나타나자, AI는 이 비정상적인 패턴을 제대로 복원하지 못하고 큰 오차를 보인다. 교통 관제 센터는 이를 즉시 인지하고 해당 지역의 사고 발생을 추정, CCTV를 집중하여 신속하게 대응할 수 있다.

2. AI 딥러닝 "오토인코더"의 도시 분야별 가상 적용 사례

오토인코더는 데이터의 본질을 꿰뚫어 보고, 정상과 비정상의 차이를 구분하며, 세상에 없던 새로운 아이디어를 생성하는 특별한 능력을 가졌다.

이 '데이터의 본질을 탐구하는 AI'를 도시의 각 분야에 적용하면, 인간의 눈으로는 포착하기 어려운 미세한 변화를 감지하고 창의적인 해결책을 제시하는 환상적인 일들이 가능해진다.

2.1. 도시계획: 도시의 쇠퇴 징후를 포착하는 '지역 건강 스캐너'

도시계획가는 특정 동네가 활력을 잃고 쇠퇴하기 시작하는 아주 미세한 초기 징후를 미리 발견하고 싶어 한다. 오토인코더 기반의 '지역 건강 스캐너'는 도시의 건강 상태를 진단하는 인공지능 의사 역할을 한다.

(1) **목표:** 도시의 거리 이미지를 분석하여, 눈에 잘 띄지 않는 도시 쇠퇴의 초기 징후(예: 상점의 희미한 조명, 관리되지 않는 화단, 미세한 건물 균열)를 자동으로 감지한다.

(2) **활용 기술 및 데이터:** 합성곱 오토인코더(Convolutional Autoencoder)가 전 세계 수백만 장의 '건강하고 활기찬' 도시 거리 이미지만을 학습한다. 이 AI는 무엇이 '정상'이고 '활기찬' 모습인지 통달하게 된다.

(3) **오토인코더의 역할:** '지역 건강 스캐너'가 새로운 동네의 거리 이미지를 입력받는다. 이 이미지가 건강하다면, AI는 이미지를 잘 압축했다가 원본과 거의 똑같이 완벽하게 복원해낸다. 하지만 만약 이미지 속에 미세한 쇠퇴 징후가 포함되어 있다면, '활기찬 모습'만 학습한 AI는 생전 처음 보는 이 어색한 패턴을 제대로 복원하지 못하고 일그러진 결과물을 내놓는다. 이 원본과 복원 결과물 사이의 차이, 즉 **'복원 오차(Reconstruction Error)'**가 바로 위험 신호가 된다.

(4) **환상적인 결과:** 시스템은 도시 전체의 '쇠퇴 위험 지도'를 생성한다. 계획가는 이 지도를 보고 특정 지역의 복원 오차 점수가 서서히 높아지는 것을 발견하고, 본격적인 쇠퇴가 시작되기 전에 해당 지역에 소규모 공공 프로젝트를 투입하거나 커뮤니티 지원 프로그램을 운영하는 등 선제적인 조치를 취한다. 이는 도시가 병들기 전에 치료하는 '예방 도시계획'을 실현한다.

2.2. 환경계획: 수질 오염의 원인을 역추적하는 'AI 환경 탐정'

환경 사고가 발생했을 때, 가장 중요한 것은 오염원을 신속하게 파악하는 것이다. 오토인코더는 하천의 미세한 데이터 변화를 감지하여 오염의 종류까지 추정하는 'AI 환경 탐정'이 된다.

(1) **목표**: 실시간 수질 센서 데이터의 이상 패턴을 감지하고, 그 패턴의 특징을 분석하여 오염원의 종류(예: 공장 폐수, 생활 하수, 농업용수)를 추정한다.

(2) **활용 기술 및 데이터**: 오토인코더가 수년간 축적된 '정상 상태'의 하천 수질 데이터(pH, 용존산소량, 각종 화학물질 농도 등)의 시계열 패턴만을 학습한다.

(3) **오토인코더의 역할**: 'AI 환경 탐정'은 실시간으로 수질 데이터를 감시한다. 어느 날, 특정 화학물질의 농도가 급증하는 이상 신호가 감지된다. AI는 이 비정상적인 패턴을 제대로 복원하지 못해 높은 복원 오차를 발생시키며 즉시 경보를 울린다. 더 나아가, 이 비정상 패턴을 압축한 잠재 변수(latent variable)의 특징을 분석한다. 이 특징은 마치 범인의 지문과 같아서, 과거에 학습해 둔 '공장 폐수 유출 시의 잠재 변수 패턴'과 비교하여 오염원의 정체를 추정한다.

(4) **환상적인 결과**: 환경 관제 센터는 "A 지점에서 수질 오염 감지. 복원 오차 패턴 분석 결과, 특정 중금속 농도의 잠재 변수 특징이 과거 '공장 폐수' 패턴과 87% 일치함"이라는 보고를 받는다.
담당자는 즉시 상류의 공장 지대를 중심으로 조사를 시작하여, 막연한 탐문이 아닌 데이터 기반의 신속하고 정확한 원인 규명을 할 수 있게 된다.

2.3. 교통 및 모빌리티 계획: 예측 불가능한 교통 정체를 감지하는 '돌발상황 레이더'

매일 반복되는 출퇴근 정체와 달리, 갑작스러운 교통사고나 도로 공사로 인한 '돌발 정체'는 예측하기 어렵다. 오토인코더는 도시 교통의 정상적인 리듬을 학습하여, 이 리듬에서 벗어나는 모든 이례적인 상황을 감지하는 레이더 역할을 한다.

(1) **목표**: 도시의 실시간 교통 흐름 데이터에서 평소와 다른 '비정상적 패턴'을 보이는 돌발 정체를 즉시 탐지한다.

(2) **활용 기술 및 데이터**: 오토인코더가 '정상적인 모든 교통 상황'(평일 출퇴근길, 한산한 주말 오후, 심야 등)의 방대한 시계열 데이터(구간별 속도, 교통량, 점유율)를 학습한다.

(3) **오토인코더의 역할**: '돌발상황 레이더'는 도시의 교통 흐름이 평소의 정상적인 패턴 중 하나와 일치하는지를 계속 확인한다. 갑자기 한 구간의 속도가 0으로 떨어지며 주변 구간까지 영향을 미치는, 그 어떤 정상 패턴과도 다른 전례 없는 상황이 발생한다. AI는 이 낯선 패턴을 제대로 복원해내지 못하고, 즉시 높은 복원 오차를 뿜어낸다.

(4) **환상적인 결과**: 교통 관제 센터의 화면에 "강변북로 B 구간, 복원 오차 5시그마 초과. 예측 불가능한 돌발상황 발생 확률 95%"라는 경고가 뜬다.

관제사는 즉시 해당 지역의 CCTV를 집중하고, 사고 사실을 확인한 후 신속하게 119에 신고하고 우회 도로를 안내하는 등 2차 사고와 교통 마비를 막는 골든 타임을 확보한다.

2.4. 도시건축설계: 무한한 건축 디자인을 생성하는 '디자인 뮤즈 AI'

건축가는 때로 새로운 디자인에 대한 영감이 필요하다. 변이형 오토인코더(VAE)는 위대한 건축가들의 스타일을 학습하여, 세상에 없던 새로운 건축 디자인을 무한히 생성해내는 창의적인 파트너가 된다.

(1) **목표**: 여러 건축 스타일의 핵심적인 디자인 특징을 학습하고, 이 특징들을 조합하여 독창적인 새로운 건축 디자인 시안을 생성한다.

(2) **활용 기술 및 데이터**: 변이형 오토인코더(VAE)가 수만 장의 건축물 이미지를 '자하 하디드 스타일', '안도 타다오 스타일', '전통 한옥 스타일' 등 스타일별로 학습한다.

(3) **오토인코더의 역할**: VAE는 각 건축 스타일의 '본질'을 부드럽게 이어지는 연속적인 잠재 공간(Latent Space)에 지도처럼 그려 넣는다. 건축가는 이 잠재 공간을 탐험할 수 있다.

예를 들어, '안도 타다오'의 특징점과 '한옥'의 특징점 사이의 중간 지점을 선택하여 디코더에게 "이 중간 지점의 특징으로 새로운 건물을 보여줘!"라고 명령할 수 있다.

(4) **환상적인 결과**: '디자인 뮤즈 AI'는 안도 타다오의 특징인 노출 콘크리트의 미니멀리즘과 한옥의 부드러운 처마선 및 마당 구조가 환상적으로 결합된, 독창적이면서도 설득력 있는 새로운 건축 디자인 시안들을 수십 가지나 쏟아낸다.

건축가는 이 시안 들로부터 영감을 받아, 인간의 상상력과 AI의 생성 능력이 결합된 완전히 새로운 차원의 건축 설계를 시작할 수 있게 된다.

소주제 07 생성적 적대신경망(GAN): 세상에 존재하지 않는 진짜 같은 가짜데이터를 '생성'한다

1. 생성적 적대신경망(GAN: Generative Adversarial Network)은 위조지폐를 만들어내는 '위조범(생성자)'과 그 위조지폐를 감별하는 '경찰(판별자)'의 치열한 두뇌 싸움과 같다.

생성적 적대 신경망(GAN: Generative Adversarial Network)은 딥러닝의 가장 창의적이고 흥미로운 모델 중 하나로, 세상에 존재하지 않는 진짜 같은 가짜 데이터를 '생성' 하는 것을 목표로 하는 비지도 학습 기법이다.

이 모델은 두 개의 신경망, 즉 '생성자(Generator)'와 '판별자(Discriminator)'가 서로 경쟁하며 학습하는 독특한 구조를 가진다. 이는 마치 위조지폐를 만들어내는 '위조범(생성자)'과 그 위조지폐를 감별하는 '경찰(판별자)'의 치열한 두뇌 싸움과 같다.

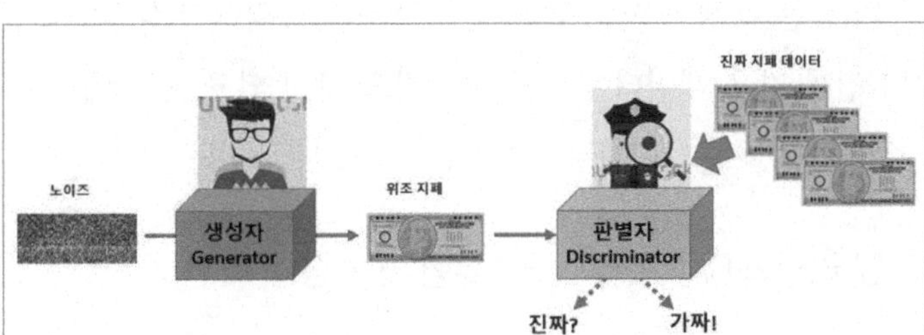

생성자는 판별자가 구별할 수 없을 만큼 정교한 가짜를 만드는게 목표!, https://taehojo.github.io

위조범은 경찰을 속이기 위해 점점 더 정교한 위조지폐를 만들고, 경찰은 그를 잡아내기 위해 위조지폐 감별 능력을 계속해서 발전시킨다. 이 경쟁의 끝에서 위조범은 경찰조차 속일 만큼 완벽한 위조지폐를 만들게 되는데, 이것이 바로 GAN이 진짜 같은 데이터를 생성하는 원리이다.

1.1. 딥 러닝의 GAN이 추구하는 목표

GAN의 궁극적인 목표는 실제 데이터와 구별할 수 없을 정도로 사실적인(realistic) 가짜 데이터를 생성하는 것이다. 이 목표를 달성하기 위해, 생성자와 판별자는 다음과 같은 상반된 목표를 가지고 서로를 속고 속이는 제로섬 게임(zero-sum game)을 벌인다.

(1) **생성자(Generator)의 목표:** 무작위 노이즈(noise)로부터 최대한 실제 데이터와 유사한 가짜 데이터를 생성하여, 판별자가 이 가짜 데이터를 '진짜'라고 착각하게 만드는 것이다.

(2) **판별자(Discriminator)의 목표:** 생성자가 만든 가짜 데이터와 실제 데이터를 정확하게 구별하여, 가짜는 '가짜'로, 진짜는 '진짜'로 완벽하게 분류하는 것이다.

이 끊임없는 경쟁적 학습을 통해, 판별자의 능력이 향상될수록 생성자 역시 더 진짜 같은 데이터를 만들도록 강요 받게 되고, 결국에는 매우 높은 수준의 결과물을 생성할 수 있게 된다.

1.2. 딥 러닝의 GAN적용기술의 유형 및 특징

기본적인 GAN 구조를 바탕으로, 특정 과업에 맞춰 성능을 개선한 다양한 유형의 GAN이 존재한다.

1.2.1. DCGAN(Deep Convolutional GAN):

GAN의 생성자와 판별자에 CNN(합성곱 신경망) 구조를 도입한 모델이다. CNN의 이미지 특징 추출 능력을 활용하여, 불안정했던 초기 GAN의 학습 과정을 안정시키고 훨씬 더 고품질의 이미지를 생성하는 데 성공했다.

1.2.2. CycleGAN(Cycle-Consistent GAN):

서로 쌍을 이루지 않는(unpaired) 두 이미지 집합 간의 스타일 변환을 가능하게 하는 혁신적인 모델이다. 예를 들어, 모네의 그림들과 풍경 사진들을 각각 학습시켜, 특정 풍경 사진을 모네의 화풍으로 바꾸거나, 모네의 그림을 실제 사진처럼 변환할 수 있다.

이는 '여름 풍경을 겨울 풍경으로', '말을 얼룩말로' 바꾸는 등 놀라운 변환을 가능하게 한다.

1.2.3. StyleGAN:

생성자의 구조를 정교하게 제어하여, 생성되는 이미지의 '스타일'을 각 해상도 레벨(거시적 스타일, 미시적 스타일 등)에서 제어할 수 있도록 만든 모델이다.

이를 통해 매우 고해상도의 사실적인 인물 사진 등을 생성하는 데 탁월한 성능을 보인다.

1.3. 딥 러닝의 GAN기술의 역할과 기여도

GAN은 AI가 단순히 데이터를 이해하는 것을 넘어 '창조'할 수 있다는 가능성을 보여주며 다음과 같이 기여했다.

(1) **콘텐츠 생성의 자동화:** 이미지, 영상, 음악 등 다양한 창작 분야에서 인간의 개입 없이도 고품질의 콘텐츠를 자동으로 생성하여, 디

자인, 예술, 엔터테인먼트 산업에 큰 영향을 미치고 있다.

(2) **데이터 증강(Data Augmentation)**: 실제 데이터를 구하기 어려운 경우, GAN을 이용해 실제와 유사한 학습 데이터를 대량으로 생성하여 다른 AI 모델의 성능을 향상시키는 데 기여한다.
예를 들어, 희귀 질병의 의료 영상 데이터를 증강하여 진단 AI의 정확도를 높일 수 있다.

(3) **시뮬레이션 및 가상환경 구축**: 현실 세계를 시뮬레이션하는 가상 환경이나 게임 캐릭터, 배경 등을 사실적으로 생성하여, 자율주행차 훈련이나 가상현실(VR) 콘텐츠 개발의 효율성을 높인다.

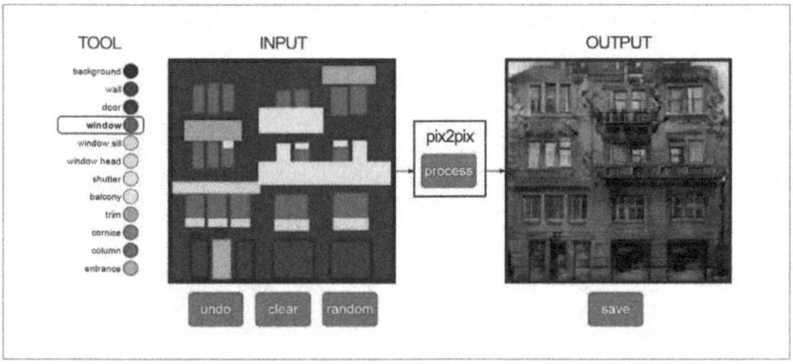

딥러닝 GAN 기반 image-to-image 모델, https://daddynkidsmakers.blogspot.com

1.4. 딥 러닝의 GAN기술의 장단점

■ 딥 러닝의 GAN기술의 장단점

장점	단점
고품질 데이터 생성: 다른 생성 모델에 비해 훨씬 더 선명하고 사실적인 결과물을 만들어낸다.	학습의 불안정성: 생성자와 판별자의 균형이 깨지면 학습이 제대로 이루어지지 않는 '모드 붕괴(Mode Collapse)' 등의 문제가 발생하기 쉽다.

비지도 학습 가능: 정답이 없는 데이터만으로도 학습하여 새로운 데이터를 창조할 수 있다.	성능 평가의 어려움: 생성된 결과물이 얼마나 '좋은지'를 정량적으로 평가할 명확한 기준이 부족하다.
무한한 창의적 잠재력: 스타일 변환, 초고해상도 변환 등 응용 분야가 무궁무진하다.	악용 가능성: 딥페이크(Deepfake)와 같이, 가짜 뉴스나 허위 정보 생성, 사기 등에 악용될 소지가 크다.

1.5. 딥 러닝의 GAN기술의 활용 데이터

GAN은 생성하려는 목표에 따라 다양한 종류의 데이터를 학습에 사용한다. 기본적으로 정답(label)이 없는 대량의 실제 데이터를 필요로 한다.

(1) 이미지 데이터: 인물 사진, 예술 작품, 위성사진, 도시 경관 이미지, 건축물 사진 등.

(2) 영상 데이터: 특정 장면의 비디오 클립.

(3) 음성/음악 데이터: 사람의 음성, 특정 장르의 음악 등.

(4) 3D 모델 데이터: CAD 파일, 3D 스캔 데이터 등.

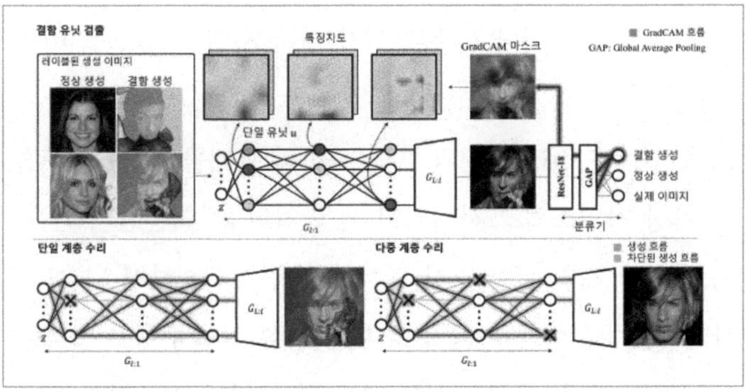

https://gsai.kaist.ac.kr

1.6. 딥 러닝의 GAN기술의 대표적인 활용 예시

(1) **도시 경관 및 건축 디자인 시안 생성:** 건축가가 새로운 건물을 설계할 때, GAN에게 "자하 하디드의 유기적인 스타일에 한국 전통 기와의 곡선을 결합한 미래형 미술관"이라는 컨셉을 제시한다.
GAN은 두 스타일의 특징을 학습하여, 인간이 상상하기 어려운 독창적이고 아름다운 건축 디자인 시안 수십 개를 즉시 생성하여 건축가에게 무한한 영감을 준다

(2) **도시 계획 시뮬레이션을 위한 가상 데이터 생성:** 도시 계획 시뮬레이션에 필요한 다양한 상황의 도시 이미지를 GAN으로 생성한다.
예를 들어, "A 지역에 대규모 공원이 조성되었을 때의 5년 후 모습"이나, "B 지역의 현재 모습을 여름에서 겨울 풍경으로" 바꾸는 등, CycleGAN과 같은 기술을 이용해 시간과 비용이 많이 드는 데이터 수집 과정을 대체하고 다양한 시나리오를 시각적으로 검토할 수 있다.

(3) **오래된 도시 기록 사진의 복원 및 컬러화:** 흑백으로만 남아있는 도시의 옛날 사진이나 훼손된 역사 기록 사진을 GAN을 이용해 복원한다.
AI는 수많은 컬러 사진과 흑백 사진의 관계를 학습하여, 흑백 사진에 가장 자연스럽고 사실적인 색을 입히고, 훼손된 부분을 주변 맥락에 맞게 채워 넣어 과거 도시의 모습을 생생하게 되살려낸다.

(4) **자율주행차 훈련용 가상 도로 환경 생성:** 자율주행 AI를 훈련시키기 위해서는 폭설, 폭우, 안개, 야간 등 다양한 악조건의 도로 데이터가 필요하다.

실제 이런 데이터를 모두 수집하기는 어렵기 때문에, GAN을 이용해 맑은 날의 도로 주행 영상을 폭설이 내리는 사실적인 영상으로 변환하는 등, 희귀하지만 필수적인 훈련 데이터를 대량으로 생성하여 자율주행 AI의 안전성과 신뢰도를 높인다.

2. AI 딥러닝 "GAN"의 도시 분야별 가상 적용 사례

생성적 적대 신경망(GAN)은 두 AI가 서로 경쟁하며 진짜 같은 가짜를 만들어내는, 딥러닝의 가장 창의적인 기술이다.

이 '인공지능 예술가'를 도시에 적용하면, 아직 존재하지 않는 미래를 미리 그려보거나, 상상 속의 공간을 현실처럼 시각화하는 등 환상적인 일들이 가능해진다.

2.1. 도시계획: 미래 도시를 미리 살아보는 '가상 타임머신'

도시계획가는 현재의 정책 결정이 10년, 20년 후 도시의 모습을 어떻게 바꾸어 놓을지 시민들에게 직관적으로 보여주고 싶어 한다. GAN 기반의 '가상 타임머신'은 특정 개발 시나리오에 따른 미래의 도시 경관을 사진처럼 생생하게 생성한다.

(1) **목표:** 현재의 도시 사진과 특정 개발 계획(예: '생태 중심 개발', '고밀도 상업 개발')을 입력 받아, 10년 후의 미래 경관을 사실적인 이미지로 생성한다.

(2) **활용 기술 및 데이터:** 조건부 GAN(Conditional GAN)이 수십 년에 걸친 전 세계 도시들의 위성사진 및 거리 이미지 변화 데이터와, 당시의 개발 정책 데이터를 함께 학습한다.

(3) **GAN의 역할:** 계획가가 'A 지역 현재 사진'과 '생태 중심 개발 계획'이라는 조건을 제시하면, '생성자' AI는 나무가 울창해지고 건물이 친환경적으로 변한 10년 후의 모습을 그린다.
그러면 '판별자' AI는 이 이미지가 실제 도시가 자연스럽게 변화한 모습인지, 아니면 어색한 가짜인지를 날카롭게 판별한다. 이 경쟁을 통해 생성자는 점점 더 진짜 같은 미래 예측도를 만들어낸다.

(4) **환상적인 결과:** 시민들은 더 이상 복잡한 보고서가 아닌, 눈앞에 펼쳐진 두 가지 미래(생태 도시 vs. 상업 도시)의 모습을 보고 직관적으로 선호하는 시나리오를 선택할 수 있다.
이는 도시의 미래에 대한 사회적 합의를 이끌어내는 강력한 소통 도구가 되며, 마치 타임머신을 타고 미래를 보고 온 듯한 경험을 선사한다.

2.2. 환경계획: 기후변화 후의 도시를 그리는 '재난 시뮬레이터'

환경계획가는 '해수면 1m 상승'이나 '극심한 가뭄' 같은 추상적인 기후변화 시나리오가 우리 도시에 미칠 영향을 시민들이 체감하도록 만들고 싶어 한다. 이때 CycleGAN은 평범한 도시의 오늘을 암울한 재난의 내일로 바꾸는 강력한 시각화 도구가 된다.

(1) **목표:** 현재 도시의 평범한 풍경 사진을, 특정 재난(홍수, 가뭄, 산불 등)이 닥친 후의 모습으로 사실적으로 변환한다.

(2) **활용 기술 및 데이터:** CycleGAN이 서로 짝이 없는 두 종류의 이미지, 즉 '전 세계 도시들의 평범한 풍경 사진'과 '전 세계 재난 지역 사진'을 각각 학습한다.

(3) **GAN의 역할:** CycleGAN은 두 이미지 집단의 스타일을 학습하여,

'평범한 풍경'의 스타일을 '홍수 풍경'의 스타일로 바꾸는 변환 규칙을 스스로 터득한다. 예를 들어, 물에 잠긴 건물의 모습, 흙탕물의 색감, 파편화된 도로 등의 특징을 학습하여 멀쩡한 도시에 적용하는 것이다.

(4) **환상적인 결과:** 계획가가 광화문 광장 사진을 AI에 입력하자, AI는 순식간에 광장 절반이 흙탕물에 잠기고, 주변 건물 하단이 물에 침수된 충격적인 이미지를 생성한다.

이 이미지는 TV 뉴스나 보고서의 수치보다 훨씬 더 강력하게 기후위기의 심각성을 시민들에게 전달하며, 기후변화 대응을 위한 예산 확보와 인프라 구축의 필요성을 절실하게 느끼게 만드는 '가상 재난 훈련'의 역할을 수행한다.

2.3. 교통 및 모빌리티 계획: 자율주행차를 위한 '무한 가상 테스트베드'

자율주행차의 안전성을 확보하기 위해서는 폭설, 안개, 야간의 돌발상황 등 수만 가지의 위험한 도로 상황을 경험해야 한다. GAN은 현실에서 수집하기 어려운 주행 환경을 무한히 생성해내는 '가상 도로 공장'이 된다.

(1) **목표:** 자율주행 AI 훈련에 필요한, 희귀하고 위험한 주행 환경 영상을 사실적으로 생성한다.

(2) **활용 기술 및 데이터:** GAN이 수백만 시간 분량의 실제 도로 주행 영상을 학습한다.

(3) **GAN의 역할:** '생성자'는 맑은 날의 주행 영상 데이터를 바탕으로, 여기에 폭설이 내리거나 안개가 짙게 낀 상황, 혹은 갑자기 야생동물이 튀어나오는 상황 등을 사실적으로 합성하여 새로운 주행 영상을 만들어낸다.

'판별자'는 이 영상이 실제 촬영된 영상인지, 컴퓨터가 만든 가짜인지를 감별하며 생성자의 실력을 키운다.

(4) **환상적인 결과:** 자율주행차는 실제 도로에 나가지 않고도, 하루 만에 수백만 킬로미터에 달하는 거리를 '가상으로' 주행할 수 있다. 이 과정에서 현실에서는 10년에 한 번 겪을까 말까 한 온갖 위험천만한 돌발상황을 수천 번씩 경험하며 대응 능력을 완벽하게 단련한다.

이는 자율주행 기술의 개발 기간을 획기적으로 단축하고, 도시를 더 안전한 모빌리티 환경으로 만드는 데 결정적으로 기여한다.

2.4. 도시건축설계: 건축가의 상상력을 증폭시키는 '스타일 융합 AI'

건축가는 서로 다른 두 건축가의 스타일을 결합하여 세상에 없던 새로운 미학을 창조하고 싶어 한다. StyleGAN은 위대한 건축가들의 디자인 DNA를 학습하여, 이들을 자유자재로 융합하는 '인공지능 뮤즈(Muse)' 역할을 한다.

(1) **목표:** 두 가지 이상의 건축 스타일(예: '고딕 양식'과 '미래주의')의 핵심 특징을 결합하여, 독창적이고 미학적으로 완성도 높은 새로운 건축 디자인을 생성한다.

(2) **활용 기술 및 데이터:** StyleGAN이 '안토니 가우디', '르코르뷔지에', '한옥' 등 수많은 건축 스타일별 이미지를 학습한다.

(3) **GAN의 역할:** StyleGAN은 각 스타일의 본질적인 '디자인 문법'을 학습한다. 건축가는 "가우디 스타일 70%와 한옥 스타일 30%를 섞어줘"라고 간단히 명령할 수 있다.

그러면 생성자는 가우디 특유의 유기적인 곡선과 한옥의 고즈넉한 처마선, 그리고 자연 친화적인 재료의 느낌을 함께 담아낸 새로운 디자인을 그려낸다.

(4) **환상적인 결과:** 건축가의 모니터에, 마치 성당의 스테인드글라스처럼 빛이 투과되는 패턴을 가진 유려한 곡선의 지붕과, 전통적인 목재 기둥이 조화를 이루는 환상적인 도서관의 모습이 떠오른다.

이처럼 AI는 건축가가 가진 창의력의 한계를 뛰어넘도록 자극하고, 서로 다른 시대와 문화를 융합하여 미래 도시의 랜드마크가 될 새로운 건축 언어를 창조하는 최고의 파트너가 된다.

소주제 08 확산모델(Diffusion Model): 맑은 물에 잉크를 떨어뜨려 완전히 퍼지게 한 후, 그 잉크가 퍼져 나간 과정을 정확히 역재생하여 다시 맑은 물로 되돌린다

1. 확산모델은 데이터에 점진적으로 노이즈(noise)를 추가하여 완전히 무질서한 상태로 만든 뒤, 그 과정을 거꾸로 거슬러 올라가며 노이즈를 제거하여 다시 원본과 같은 데이터를 생성한다.

확산 모델(Diffusion Model)은 최근 이미지 생성 분야에서 가장 주목받는 딥러닝 기술로, 정돈된 데이터에 점진적으로 노이즈(noise)를 추가하여 완전히 무질서한 상태로 만든 뒤, 그 과정을 거꾸로 거슬러 올라가며 노이즈를 제거하여 다시 원본과 같은 데이터를 생성하는 독특한 방식의 생성 모델이다.

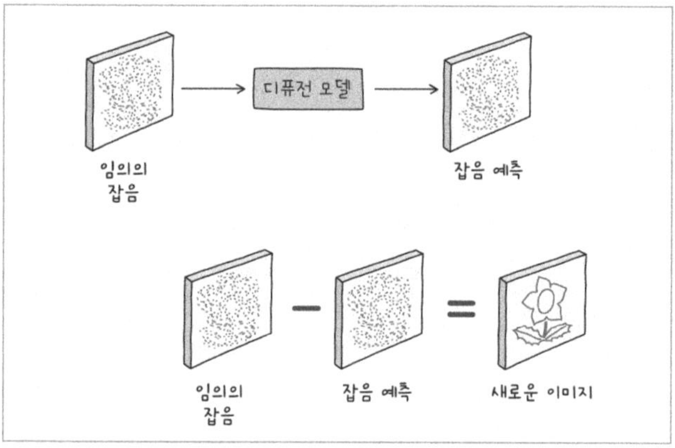

디퓨전 모델(diffusion model) 쉽게 이해하기, https://www.hanbit.co.kr/channel/view.html

이는 마치 맑은 물에 잉크 한 방울을 떨어뜨려 완전히 퍼지게(확산, diffusion) 한 다음, 그 잉크가 퍼져나간 과정을 정확히 역재생하여 다시 맑은 물로 되돌리는 것과 같다.

이 '노이즈 제거(denoising)' 과정을 학습함으로써, 모델은 순수한 노이즈 상태에서 시작하여 점차적으로 정교하고 사실적인 데이터를 '창조'하는 방법을 터득하게 된다.

1.1. 딥 러닝의 확산모델이 추구하는 목표

확산 모델의 궁극적인 목표는 GAN보다 더 안정적으로, 매우 높은 품질과 다양성을 갖춘 데이터를 생성하는 것이다. GAN이 '위조범과 경찰'의 경쟁이라는 불안정한 학습 구조를 가지는 반면, 확산 모델은 '노이즈를 추가했다가 다시 제거하는' 명확하고 안정적인 목표를 가지고 단계적으로 학습한다.

이 과정을 통해 데이터가 어떻게 구성되는지에 대한 확률 분포 자체를 정교하게 학습하며, 최종적으로는 사용자가 원하는 텍스트 설명(프롬프트)에 부합하면서도, 이전에 본 적 없는 새롭고 창의적인 고품질 이미지를 생성하는 것을 목표로 한다.

1.2. 딥 러닝의 확산모델 적용기술의 유형 및 특징

확산 모델은 기본적인 아이디어를 바탕으로 다양한 형태로 발전해왔다.

1.2.1. DDPM(Denoising Diffusion Probabilistic Models):

확산 모델의 개념을 정립하고 뛰어난 성능을 보여준 초기 핵심 모델이다. 이미지에 노이즈를 점진적으로 추가하는 '순방향 프로세스'와, 노이즈를 점진적으로 제거하는 '역방향 프로세스'로 구성된다.

1.2.2. 잠재 확산 모델(Latent Diffusion Model, LDM):

고해상도 이미지 픽셀 공간에서 직접 확산 과정을 수행하는 대신, 이미지를 저차원의 잠재 공간(latent space)으로 압축한 뒤 그곳에서 확산 및 노이즈 제거를 수행하는 방식이다.

이는 계산량을 획기적으로 줄여 훨씬 더 빠른 속도로 고품질 이미지를 생성할 수 있게 만들었다. 유명한 이미지 생성 AI인 '스테이블 디퓨전(Stable Diffusion)'이 바로 이 LDM을 기반으로 한다.

1.2.3. 조건부 확산 모델(Conditional Diffusion Models):

단순히 무작위 이미지를 생성하는 것을 넘어, 텍스트, 스케치, 다른 이미지 등 특정 조건(condition)에 맞는 이미지를 생성하도록 제어하는 모델이다.

"우주비행사가 말을 타고 있는 사진"과 같은 텍스트 프롬프트를 입력하면 그에 맞는 이미지를 생성하는 '텍스트-이미지(Text-to-Image)' 모델들이 여기에 속한다.

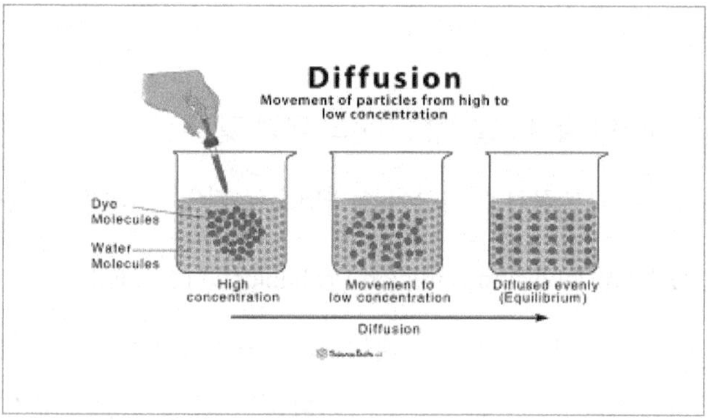

https://vds.sogang.ac.kr/wp-content

1.3. 딥 러닝의 확산모델 기술의 역할과 기여도

확산 모델은 GAN 이후 생성 AI 분야에 또 다른 혁명을 가져왔으며, 다음과 같이 기여하고 있다.

(1) **고품질 이미지 생성의 대중화**: 스테이블 디퓨전과 같은 오픈소스 모델의 등장은 전문가가 아니더라도 누구나 텍스트 입력만으로 고품질의 이미지를 생성할 수 있는 시대를 열었다.

(2) **안정적인 학습과 높은 다양성**: GAN의 고질적인 문제였던 학습 불안정성과 '모드 붕괴(다양한 이미지를 생성하지 못하고 비슷한 이미지만 만드는 현상)' 문제를 상당 부분 해결하여, 더 안정적으로 다채로운 결과물을 만들어낸다.

(3) **다양한 분야로의 확장 가능성**: 이미지뿐만 아니라 오디오, 비디오, 3D 모델 생성 등 다양한 데이터 형태에 적용되며 그 활용 범위를 빠르게 넓혀가고 있다.

1.4. 딥 러닝의 확산모델 장단점

■ 딥 러닝의 확산모델 장단점

장점	단점
높은 품질과 다양성: 생성된 이미지의 품질이 매우 뛰어나고, 같은 프롬프트에도 다양한 결과물을 만들어낸다.	느린 추론(생성) 속도: 노이즈를 여러 단계에 걸쳐 반복적으로 제거해야 하므로, 이미지를 한 번에 생성하는 GAN에 비해 생성 속도가 느리다.
안정적인 학습 과정: GAN에 비해 학습이 훨씬 더 안정적이고 제어하기 쉽다.	많은 계산 자원 필요: 학습과 추론 과정 모두 상당한 양의 컴퓨팅 파워를 요구한다.
효율적인 특징 표현 학습: 데이터의 군더더기를 제거하고 본질적인 구조를 파악하는 데 효과적이다.	악용 가능성: 딥페이크나 가짜 뉴스 등 허위 정보를 담은 사실적인 이미지를 생성하는 데 악용될 우려가 크다.

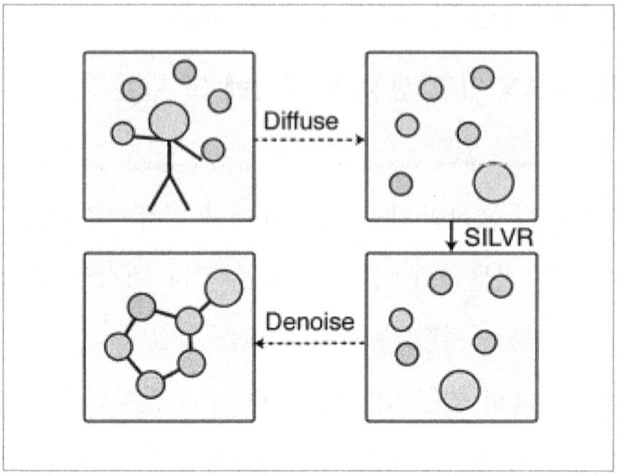

SILVR: Guided Diffusion for Molecule Generationhttps://pubs.acs.org

1.5. 딥 러닝의 확산모델의 활용 데이터

확산 모델은 주로 대규모 이미지-텍스트 쌍 데이터셋을 학습에 활용한다. 인터넷에서 수집한 수억, 수십억 개의 이미지와 그 이미지를 설명하는 텍스트(캡션) 데이터를 함께 학습함으로써, 특정 텍스트(프롬프트)가 어떤 시각적 특징과 연결되는지를 터득한다.

(1) LAION-5B: 약 58억 개의 이미지-텍스트 쌍으로 구성된 대표적인 오픈소스 데이터셋.

(2) 기타 웹에서 크롤링한 방대한 양의 이미지 및 관련 텍스트 데이터.

1.6. 딥 러닝의 확산모델의 대표적인 활용 예시

(1) **도시 계획 아이디어의 즉각적 시각화:** 도시 계획가가 회의 중에 "서울 광화문 광장을 뉴욕 타임스퀘어처럼 활기찬 미디어 광장으로 바꾼다면 어떤 모습일까?"라고 말하며, 이 내용을 텍스트 프롬프트로 확산 모델에 입력한다.

AI는 즉시 광화문 광장의 구조에 타임스퀘어의 거대한 전광판과 화려한 조명 스타일이 결합된 수십 장의 사실적인 조감도를 생성한다. 이를 통해 회의 참석자들은 아이디어를 즉시 시각적으로 공유하고 논의를 발전시킬 수 있다.

(2) **참여형 도시 디자인 워크숍:** 주민 참여 워크숍에서 주민들이 "우리 동네 공원에 아이들을 위한 동화 같은 놀이터와 어르신들을 위한 아늑한 쉼터를 만들어주세요"라는 의견을 낸다.
진행자는 이 의견들을 키워드로 조합하여 AI에 입력하고, 주민들의 상상 속에만 있던 공원의 모습을 다양한 스타일의 이미지로 즉시 생성하여 보여준다. 주민들은 시각화된 결과물을 보며 더 구체적인 의견을 제시하고, 설계 과정에 직접 참여하는 경험을 하게 된다.

(3) **역사 속 도시 모습의 재창조:** 박물관이나 도시 역사 아카이브에서, 텍스트 기록으로만 남아있는 '18세기 한양의 저잣거리 모습'을 복원하고자 한다. 역사학자의 고증을 바탕으로 "초가집과 기와집이 섞여 있고, 짚신 장수와 엿장수가 보이는 활기찬 저잣거리 풍경, 저 멀리 인왕산이 보이는 구도"와 같은 상세한 프롬프트를 입력한다.
확산 모델은 이를 바탕으로 마치 당시의 화가가 그린 듯한 생생하고 사실적인 풍경화를 생성하여, 역사 교육과 콘텐츠 제작에 활용한다.

(4) **미래 건축물의 비주얼 프로토타이핑:** 건축가가 "해초의 유기적인 형태를 모티브로 한 해변의 친환경 리조트, 파도 에너지를 활용하는 시스템이 외관에 드러나는 디자인"이라는 복잡한 아이디어를 구상한다.
확산 모델은 이 추상적인 개념을 해석하여, 즉시 수십 가지의 독창적인 건축물 외관 디자인 시안을 생성한다. 건축가는 이를 통해 초기 디자인 단계를 획기적으로 단축하고, 클라이언트에게 아이디어를 효과적으로 전달하는 비주얼 프로토타입으로 활용한다.

2. AI 딥러닝 “확산 모델”의 도시 분야별 가상 적용 사례

확산 모델(Diffusion Model)은 순수한 노이즈에서 출발하여 사용자가 원하는 세상을 창조해내는, 현존하는 가장 강력한 이미지 생성 AI이다.

이 ‘인공지능 창조주’를 도시의 각 분야에 적용하면, 추상적인 아이디어나 복잡한 데이터를 즉시 사실적인 이미지로 시각화하여, 계획과 설계의 패러다임을 바꾸는 환상적인 경험을 할 수 있다.

2.1. 도시계획: 시민의 목소리로 그리는 ‘실시간 도시 캔버스’

도시계획가는 공원 설계안을 두고 열린 주민 공청회에서, 시민들의 다양한 의견을 즉각적으로 설계에 반영하여 보여주고 싶어 한다. 확산 모델은 시민들의 목소리를 물감 삼아 실시간으로 미래 공원을 그리는 ‘마법의 캔버스’가 된다.

(1) **목표:** 주민 공청회에서 나오는 다양한 의견들을 텍스트로 입력받아, 해당 의견이 반영된 공원의 모습을 사실적인 조감도 이미지로 즉시 생성한다.

(2) **활용 기술 및 데이터:** 텍스트-이미지(Text-to-Image) 확산 모델이 사용된다. 이 모델은 “공원”, “아이들”, “벤치”와 같은 단어와 시각적 이미지를 연결하는 능력을 학습했다.

(3) **확산 모델의 역할:** 한 주민이 “아이들이 안전하게 발을 담글 수 있는 얕은 실개천이 있었으면 좋겠어요”라고 말한다.

계획가는 즉시 노트북에 "버드나무 아래 나무 벤치가 놓인, 아이들이 발을 담그고 노는 얕은 실개천이 있는 화창한 공원 풍경, 따뜻하고 가족적인 분위기의 사진 스타일"이라는 프롬프트를 입력한다.

확산 모델은 이 텍스트를 해석하여, 노이즈 상태에서 점차 실개천과 나무, 벤치의 형태를 그려나가며 생생한 공원의 이미지를 스크린에 띄운다.

(4) **환상적인 결과:** 다른 주민이 "실개천 옆에 작은 야외 무대도 있으면 좋겠네요"라고 덧붙이자, 계획가는 프롬프트에 '작은 야외 무대'를 추가하고 새로운 이미지를 즉시 생성한다.

이처럼 더 이상 말과 글로만 진행되던 회의가, 모두가 함께 미래의 모습을 눈으로 보며 만들어가는 '실시간 디자인 워크숍'으로 변모한다. 이는 시민들의 참여를 극대화하고, 계획에 대한 만족도와 이해도를 획기적으로 높인다.

2.2. 환경계획: 사라진 생태계를 복원하는 '가상 복원 전문가'

환경계획가는 콘크리트로 뒤덮인 도시 하천을 수십 년 전의 자연 생태 하천으로 복원하는 프로젝트를 추진하고자 한다. 확산 모델은 기록으로만 남아있는 과거의 생태계를 현실보다 더 현실 같은 모습으로 되살려내는 '가상 생태 복원가' 역할을 한다.

(1) **목표:** 현재의 삭막한 하천 사진을 입력하고, 과거의 생태 기록을 텍스트로 설명하여, 하천이 자연 상태로 완벽하게 복원되었을 때의 모습을 이미지로 생성한다.

(2) **활용 기술 및 데이터:** 이미지-이미지(Image-to-Image) 변환 및 텍스트 조건이 결합된 확산 모델이 활용된다.

(3) **확산 모델의 역할:** 계획가는 현재의 회색빛 콘크리트 하천 사진과 함께, "콘크리트 둑이 사라지고 붓꽃과 갈대가 무성한 자연적인 흙 언덕으로 바뀜. 맑은 물속에는 피라미 떼가 보이고, 둑 위에는 수달 가족이 쉬고 있는 모습. 내셔널 지오그래픽 다큐멘터리 사진 스타일"이라는 상세한 복원 목표를 프롬프트로 제공한다.

확산 모델은 기존 사진의 구도를 유지하면서, 텍스트의 설명에 따라 콘크리트를 풀과 흙으로, 흙탕물을 맑은 물과 물고기로 '대체'하여 새로운 이미지를 창조한다.

(4) **환상적인 결과:** 이 생생한 복원 이미지는 프로젝트의 비전과 목표를 그 어떤 보고서보다도 강력하게 전달한다. 이는 시민들의 지지를 얻고, 시의회의 예산을 확보하는 데 결정적인 역할을 한다.

또한, 복원 공사를 담당할 조경 설계가와 시공사에게 명확한 시각적 목표를 제시하는 '가이드라인'이 되어, 성공적인 생태 복원 프로젝트를 이끈다.

2.3. 교통 및 모빌리티 계획: 미래 모빌리티를 위한 '가상 쇼룸'

교통계획가는 차선을 줄이고 자전거 도로와 보행자 공간을 늘리는 정책이 가져올 긍정적인 변화를 시민들에게 설득하고 싶어 한다. 확산 모델은 딱딱한 정책 문서를 활기찬 미래 도시의 쇼룸으로 바꾸어 준다.

(1) **목표:** 현재의 복잡한 도로 사진을, 미래 모빌리티 시스템이 도입된 후의 모습으로 변환하여 보여준다.

(2) **활용 기술 및 데이터:** 이미지-이미지 변환 확산 모델이 도시의 현재 사진과 미래 교통수단에 대한 텍스트 프롬프트를 함께 사용한다.

(3) **확산 모델의 역할:** 계획가는 강남대로의 현재 사진을 AI에 보여주며

다음과 같이 속삭인다. “2040년의 강남대로. 왕복 8차선 도로는 4차선으로 줄어들고, 그 자리에는 넓은 자전거 하이웨이와 녹지 공간이 생김. 소리 없이 움직이는 자율주행 셔틀과 개인용 모빌리티가 보이고, 주차장이 있던 자리에는 사람들이 앉아서 쉬는 벤치와 노천카페가 있음. 밝고 활기찬 미래도시 스타일”.

확산 모델은 이 지시에 따라 아스팔트를 지우고 그 자리에 푸른 나무와 자전거, 행복한 표정의 사람들을 그려 넣는다.

(4) **환상적인 결과:** 시민들은 ‘차선 감소’라는 단어에서 오는 막연한 불안감 대신, 더 쾌적하고 안전하며 인간적인 거리의 모습을 눈으로 직접 확인하게 된다. 자동차 중심 사회에서 보행자 중심 사회로의 전환이 가져올 삶의 질 향상을 체감하며, 미래 모빌리티 정책에 대한 강력한 지지자로 변모한다.

2.4. 도시건축설계: 건축가의 꿈을 실현하는 ‘건축 영감 생성기’

건축가는 “파도의 움직임에서 영감을 받은 유기적인 형태의 미술관”이라는 추상적인 아이디어를 구체적인 디자인으로 발전시키는 데 어려움을 겪고 있다. 확산 모델은 건축가의 머릿속에만 있던 꿈을 눈앞에 펼쳐 보이는 ‘무한한 영감의 원천’이 된다.

(1) **목표:** 추상적이고 시적인 텍스트 묘사만으로, 독창적이고 구체적인 건축 디자인 콘셉트 이미지를 생성한다.

(2) **활용 기술 및 데이터:** 텍스트-이미지 확산 모델이 수많은 건축 사진과 디자인 잡지, 예술 작품을 학습한다.

(3) **확산 모델의 역할:** 건축가는 자신의 아이디어를 다음과 같이 구체적으로 묘사한다. “바다가 보이는 절벽 위에 세워진 미술관. 부서지

는 파도의 역동적인 형태를 닮은 유선형의 건축물. 외벽은 밤이 되면 스스로 빛을 내는 반투명 신소재로 만들어져 있고, 절벽과 건물이 하나처럼 자연스럽게 연결된 모습. 세계적인 건축상 수상작 사진 스타일".

확산 모델은 이 모든 키워드를 조합하여, 이 세상에 없던 환상적이고 아름다운 미술관의 이미지를 여러 각도와 스타일로 생성한다.

(4) **환상적인 결과:** 건축가는 AI가 생성한 수십 장의 이미지를 보며 자신의 초기 아이디어를 다듬고 발전시킬 결정적인 영감을 얻는다. 클라이언트나 투자자에게 자신의 비전을 설명할 때, 더 이상 말과 스케치에 의존할 필요 없이, 모두가 감탄할 만한 사실적인 이미지를 통해 소통한다.

이는 설계 초기 단계의 시간을 획기적으로 단축하고, 인간의 창의성과 AI의 표현력이 결합된 새로운 건축의 시대를 열게 한다.

소주제 09 워드 임베딩(Word Embedding): 컴퓨터는 '도시', '공원'과 같은 단어의 의미를 이해하지 못하므로, 각 단어를 고유한 좌표 값을 가진 공간상의 한 점으로 표현한다

1. 워드 임베딩(Word Embedding)은 컴퓨터가 인간의 언어, 즉 텍스트를 이해하고 처리할 수 있도록 단어를 숫자로 이루어진 벡터(vector)로 변환하는 기술이다.

워드 임베딩(Word Embedding)은 컴퓨터가 인간의 언어, 즉 텍스트를 이해하고 처리할 수 있도록 단어를 숫자로 이루어진 벡터(vector)로 변환하는 기술이다. 컴퓨터는 '도시', '공원', '나무'와 같은 단어의 의미를 직접 이해하지 못하므로, 각 단어를 고유한 좌표값을 가진 공간상의 한 점으로 표현하는 것이다.

이는 마치 밤하늘의 별들을 2차원 또는 3차원 좌표로 표시하는 것과 같다. 중요한 점은, 이 변환 과정에서 단어의 '의미'와 '문맥'이 벡터 값에 녹아들게 된다는 것이다. 즉, 비슷한 의미를 가진 단어들은 벡터 공간상에서 서로 가까운 위치에 놓이게 된다.

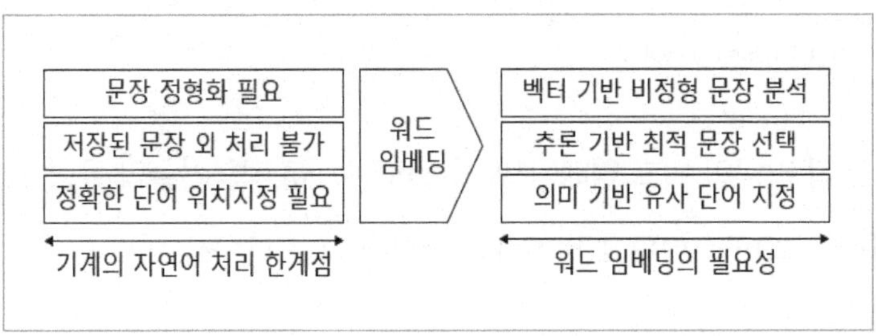

https://blog.skby.net

1.1. 딥 러닝의 워드 임베딩(Word Embedding)이 추구하는 목표

워드 임베딩의 핵심 목표는 단어의 의미적, 문법적 관계를 다차원 벡터 공간에 기하학적으로 표현하는 것이다. 단순히 단어를 숫자로 일대일 대응시키는 것(예: 도시=1, 공원=2)을 넘어, 단어들 간의 복잡한 관계를 벡터 연산으로 표현할 수 있도록 하는 것이 목표이다.

가장 유명한 예시로 '왕' - '남자' + '여자' = '여왕' 이라는 벡터 연산이 가능한데, 이는 '왕' 벡터에서 '남성성'을 빼고 '여성성'을 더하면 '여왕' 벡터와 매우 가까워진다는 의미이다. 이처럼 단어의 의미를 벡터 공간에 '임베딩(embedding, 끼워 넣다)'함으로써, 컴퓨터가 단어의 유추, 유사도 계산, 분류 등 고차원적인 언어 과업을 수행할 수 있게 하는 것이 궁극적인 목표이다.

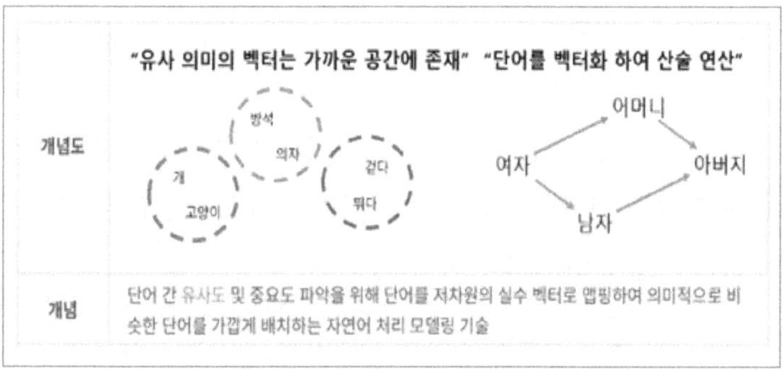

https://blog.skby.net

1.2. 딥 러닝의 워드 임베딩(Word Embedding) 적용기술의 유형 및 특징

단어의 의미를 벡터로 변환하는 방식에 따라 다양한 워드 임베딩 기법이 개발되었다.

1.2.1. Word2Vec:

가장 널리 알려진 예측 기반의 임베딩 모델이다. 특정 단어 주변에 나타나는 단어들을 예측하거나(Skip-gram), 주변 단어들을 보고 중심 단어를 예측하는(CBOW) 두 가지 방식으로 학습한다. 대규모 텍스트 데이터로부터 단어 간의 의미적 관계를 빠르고 효율적으로 학습할 수 있다.

1.2.2. GloVe(Global Vectors for Word Representation):

전체 텍스트 데이터에서 각 단어가 다른 단어와 함께 등장하는 빈도, 즉 '동시 등장 통계' 정보를 직접적으로 활용한다. Word2Vec이 지역적인 문맥(주변 단어)에 집중한다면, GloVe는 전체적인(Global) 통계 정보를 함께 고려하여 임베딩의 정확도를 높인다.

1.2.3. FastText:

Word2Vec을 개발한 연구팀이 페이스북에서 발표한 모델로, 단어를 통째로 벡터로 만드는 것이 아니라 더 작은 단위의 부분 단어(subword)들로 나누어 학습한다.

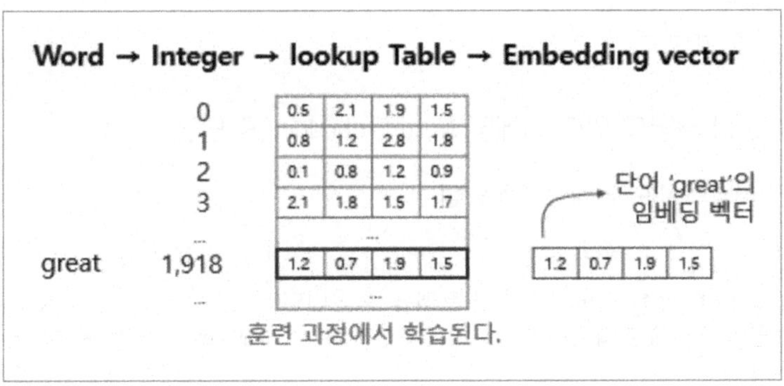

사전 훈련된 워드 임베딩(Pre-trained Word Embedding), https://wikidocs.net/33793

예를 들어, '도시계획'이라는 단어를 '도시', '시계', '계획' 등으로 나누어 학습한다. 이 덕분에 오타가 있거나 사전에 없는 새로운 단어(신조어)에 대해서도 유연하게 벡터를 추정할 수 있다는 큰 장점이 있다.

1.3. 딥 러닝의 워드 임베딩(Word Embedding)기술의 역할과 기여도

워드 임베딩은 현대 자연어 처리(NLP) 기술의 근간을 이루는 핵심적인 전처리(pre-processing) 기술이다.

(1) **자연어의 수치화 및 AI 입력 데이터 변환**: 텍스트를 AI 모델이 이해하고 계산할 수 있는 숫자 데이터(벡터)로 변환하는 가장 기본적인 역할을 수행한다. 워드 임베딩이 없으면 대부분의 딥러닝 기반 NLP 모델은 작동할 수 없다.

(2) **단어의 의미적 관계 학습**: AI가 단어의 표면적인 형태가 아닌, 그 안에 담긴 의미와 문맥을 파악할 수 있게 하여 번역, 요약, 감성 분석 등의 성능을 비약적으로 향상시켰다.

(3) **컴퓨터의 유추 능력 부여**: 단어 벡터 간의 연산을 통해 컴퓨터가 인간처럼 유추하고 관계를 파악할 수 있는 길을 열었다.('서울' - '한국' + '일본' = '도쿄')

1.4. 딥 러닝의 워드 임베딩(Word Embedding)장단점

■ 딥 러닝의 워드 임베딩의 장단점

장점	단점
단어의 의미 함축: 단어의 의미와 문맥을 저차원의 벡터에 효과적으로 압축하여 표현한다.	동음이의어 문제(Polysemy): '배(ship)'와 '배(pear)', '배(body part)'를 문맥에 상관없이 모두 동일한 벡터로 표현하는 한계가 있다.(이는 후에 등장하는 BERT와 같은 문맥 기반 임베딩에서 해결된다.)

컴퓨팅 효율성: 고차원의 희소 벡터(One-hot-encoding)에 비해 훨씬 적은 차원으로 표현하여 계산 효율성과 성능을 높인다.	신조어 및 미등록 단어 문제: 학습 데이터에 없던 단어는 벡터를 얻을 수 없다.(FastText는 이 문제를 완화함)
뛰어난 일반화 성능: 잘 학습된 임베딩 벡터는 다양한 NLP 과제에서 좋은 성능을 발휘하는 범용적인 특징으로 사용될 수 있다.	대규모 데이터 필요: 단어의 의미를 정확하게 학습하기 위해서는 방대한 양의 텍스트 데이터가 필요하다.

1.5. 워드 임베딩(Word Embedding)의 활용 데이터

워드 임베딩은 모델을 학습시키기 위해 대규모의 정제되지 않은 자연어 텍스트 데이터를 활용한다. 특정 분야의 임베딩을 만들고 싶다면 해당 분야의 텍스트를 사용한다.

(1) **일반 분야**: 위키피디아 덤프, 뉴스 기사 모음, 책, 웹페이지 텍스트 등.

(2) **도시 분야**: 도시 계획 관련 보고서, 연구 논문, 도시 관련 뉴스 기사, 부동산 관련 문서, 건축법 및 도시계획법규 텍스트, 민원 데이터 등.

1.6. 워드 임베딩(Word Embedding)대표적인 활용 예시

(1) **AI 도시 민원 분석 시스템**: 시청에 접수되는 수많은 민원 텍스트를 AI가 자동으로 분석하여 관련 부서에 배정한다. 예를 들어, "저희 동네 공원에 가로등이 너무 어두워서 밤에 무서워요"라는 민원이 접수되면, AI는 '공원', '가로등', '어두워서', '밤' 등의 단어 벡터를 분석한다.

워드 임베딩을 통해 '공원', '가로등'은 '공원녹지과'와, '어두워서', '밤'은 '안전'과 가깝다는 것을 이해하고, 해당 민원을 '공원녹지과'

와 '시민안전과'에 동시에 전달하여 신속한 처리를 돕는다.

(2) **도시 계획 보고서 및 논문 검색 엔진**: 도시 계획가가 '보행자 친화적인 상업 공간 활성화 방안'에 대한 자료를 찾고 싶어 한다. 그는 검색어에 '보행자'와 '상업 공간'을 입력한다.

고도화된 검색 엔진은 워드 임베딩을 통해 '보행자'와 의미적으로 유사한 '걷고 싶은 거리', '차 없는 거리', '보행 환경' 등의 단어를, '상업 공간'과 유사한 '상권', '골목상점', '가로활성화' 등의 단어를 함께 고려하여 훨씬 더 풍부하고 정확한 검색 결과를 제공한다.

(3) **부동산 자동 가치 평가**: 특정 부동산의 소개글에 포함된 텍스트를 분석하여 가치 평가에 반영한다.

예를 들어, "지하철역 초역세권", "한강 조망 가능", "명문 학군 인접"과 같은 텍스트가 포함된 매물의 경우, 워드 임베딩을 통해 해당 단어들이 '높은 가격'과 강한 상관관계가 있음을 학습한 AI가 부동산의 가치를 더 높게 평가하는 데 활용한다.

(4) **도시 관련 소셜 미디어 여론 분석**: 소셜 미디어에 올라오는 특정 도시 정책이나 시설에 대한 시민들의 반응을 실시간으로 분석한다.

"이번에 새로 생긴 XX 도서관, 디자인은 멋진데 책상이 너무 불편해"라는 글이 있다면, AI는 '디자인', '멋진데'라는 단어에서 긍정적 감성을, '책상', '불편해'라는 단어에서 부정적 감성을 추출하여, 도서관의 디자인에 대한 만족도는 높지만 시설 편의성에 대한 불만이 있음을 정량적으로 파악하여 보고한다.

2. AI 딥러닝 “워드 임베딩”의 도시 분야별 가상 적용 사례

워드 임베딩은 단어에 생명을 불어넣어 그 의미와 관계를 이해하게 만드는 기술이다. 컴퓨터는 이 기술을 통해 단어의 숨은 맥락을 파악하고 인간처럼 유추할 수 있게 된다.

이 ‘단어의 의미를 아는 AI’를 도시의 각 분야에 적용하면, 텍스트 데이터 속에서 보이지 않던 시민의 마음과 도시의 문제를 발견하는 환상적인 일들이 가능해진다.

2.1. 도시계획: 시민의 숨은 의도를 읽는 ‘AI 민원 탐정’

도시계획가는 시민들이 제출하는 민원 텍스트의 표면적인 단어 너머, 그 안에 담긴 진짜 불편함의 원인을 찾아내고 싶어 한다. 워드 임베딩 기술은 민원 데이터의 숨겨진 맥락을 분석하는 ‘AI 민원 탐정’ 역할을 한다.

(1) **목표:** 민원 텍스트에 나타난 단어들의 의미적 유사성을 분석하여, 개별 민원들의 근본적인 원인을 파악하고 그룹화한다.

(2) **워드 임베딩의 역할:** AI 탐정은 수백만 건의 과거 민원 데이터를 학습하여 ‘도시 단어 공간’을 구축한다. 이 공간 속에서 AI는 ‘쓰레기’, ‘악취’, ‘쥐’ 와 같은 단어들이 매우 가까운 위치에 있으며, 이들이 모두 ‘청소 주기’라는 문제와 강하게 연결되어 있음을 학습한다.
또한 “밤길이 너무 어두워요”라는 민원과 “혼자 귀가하기 무서워요”라는 민원이 ‘가로등 부족’이라는 동일한 뿌리를 가지고 있음을 이해한다.

(3) **환상적인 결과:** 한 시민이 “요즘 동네에 쥐가 너무 많아졌어요”라는 민원을 접수한다. 과거 시스템이라면 이를 단순히 ‘방역 요청’으로

처리했겠지만, AI 탐정은 이 민원이 '쓰레기', '악취' 클러스터에 속함을 즉시 파악한다.

그리고 담당자에게 "방역 조치와 더불어, 해당 지역의 쓰레기 수거 빈도 및 무단 투기 문제를 함께 점검할 필요가 있습니다"라는 근본적인 해결책을 제안한다. 이는 증상만 치료하는 것이 아니라, 문제의 원인을 제거하는 한 차원 높은 도시 행정을 가능하게 한다.

2.2. 환경계획: 환경영향평가 보고서의 핵심을 꿰뚫는 'AI 요약봇'

환경계획가는 수백 페이지에 달하는 복잡한 환경영향평가 보고서를 빠르게 검토하고 핵심적인 쟁점을 파악해야 한다. 워드 임베딩을 학습한 'AI 요약봇'은 이 지루한 작업을 대신하는 전문 분석가 역할을 한다.

(1) **목표**: 방대한 양의 환경 보고서 텍스트를 분석하여, 핵심적인 환경 리스크와 저감 방안의 관계를 요약하고 그 효과성에 대한 뉘앙스까지 파악한다.

(2) **워드 임베딩의 역할**: AI 요약봇은 수천 건의 환경 관련 논문과 보고서를 학습하여, 전문 용어들의 관계를 이해한다. 예를 들어, '생물다양성 감소'와 '서식지 파편화'가 밀접한 '문제점'이며, '생태 통로 조성'이 그에 대한 '해결책'임을 벡터 공간상의 관계로 파악한다. 또한 '효과적일 것으로 기대됨', '효과가 제한적일 수 있음' 과 같은 미묘한 표현의 긍정/부정 뉘앙스도 학습한다.

(3) **환상적인 결과**: 계획가가 500페이지 분량의 보고서를 AI에 입력한다. 단 몇 분 만에 AI는 "본 보고서의 핵심 환경 리스크는 '조류 서식지 파괴'이며, 이에 대한 저감 방안으로 '인공 대체 서식지'가 제시되었음.

하지만 보고서 7장 3절에 따르면, 해당 방안의 실효성에 대해서는 '추가적인 연구가 필요하다'고 언급되어 신뢰도가 높지 않음" 과 같은 명쾌한 요약 보고서를 생성한다. 이를 통해 계획가는 문서의 핵심을 즉시 꿰뚫어 보고, 더 깊이 검토해야 할 부분을 정확히 찾아낼 수 있다.

2.3. 교통 및 모빌리티 계획: 소셜 미디어로 교통 불편을 감지하는 'AI 리스너'

교통 당국은 공식적인 민원이 접수되기 전에, 시민들이 소셜 미디어에서 표출하는 일상적인 교통 불편함을 먼저 포착하고 싶어 한다. 워드 임베딩 기반의 'AI 리스너'는 도시의 소셜 미디어를 24시간 들으며 시민들의 목소리에 귀 기울인다.

(1) **목표:** 트위터, 블로그 등 소셜 미디어에 나타나는 교통 관련 게시글의 의미를 실시간으로 분석하여, 시민들이 느끼는 불편함의 종류와 위치를 파악한다.

(2) **워드 임베딩의 역할:** AI 리스너는 수억 개의 교통 관련 게시글을 학습하여, '지옥철', '콩나물시루'와 같은 신조어나 은어가 '지하철' + '혼잡' + '부정적 감성'을 의미한다는 것을 벡터 관계로 이해한다. 또한 "버스가 너무 안 와요" 라는 불평과 "배차 간격이 왜 이래?" 라는 불평이 사실상 '운행 빈도'라는 같은 문제를 지적하고 있음을 파악한다.

(3) **환상적인 결과:** 어느 월요일 아침, AI 리스너가 "2호선에서 '숨 막힌다', '지옥철' 등 '혼잡'과 관련된 부정적인 단어의 출현 빈도가 평소보다 30% 급증함"을 감지한다.

공식적인 역내 혼잡도 데이터가 위험 수준에 도달하기 전에, 시스템은 교통 관제 센터에 "2호선에 잠재적인 승객 밀집 문제가 발생하고 있습니다. 예비 열차 투입을 검토하십시오" 라는 경보를 보낸다. 이는 시민들의 목소리를 가장 빠른 데이터로 활용하는 선제적 교통 운영을 가능하게 한다.

2.4. 도시건축설계: 건축 법규를 이해하는 'AI 건축 변호사'

건축가는 자신의 설계안이 수천 개 조항에 달하는 복잡한 건축 법규를 모두 준수하는지 확인해야 하는 어려움을 겪는다. 워드 임베딩을 통해 법규를 통째로 학습한 'AI 건축 변호사'는 설계 단계의 든든한 법률 자문이 된다.

(1) **목표**: 건축가가 작성한 설계 설명서를 분석하여, 잠재적인 건축 법규 위반 가능성을 자동으로 찾아내고 경고한다.

(2) **워드 임베딩의 역할**: AI 변호사는 대한민국의 모든 건축법, 소방법, 주차장법 텍스트를 학습하여 법률 용어 간의 관계를 벡터로 이해한다. '고층 건축물'이라는 단어는 '피난안전구역'과 '특별피난계단'이라는 단어와 반드시 강한 관계를 가져야 함을 학습한다.
또한 '다중이용업소'는 '비상구' 및 '스프링클러'와, '장애인용 승강기'는 '유효 바닥 면적'과 긴밀한 관계가 있음을 안다.

(3) **환상적인 결과**: 건축가가 "12층 규모의 학원 건물로, 중앙 계단을 통해 모든 층이 연결되는 디자인"이라는 설계 개요를 작성한다.
AI 변호사는 즉시 이를 분석하고 "경고: 12층 규모의 '학원(다중이용업소)'은 '직통계단'을 2개소 이상 설치해야 하는 법규(건축법 시행령 제34조)와 상충될 가능성이 있습니다. '중앙 계단'만으로는 '피난'

요건을 충족하지 못할 수 있으니 설계를 재검토하십시오" 라는 구체적인 경고 메시지를 보낸다. 이처럼 AI는 설계 초기 단계에서부터 치명적인 법규 위반을 막아주는 최고의 파트너가 된다.

소주제 10 트랜스포머(Transformer): RNN이 단어를 하나씩 문장의 의미를 파악한다면, 트랜스포머는 문장 전체를 한 번에 입력 받아 단어들 사이의 관계를 파악한다

1. 순환 신경망(RNN)이 단어를 하나씩 순서대로 처리하며 문장의 의미를 파악했다면, 트랜스포머는 문장 전체를 한 번에 입력 받아 단어들 사이의 관계를 종합적으로 파악한다.

트랜스포머(Transformer)는 2017년 구글이 발표한 논문 "Attention Is All You Need"에서 처음 등장한 딥러닝 모델로, 기존의 순차적인 데이터 처리 방식의 틀을 깨고 자연어 처리(Natural Language Processing, NLP) 분야에 혁명을 일으킨 기술이다.

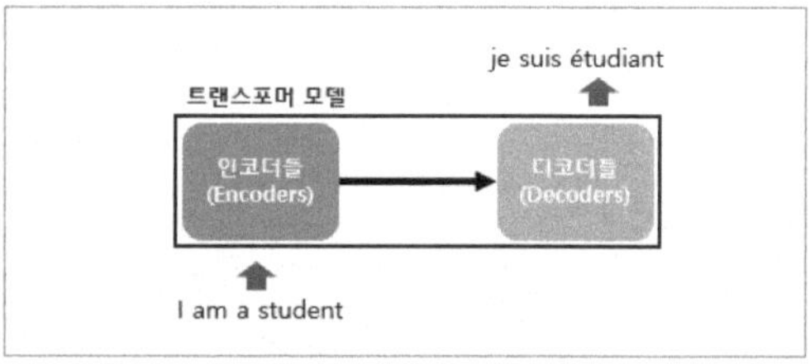

출처: 딥 러닝을 이용한 자연어 처리 입문

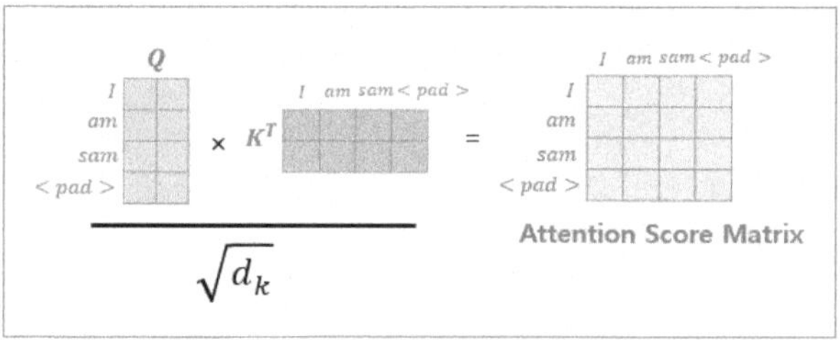

https://wikidocs.net

이전 모델인 순환 신경망(RNN)이 단어를 하나씩 순서대로 처리하며 문장의 의미를 파악했다면, 트랜스포머는 문장 전체를 한 번에 입력받아 단어들 사이의 관계를 종합적으로 파악한다.

이 과정의 핵심에는 '어텐션(Attention)' 메커니즘이 있는데, 이는 문장 내에서 어떤 단어가 다른 단어와 더 중요하게 관련되어 있는지에 '주목'하여 그 관계의 강도를 계산하는 방식이다. 즉, 문장의 모든 요소를 동시에 고려하여 맥락을 파악하는, 매우 효율적이고 정교한 독해 기술이라고 할 수 있다.

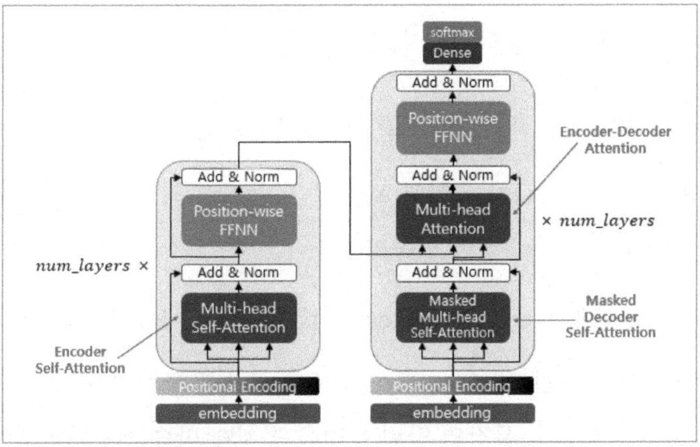

https://wikidocs.net

위 그림은 트랜스포머의 아키텍처에서 세 가지 어텐션이 각각 어디에서 이루어지는지를 보여준다. 세 개의 어텐션에 추가적으로 '멀티 헤드'라는 이름이 붙어있다. 트랜스포머가 어텐션을 병렬적으로 수행하는 방법을 의미한다.

1.1. 딥 러닝의 트랜스포머가 추구하는 목표

트랜스포머의 핵심 목표는 입력된 데이터 시퀀스(sequence) 내의 모든 요소 간의 장거리 의존성(long range dependency)과 복잡한 관계를 효과적으로 학습하는 것이다.

RNN 계열 모델은 문장이 길어질수록 맨 앞에 나왔던 단어의 정보를 잊어버리는 '장기 의존성 문제'가 있었지만, 트랜스포머는 문장의 모든 단어 쌍 사이의 관계를 직접 계산하므로 이러한 문제가 없다.

궁극적으로 트랜스포머는 입력된 문장의 문맥적 의미를 완벽하게 이해하고, 이를 바탕으로 고품질의 번역, 요약, 문장 생성, 질의응답 등의 과업을 수행하는 것을 목표로 한다.

1.2. 딥 러닝의 트랜스포머 적용기술의 유형 및 특징

트랜스포머 아키텍처는 현대 AI 모델의 근간이 되었으며, 특히 다음과 같은 모델들로 그 우수성이 입증되었다.

1.2.1. BERT(Bidirectional Encoder Representations from Transformers):

트랜스포머의 '인코더(Encoder)' 구조를 활용한 모델이다. 문장의 빈칸을 채우는 연습처럼, 문장의 앞뒤 문맥을 동시에 학습하여 단어의 의미를 파악한다. 이는 문맥을 이해하는 능력이 매우 뛰어나 검색, 텍스트 분류, 개체명 인식 등 다양한 NLP 과제에서 최고의 성능을 보였다.

1.2.2. GPT(Generative Pre-trained Transformer):

트랜스포머의 '디코더(Decoder)' 구조를 기반으로 한다. 다음에 올 단어를 예측하는 방식으로 학습하여, 매우 자연스럽고 논리적인 문장을 '생성'하는 데 특화되어 있다. ChatGPT가 바로 이 GPT 모델 계열에 속하며,

창의적인 글쓰기, 챗봇, 코드 생성 등에서 강력한 성능을 보인다.

1.2.3. 비전 트랜스포머(Vision Transformer, ViT):

트랜스포머의 성공을 NLP를 넘어 이미지 인식 분야로 확장한 모델이다. 이미지를 여러 개의 작은 패치(patch)로 나눈 뒤, 이를 단어처럼 취급하여 이미지 전체의 맥락과 구조를 파악한다. 이는 기존의 CNN과 경쟁하며 이미지 분류 등에서 높은 성능을 보이고 있다.

1.2.4. 핵심 특징: 셀프 어텐션(Self-Attention)

트랜스포머의 심장과 같은 기술이다. 문장 내의 모든 단어들이 서로에게 "나는 너와 얼마나 관련이 깊니?"라고 묻고 점수를 매기는 과정과 같다. 예를 들어 "그 로봇은 배터리가 부족해서 움직이지 않았다"라는 문장에서, '그것'이 '로봇'을 가리키는 것임을 높은 어텐션 점수를 통해 파악하게 된다. 이 덕분에 문장의 구조와 의미를 훨씬 깊이 있게 이해할 수 있다.

1.3. 딥 러닝의 트랜스포머 기술의 역할과 기여도

트랜스포머는 AI 기술의 패러다임을 전환시킨 혁신적인 모델로, 그 역할과 기여도는 지대하다.

(1) **자연어 처리(NLP)의 비약적 발전:** 기계 번역, 텍스트 요약, 챗봇 등의 성능을 인간의 수준에 근접시키거나 뛰어넘게 만들었다. 이는 AI가 인간의 언어를 훨씬 더 잘 이해하고 구사하게 되었음을 의미한다.

(2) **거대 언어 모델(LLM) 시대의 개막:** BERT, GPT와 같은 사전 훈련된 거대 모델의 기반이 되어, 특정 과제에 맞게 약간의 추가 학습(미세 조정, fine-tuning)만 거치면 다양한 분야에 즉시 투입될 수 있는 범용 AI의 가능성을 열었다.

(3) **다양한 도메인으로의 확장성:** 언어 뿐만 아니라 이미지, 음성, 신약 개발, 유전자 분석 등 시퀀스 데이터가 존재하는 거의 모든 분야로 확장되어, 각 분야의 연구와 발전을 가속화하고 있다.

1.4. 딥 러닝의 트랜스포머 기술의 장단점

■ 딥 러닝의 트랜스포머 기술의 장단점

장점	단점
병렬 처리 가능 및 빠른 학습 속도: RNN과 달리 순차적으로 처리할 필요가 없어, 대규모 데이터로 병렬 학습이 가능해 속도가 빠르다.	막대한 계산 비용 및 메모리: 입력 시퀀스가 길어질수록 어텐션 계산량이 제곱으로 증가하여 매우 많은 컴퓨팅 자원을 요구한다.
장기 의존성 문제 해결: 문장의 길이에 상관없이 모든 단어 간의 관계를 직접 계산하여 맥락을 정확하게 파악한다.	대규모 데이터 의존성: 높은 성능을 내기 위해서는 방대한 양의 데이터로 사전 학습하는 과정이 필수적이다.
뛰어난 문맥 이해 능력: 셀프 어텐션 메커니즘을 통해 복잡하고 미묘한 문맥적 의미를 탁월하게 포착한다.	위치 정보의 부재: 단어의 순서를 직접적으로 고려하지 않아, 이를 보완하기 위한 '위치 인코딩(Positional Encoding)'이라는 별도의 장치가 필요하다.

1.5. 딥 러닝의 트랜스포머 활용 데이터

트랜스포머는 본래 텍스트 데이터 처리를 위해 개발되었으나, 현재는 다양한 형태의 시퀀스(sequence) 데이터를 처리하는 데 사용된다.

(1) **텍스트 데이터:** 인터넷의 방대한 텍스트(뉴스 기사, 책, 웹사이트, 소셜 미디어 등), 각종 보고서, 회의록, 민원 데이터

(2) **이미지 데이터:** 이미지를 작은 패치의 시퀀스로 변환하여 사용(CCTV, 위성사진, 의료 영상)

(3) **음성 데이터:** 음성 신호를 스펙트로그램(spectrogram)이라는 시각적 시퀀스로 변환하여 사용

(4) **시계열 데이터**: 주가, 센서 데이터, 교통량 데이터 등 시간의 흐름에 따른 데이터 시퀀스

1.6. 딥 러닝의 트랜스포머 대표적인 활용 예시

(1) **AI 도시 계획 어시스턴트**: 도시 계획가가 "공원 접근성이 낮고, 노년 인구 비율이 높은 지역의 교통 개선 방안을 담은 보고서 초안을 작성해 줘"라고 GPT 기반 AI 비서에게 지시한다.
AI는 도시의 방대한 인구 통계, 교통 데이터, 관련 법규 문서를 순식간에 분석하고 이해하여, 논리 정연한 보고서 초안을 몇 분 만에 생성한다. 이는 계획가의 업무 효율을 극대화하고 창의적인 대안을 모색할 시간을 벌어준다.

(2) **지능형 재난·안전 예측 시스템**: 트랜스포머 모델이 과거 재난 사례 보고서, 실시간 소셜 미디어 게시글, 기상 예보, CCTV 영상 데이터를 종합적으로 분석한다.
"A 지역 폭우로 인한 도로 침수"라는 텍스트 정보와 CCTV의 차량 정체 패턴, SNS의 "물이 발목까지 찼다"는 게시글을 종합하여, "30분 내 인근 B 지역까지 침수가 확대될 확률 85%"라고 예측하고 관련 기관에 자동으로 경보를 보낸다.

(3) **도시 설계 및 건축을 위한 이미지 생성**: 건축가가 "안토니 가우디의 스타일로, 서울의 한옥 처마선을 결합한 미래형 도서관 외관을 디자인해 줘"라고 비전 트랜스포머 기반의 이미지 생성 AI에게 명령한다.
AI는 두 가지 다른 스타일의 핵심 특징을 이해하고 이를 융합하여, 세상에 없던 독창적이고 아름다운 건축 디자인 시안을 수십 장 생성하여 건축가에게 무한한 영감을 제공한다.

2. AI 딥러닝 "트랜스포머"의 도시 분야별 가상 적용 사례

트랜스포머(Transformer) 모델은 문장이나 데이터 시퀀스 내의 복잡한 관계와 문맥을 파악하는 데 탁월한 능력을 보인다. 이 '문맥을 이해하는 AI'를 도시의 각 전문 분야에 적용하면, 방대한 정보를 종합하여 인간 전문가처럼 추론하고 창조하는 환상적인 일들이 가능해진다.

2.1. 도시계획: 'AI 도시 계획 어시스턴트'

도시계획가는 수많은 법규, 통계, 연구 보고서를 검토하여 하나의 계획안을 수립해야 한다. 트랜스포머 기반의 'AI 도시 계획 어시스턴트'는 이 모든 정보를 학습하여, 계획가의 질문에 대한 답을 찾고 보고서 초안을 작성하는 전문 비서 역할을 한다.

(1) **목표:** 도시 계획과 관련된 모든 텍스트 데이터(법규, 지침, 인구 통계, 선행 연구, 민원 내용 등)를 이해하고, 특정 조건에 맞는 계획 보고서 초안을 자동으로 생성한다.

(2) **트랜스포머의 역할:** 계획가가 "고령 인구 비율이 높고 공원 접근성이 낮은 A 지역에, 저비용으로 시행 가능한 커뮤니티 활성화 방안 보고서를 작성해 줘"라고 지시한다.
트랜스포머는 이 문장의 핵심(고령 인구, 공원 부족, 저비용, 커뮤니티 활성화)을 파악하고, 학습한 방대한 데이터 속에서 관련 정책, 성공 사례, 예상 문제점을 종합한다.

(3) **환상적인 결과:** AI 어시스턴트는 단 몇 분 만에 "A 지역의 현황 분석, 관련 법규 검토, 해외 유사 사례(포켓 쉼터, 소규모 텃밭 조성), 예상 기대 효과 및 예산안" 등이 포함된 논리 정연한 보고서 초안을 생성한다.

이는 계획가가 자료 조사에 들이는 시간을 획기적으로 줄이고, 더 창의적이고 전략적인 의사결정에 집중할 수 있도록 돕는다.

2.2. 환경계획: '지능형 재난·안전 예측 시스템'

도시의 재난은 하나의 원인이 아닌, 여러 복합적인 요인으로 발생하고 확산된다. 트랜스포머는 텍스트, 수치, 이미지 등 서로 다른 형태의 데이터를 종합적으로 분석하여 재난의 발생과 확산을 예측하는 도시의 '위기관리센터'가 된다.

(1) **목표**: 과거 재난 보고서, 실시간 소셜 미디어, 기상 예보, CCTV 영상 등 이종(heterogeneous) 데이터를 종합적으로 분석하여, 재난의 위험도를 예측하고 선제적 경보를 발령한다.

(2) **트랜스포머의 역할**: 시스템에 "A 지역 폭우로 인한 도로 침수"라는 재난 문자와, 인근 지역의 CCTV 영상, 그리고 "섬점 물이 차오른다"는 SNS 게시글이 동시에 입력된다. 트랜스포머는 이 모든 정보를 '어텐션' 메커니즘으로 연결하여, 상황의 심각성을 종합적으로 이해한다.

(3) **환상적인 결과**: 시스템은 개별 정보만으로는 알 수 없었던 통찰을 얻는다. "텍스트 정보와 SNS, 영상 데이터를 종합 분석한 결과, 30분 내 인근 B 지역까지 침수가 확대될 확률 85%. 제방 붕괴 위험도 존재함."과 같은 구체적인 예측을 내놓는다.
이를 통해 재난 대응팀은 더 정확한 정보에 기반하여 대피 경로를 설정하고, 자원을 효율적으로 배분하는 등 골든 타임을 확보할 수 있다.

2.3. 교통 및 모빌리티 계획: '교통 패턴의 '왜'를 이해하는 AI'

기존의 교통 예측 모델이 '무엇(what)'이 일어날지를 예측했다면, 트랜스포머는 '왜(why)' 그런 교통 패턴이 발생하는지를 이해한다.

(1) **목표:** 교통량 데이터뿐만 아니라, 주변의 이벤트, 날씨, 사회적 이슈 등 문맥 정보를 함께 학습하여 교통 패턴의 근본적인 원인을 이해하고 더 정확하게 미래를 예측한다.

(2) **트랜스포머의 역할:** 같은 '주말 오후 도심 교통량 증가'라도, 트랜스포머는 그것이 '대규모 집회' 때문인지, '아이돌 콘서트' 때문인지, 아니면 '백화점 세일' 때문인지를 텍스트 데이터(뉴스, SNS)를 통해 파악한다.

각 이벤트의 특성(예: 집회는 넓은 도로를 장시간 점유, 콘서트는 특정 시간에 인파가 몰림)을 이해하여 교통량 변화 패턴을 다르게 예측한다.

(3) **환상적인 결과:** AI는 "내일 오후 광화문에서 대규모 집회가 예정되어 있으므로, 세종대로는 오후 2시부터 5시까지 사실상 마비 상태가 될 것입니다. 인근 지하철역의 혼잡도는 평소 주말 대비 200% 증가할 것으로 예상됩니다."와 같이, 원인에 기반한 매우 구체적이고 정확한 예측 정보를 제공한다.

이를 통해 버스 노선 우회, 지하철 추가 편성 등 효과적인 사전 조치가 가능해진다.

2.4. 도시건축설계: '건축가의 언어를 이해하는 디자인 파트너'

건축가의 창의적인 아이디어는 종종 추상적이고 복합적인 언어로 표현된다. 트랜스포머는 이러한 건축가의 언어를 시각적 디자인으로 번역해주는 최고의 파트너가 될 수 있다.

(1) **목표:** 건축가가 텍스트로 묘사하는 복합적인 디자인 콘셉트와 스타일을 이해하고, 그에 맞는 새로운 건축 디자인 시안 이미지를 생성한다.

(2) **트랜스포머의 역할:** 비전 트랜스포머(Vision Transformer) 모델이 수많은 건축물 이미지와 그에 대한 디자인 설명을 학습한다. 건축가가 "자연 채광을 극대화한 미니멀리즘 스타일의 도서관, 내부에는 한국 전통 한옥의 중정(courtyard) 구조를 현대적으로 재해석하여 적용"이라는 프롬프트를 입력한다. 트랜스포머는 '미니멀리즘', '자연 채광', '한옥 중정'이라는 각기 다른 개념의 시각적 특징을 이해하고, 이를 조화롭게 융합한다.

(3) **환상적인 결과:** AI는 순식간에 콘크리트와 유리의 깔끔한 외관 속에, 햇살이 가득 들어오는 아늑한 중정이 자리 잡은 독창적인 도서관 디자인 시안들을 여러 개 생성한다.

건축가는 이를 통해 자신의 추상적인 아이디어가 시각화 되는 것을 보며 영감을 얻고, 설계 초기 단계를 획기적으로 단축할 수 있다.

【저자 약력】

원제무

저자는 한양대 공대, 서울대 환경대학원, 미국 UCLA도시건축대학원을 졸업하고, MIT도시대학원에서 도시계획 및 교통계획 박사학위를 받았다.

저자는 귀국 후 KAIST 도시교통연구본부장, 서울연구원 선임연구위원, 서울시립대 도시공학과 교수 등을 거쳐 국토도시계획학회장과 한양대 도시대학원장을 역임했다. 현재는 한양대 도시대학원 명예교수로 재직하면서 연구와 강의를 해오고 있다.

AI 알고리즘이 그리는 도시

- 25개 AI 알고리즘을 통해 도시의 미래를 본다 -

초판 인쇄　2025년 8월 5일
초판 발행　2025년 8월 10일

지은이　원제무
펴낸이　박노일

총괄기획　최준규
편 집　이상민

펴낸곳　pnc publishing and culture 피앤씨미디어
경기도 고양시 일산동구 강송로 153 310-1501
등록 제396-2012-000203호
전 화 070)7550-3758 팩 스 02)6280-3758
홈페이지 www.pncmedia.co.kr 이메일 pnc@pncmedia.co.kr
ISBN 979-11-7401-018-6 93500

정 가　17,000원